멘토링

영혼 돌봄을 위한

최창국 지음

기독교문서선교회(Christian Literature Center: 약칭 CLC)는
1941년 영국 콜체스터에서 켄 아담스에 의해 시작되었으며
국제 본부는 영국의 쉐필드에 있습니다.
국제 CLC는 59개 나라에서 180개의 본부를 두고, 약 650여 명의
선교사들이 이동도서차량 40대를 이용하여 문서 보급에 힘쓰고 있으며
이메일 주문을 통해 130여 국으로 책을 공급하고 있습니다.
한국 CLC는 청교도적 복음주의 신학과 신앙서적을 출판하는
문서선교기관으로서, 한 영혼이라도 구원되길 소망하면서
주님이 오시는 그날까지 최선을 다할 것입니다.

Mentoring for Care of Soul

Written by
Chang Guk Choi

Korean Edition
Copyright © 2015 by Christian Literature Center
Seoul, Korea

저자 서문

멘토링은 인간의 성장을 위한 '삶의 기술'(art)이다. 멘토링은 상담과 리더십의 특성도 있지만 인간의 성장을 위한 삶의 인격적인 기술이기도 하다. 본서는 인간의 성장을 위한 삶의 기술인 멘토링에 대한 전체적인 그림을 그리기 위한 내용과 멘토링의 기술과 멘토를 위한 지도(direction)를 담고 있다.

현대에 와서 멘토링의 중요성을 재인식하게 된 요인은 인격적인 관계를 통한 성장의 중요성 때문이다. 영혼은 단순히 기계적인 기술이나 인격 없는 지식을 통해 성장하지 않는다.[1] 우리는 영혼이 사상과 이성의 공기 속에서 자랄 수 있다고 생각한다. 그러나 영혼은 지식과 규범을 먹고 자라기보다는 아름다움 때문에 자란다. 영혼에게 아름다움이란 추상적인 것이 아니다. 영혼에게 아름다움은 함께 이야기해 주고, 동행해 주고, 기뻐해 주는 지극히 일상적인 것이다. 영혼에게 아름다움은 서로의 연약성을 알고 함께할 때 주어진다. 수레를 끄는 말을 보면 함께하는 삶의 중요성을 알게 된다. 말 한 마리가 혼자서 2톤의 수레를 끌 수 있지만 두 마리의 말이 힘을 모아 함께 끌면 23톤의 수레를 끌 수 있다고 한다. 서로 함께 힘을 모으는 것은 이처럼 강하다. 서로 함께하는 것이 이처럼 아름답다. 영혼은 아름다움 때문에 감동하고 변화하고 성장한다.

멘토링은 마음이 이성보다 칭찬이, 비판보다 사랑이, 이해심보다 더욱 완성시키는 힘이 크다는 것을 알게 하는 영혼 돌봄의 인격적인 관계 모델이다. 영혼은 바른 관계가 없으면 성장할 수 없다. 영혼의 성장은 하나님, 자기 자신, 믿는 사람, 믿지 않는 사람, 자연, 사물과의 바른 관계 안에서 이루어진다. 영혼은 하나님 안에 자기를 안착시키지 않으면 유한의 절망과 무한의 절망을 경험한다. 영혼의 성장은 하나님과 질적인 관계를 형성할 때 경험할 수 있다. 모든 영혼은 하나님의 형상으로 창조되었다. 모든 영혼은 존재론적으로 하나님의 자녀이다. 그러므로 영혼은 서로의 연약성을 인정하며 가진 선물을 서로 나누어야 한다. 왜냐하면 영혼이 서로의 연약함을 나누지 않으면 서로의 장점을 위협으로 받아들이지만 공통의 연약함을 인정할 때 서로의 장점은 서로에게 희망이 되기 때문이다.

멘토는 삶의 지도를 그려 주는 인도자이다. 멘토는 보다 더 큰 안목으로 삶의 문제를 바라보고 깊이 사고할 수 있어야 한다. 멘토는 영혼을 사랑하는 열정과 광범위한 지식과 분별력이 있어야 한다. 멘토는 항상 배우는 학생이어야 한다.

지혜로운 멘토는 배움의 지식이 마치 섬과 같다는 것을 안다. 배움의 섬이 커질수록 지식도 늘어나지만 동시에 무지의 경계선도 길어진다는 것을 안다. 배움의 여정은 더 많이 알아 가는 과정이기도 하지만 모르는 것이 더 많다는 것을 깨닫는 과정이기 때문이다. 지혜로운 멘토는 자신도 함께 배우는 사람이지 가르치는 사람이 아니라는 것을 안다.

    필자의 가슴에 아로 새겨진 말이 있다. "우리 서로 바보가 되자." 이 말은 필자가 영국에서 박사학위 과정을 시작할 때 지도교수님이 필자의 메일을 받고 주신 말이다. 앞으로 교수님을 스승만이 아니라 아버지처럼 모시겠다는 필자의 메일을 보고, "너는 나의 학생일 뿐만 아니라 나의 스승이다. 우리 서로 스승이 되고 학생이 되자. 우리 서로 바보가 되자"라고 하였다. 필자에게 지도교수님은 단지 지식의 전달자가 아니라 지혜로운 멘토이셨다.

    좋은 멘토와 마주 앉으면 깨끗한 거울을 보는 것과 같다. 거울은 우리의 모습을 있는 그대로 비춰 준다. 거울을 보면 사람들은 스스로 고친다. 거울은 정직한 언어로 우리를 사랑하고 변화의 길로 인도한다. 거울은 언제나 우리 곁에서 우리의 모습을 비춰 준다.

    유능한 멘토는 말의 기술이 뛰어난 자가 아니라 좋은 질문으로 영혼을 깨우고 공감하는 마음으로 영혼을 돌본다. 좋은 멘토는, 좋은 질문은 문학사 학위와 같고 공감하는 능력은 철학박사 학위와 같다는 것을 가슴에 아로 새긴다. 공감하지 않고도 재미있는 대화를 할 수 있지만 공감하지 않으면 결코 사람의 마음 속에 들어갈 수 없기 때문이다.

    능력 있는 멘토는 사람의 비전을 강화시킨다. 비전은 삶의 키와도 같다. 비전은 현재와 미래의 창조적인 대화이다. 비전은 현재 눈으로 볼 수 있는 것과 눈에 보이지 않는 미래와의 대화이다. 비전은 창조성의 어머니다. 왜냐하면 비전은 과거의 것을 회복하고 현재의 변화를 이끌어 내며 미래의 목표를 향해 전진하도록 하는 특성이 있기 때문이다.

영적인 멘토는 분별력이 있다. 하나님의 선한 영의 역사는 동기와 과정과 결과가 모두 선하다는 것을 안다. 분별력 있는 멘토는 본질과 현상의 관계를 안다. 그러기에 분별력 있는 멘토는 목욕물과 함께 아이를 버리지 않는다. 이성의 언어로 마음(heart)의 언어를 평가하지 않는다. 이성의 언어로 신비의 언어를 버리지 않는다.

성경적인 멘토는 영혼의 정체성을 안다. 영혼의 신분은 불완전성이다. 성경적인 멘토는 불완전한 인간의 경험에서 오는 실패와 성공, 슬픔과 기쁨, 어두움과 밝음, 넘어짐과 일어섬의 관계를 이분법적으로 등급화하지 않는다. 이 둘의 관계성은 부정적 관계성이 아니라 긍정적 관계성이다. 왜냐하면 전자는 후자로의 변화와 성장의 가능성과 필요성을 제공하는 요소이기 때문이다. 또한 성경적인 멘토는 영혼의 약점과 강점의 관계에서 발생하는 창조성이 인간 성장의 근거를 인간 자신의 연약성이 아닌 지혜롭고 온전하신 하나님에게 기초하게 하는 역할을 한다는 것을 알기 때문이다.

전체를 보는 멘토는 이분법적 관점을 거부한다. 전체를 보지 못하는 사람은 부분을 바르게 볼 수 없기 때문이다. 전체를 보지 못하면 사실을 무효화하고 왜곡하기 쉽다. 전체를 보는 멘토는 성경의 언어와 일상의 언어를 이분법적으로 분리하지 않는다. 성경의 언어로 일상의 언어를 무효화시키지 않는다. 성경의 언어로 일상의 언어를 강화시킨다. 전체를 보는 멘토는 말의 언어, 상징의 언어, 몸의 언어를 해독할 줄 안다. 전체를 보는 멘토는 영혼의 부분이 아니라 영혼 전체를 사랑하는 언어와 지혜를 가지고 있다.

본서가 지식보다는 인격으로, 이성보다는 마음으로, 조언이나 비판보다는 칭찬으로, 이해심보다는 사랑으로 영혼을 돌보는 멘토가 되기를 소망하는 이들에게 좋은 지도(direction)를 제공할 수 있기를 소망해 본다.

본서가 나오기까지 많은 기도와 격려와 도움을 주었던 손길을 잊을 수 없다. 생명신학을 추구하는 백석대학교에서 가르칠 수 있도록 장을 마련해 주신 설립자 장종현 박사님께 감사드린다. 또한 학문적 격려와 도움을 아끼지 않으신 백석대학교 신학대학원 교수님들, 부족한 강의를 경청하며 격려해 준 백석대학교와 신학대학원 그리고 기독교전문대학원 원우들, 기독교 영성에 관심을 갖고 함께 기도하며 연구하는 영성상담학회 회원들에게 감사드린다. 집필 과정에서 많은 격려와 함께 모든 원고를 읽고 책의 완성도를 위해 수고를 아끼지 않은 아내에게 고마움을 표하고 싶다.

2015년 2월 2일
영국 버밍엄에서 **최 창 국**

저자 서문 ………………………………………………… 05

제 1 부 멘토링의 이해와 특징

제 1 장 멘토링의 이해　　　　　　14
제 2 장 멘토링의 특징　　　　　　29
제 3 장 멘토의 자질　　　　　　　39
제 4 장 멘토링의 고려사항　　　　72

제 2 부 멘토링과 인간

제 5 장 멘토링과 인간의 정체성　　86
제 6 장 멘토링을 위한 관계 메트릭스　112

목차

제 3 부 멘토링 커뮤니케이션

제 7 장 멘토링과 언어 … 146
제 8 장 멘토링과 대화 … 169
제 9 장 멘토링과 경청 … 180
제 10 장 멘토링과 질문 … 191
제 11 장 멘토링과 그림 언어 … 208
제 12 장 멘토링과 이야기 … 218

제 4 부 멘토링의 모델과 실제

제 13 장 영적 강화 모델 … 226
제 14 장 신앙 강화 모델 … 239
제 15 장 비전 강화 모델 … 256
제 16 장 강점 강화 모델 … 276

미주 … 302

멘토링

영혼
돌봄을
위한

제 1 부

멘토링의 이해와 특징

제 1 장　　멘토링의 이해
제 2 장　　멘토링의 특징
제 3 장　　멘토의 자질
제 4 장　　멘토링의 고려사항

Mentoring for Care of Soul

제1장
멘토링의 이해
Understanding Mentoring

멘토링의 기원

'멘토'(mentor)는 원래 헬라 시인 호머(Homer)의 대서사시『오디세이』(*Odyssey*)에 등장하는 사람의 이름이다. 이 시의 중심인물인 오디세우스(Odysseus) 왕은 어린 아들 텔레마쿠스(Telemachus)를 분별력 있고 지혜로운 친구 멘토에게 돌보도록 부탁을 하고 전쟁에 나간다. 오디세우스는 21년간 트로이 전쟁에 참전해야 했기 때문에 오랫동안 집을 비우게 된다. 참전 후에 오디세우스가 집으로 돌아왔을 때, 그의 아들 텔레마쿠스를 멘토가 훌륭한 성년으로 키워놓은 것을 보았다. 왕자는 멘토의 영향으로 유능하고 고결한 인격을 갖춘 사람으로 성장하여 있었다. 왕자의 멘토는 현명하고, 신뢰 받는 안내자였으며, 풍부한 인생의 경험과 지혜가 있었다.

그 후 1699년에 프랑스 왕 루이 14세의 손자의 멘토였던 페넬롱(François Fénélon)이 왕의 손자를 가르치기 위해 호머의『오디세이』(*Odyssey*)를 읽고 참조하여 『텔레마크의 모험』(*Les Aventures de Telemaque*)을 저술하였다. 페넬롱은 그의 책에서 자신과 같은 일을 하는 사람을 '멘토'로 지칭하자고 제안하면서부터 멘토링의 원리를 제시하였다. 하지만 페넬롱은 멘토란 용어는 썼지만 멘토에 대한 명확한 정의를 한 것은 아니었다. 멘토에 대한 이론적인 작업을 한 사람은 루이 안토니(Louis Antonine de Caraccioli)이다. 1759년에 루이 안토니는 『참된 멘토』(*Veritable le Mentor ou l'education de la noblesse*)를 저술하였다. 그는 이 책에서 참된 멘토의 의미를 제시하였다.

오랫동안 멘토란 용어가 거의 사용되지 않다가 1960년대에 스토질(R. Stodgill)이 멘토란 용어를 사용하였다. 스토질은 멘토를 '진취적인 권위자'(ambitious authority figure)로 묘사하였다.[1] 1970년대에 미국 예일대학교의 다니엘 레빈슨(Daniel Levinson) 교수는 멘토를 '인생 전환기의 동반자'(transitional figure in a man's life)로 이해하였다.[2] 1978년에 레빈슨이 쓴 『남자가 겪는 인생의 사계절』(*The Seasons of Man's Life*)이 출판되면서 멘토링에 대한 관심이 일어나기 시작하였다. 레빈슨은 그의 책에서 성인 시기로 들어가는 사람에게 좋은 멘토가 없는 것은 마치 어린 아이에게 좋은 부모가 없는 것과 같다고 하였다. 1980년대에는 멘토가 주로 '인생 경영의 후견자'(managerial tutelage)로 이해되었지만, 1990년대에 들어서면서 헤이(J. Hay)는 그녀의 책, 『변혁적 멘토링』(*Transformational Mentoring*)에서 멘토를 '인생 발달의 지지자 또는 동료'(developmental alliance)라고 제시하였다.[3] 이런 과정을 통해 멘토링은 크게 두 흐름으로 정착하게 된다.

헤밀턴(R. Hamilton)과 클러터버크(D. Clutterbuck)는 미국에서는 스폰서십(sponsorship) 유형의 경향이 강하였지만, 유럽에서는 발달 유형에 주로 초점을 두는 경향이 나타났다고 하였다.[4]

멘토는 스승(mentor)이라는 말의 기원이기도 하다. 스승이란 용어는 단지 지식을 가르치는 사람이 아니라 지혜롭고 존경받는 사람에 대한 은유적이고 묘사적인 표현이다. 멘토는 묘사적인 용어이기 때문에 사람들에 따라 각기 다른 의미를 가지는 경향이 있다. 멘토는 인도자, 본을 보이는 사람, 아저씨 같은 사람, 선생, 트레이너, 가정교사, 조언자, 지도자, 상담자, 코치 등으로 다양하게 이해되기도 한다.[5] 멘토링이 이렇게 다양하게 이해되고 있는 요인은 멘토링의 특성이 이러한 역할들과 관련되는 요소들이 있기 때문이다.

멘토에 대한 이해는 역사 안에서 다양하게 이해되어 왔지만 현대에는 보편적으로 "멘토는 진실하고, 나누기를 좋아하며, 돌보아 주고, 통찰력이 있으며, 사람들을 보호해 주는 사람이다"라고 이해한다.[6] 이러한 목표를 위해 멘토는 멘티(mentee)를 깊이 사랑할 뿐만 아니라 잠재력을 볼 수 있으며, 격려하고, 필요할 때 바로 잡아주며, 삶의 기술을 사심 없이 가르쳐 주고, 인생의 참된 친구가 되어 주는 사람이어야 한다.

삶의 기술로서 멘토링

멘토링이 사람에 따라 다양하게 이해되고 있지만 멘토링은 관계의 성격과 그 관계가 갖는 기능에 의해서 정의해야 한다. 멘토링은 멘티의 성장을 돕고, 멘티의 삶의 목표를 실현하도록 돕는 인격적인 삶의 기술이다. 멘토링에서 멘토는 멘티가 성장과 목표를 달성하도록 삶의 지혜를 제공한다.

성경에서 지혜는 '삶의 기술'(art)이다. 이 기술은 삶에서 무엇을 해야 할지를 아는 효과적인 적용을 의미한다. 때문에 멘토링은 멘티에게 구체적인 적용 기술과 결실 있는 행동을 증진시키는 삶의 기술이다. 기독교적인 관점에서 표현하면 멘토링은 영혼 돌봄을 위한 삶의 기술이다. 이 기술은 경험, 숙련, 관계 그리고 예술이 요구된다. 삶의 예술성을 지니고 산다는 것은 우리가 무엇을 하든지 작은 일이든지 큰일이든지 아름다움을 추구한다는 것이다. 즉, 삶의 진선미를 위한 관계의 미를 추구하는 것이다.

성찰이 없는 자신, 인격적인 미가 없는 배움, 인격성이 부재한 관계, 변화와 성장의 미가 없는 삶은 방황하는 영혼과도 같다고 할 수 있다. 멘토는 이러한 영혼들을 위한 예술성을 가진 사람이다. 예수님은 이러한 예술성을 가진 분이셨다. 때문에 여기서 예술성은 바로 민망히 여기는 마음이다. 긍휼히 여기는 마음이다. 이런 마음이 우리를 살리고 변화시키고 성장시킨다. 우리에게 이런 예술성이 없으면 모든 것을 대상화시키기 때문에 영혼을 위한 인격성도 상실하게 된다. 이런 예술성이 없으면 비록 고상한 지식이라 할지라도 영혼을 위한 삶의 기술은 부재하기 마련이다. 멘토는 방황하는 영혼을 위해 예술성을 가진 자이다. 멘토링은 영혼이 진선미를 추구하도록 돕는 삶의 기술이다.

멘토는 멘티의 잠재력을 발견하여 세공할 줄 아는 영혼의 예술가이다. 어느 영주의 정원사가 새벽부터 나무로 만들어진 화분에 조각을 하고 있었다. 산책길에서 이 모습을 본 영주는 이렇게 일해도 돈을 더 받는 것도 아닌데 무엇 때문에 이른 새벽부터 일을 하느냐고 물었다. 청년은 말하였다. "저는 이 정원을 사랑하고 돈에 관계없이 내 일을 사랑합니다." 영주는 그 말에 감명을 받고 그에게 미술 공부를 시켰다. 바로 그 정원사가 미켈란젤로이다. 한 사람이 남의 집 정원 한구석에서 뒹구는 돌을 보고 생각에 잠겼다. 그 사람은 정원 주인에게 "저 돌을 저에게 주실 수 없겠습니까?" 하였다. 그러자 주인이 "저런 쓸모없는 돌을 어디에 쓰시게요?" 하고 물었다. 그러자 그 사람은 "저 안에 아름다움이 숨어 있습니다. 그 아름다움을 드러내 주고 싶습니다" 하고 말하였다. 그가 바로 르네상스 시대 최고의 작가 미켈란젤로이다.

멘토란 미켈란젤로와 같이 하나의 돌 속에서도 아름다움을 보려고 하는 사람이어야 한다. 멘티의 아름다움을 드러내주려고 하는 사람이어야 한다. 다듬어지지 않은 돌을 보고도 거기에서 천사의 상을 볼 수 있는 사람이다. 미켈란젤로가 한 번은, 큰 돌을 보면서 그 안에 있는 천사를 풀어 놓아 주겠다고 말하면서 돌을 조각했다고 한다. 진정한 멘토는 사람의 아름다움을 볼 줄 아는 사람이다.

잊혀진 기술로서 멘토링

멘토링은 역사만큼이나 오래된 인간 돌봄의 형태로서 삶의 경험과 기술이 전달되는 수단이었다. 인간의 삶의 여정에서 관계 형성, 경험, 가치는 본질적으로 관계를 통해 이루어진다. 성경에는 멘토링이라는 단어가 없지만, 멘토링에 대한 정신과 요소들과 사례들은 가득하다. 사실 멘토링은 성경 전체에서 나타나는 영혼의 성장을 위한 중요한 기술이다.

구약에서는 엘리와 사무엘, 엘리야와 엘리사, 모세와 여호수아의 관계에서 멘토링 관계의 특성이 발견된다. 신약에서는 예수님과 제자들의 관계에서도 나타나지만 바나바와 바울의 관계에서도 모범적인 멘토링 관계가 발견된다. 기독교 역사에서 중요한 역할을 한 사람은 바울이다. 하지만 바울의 멘토 바나바는 결코 간과할 수 없는 사람이다. 바나바의 원래 이름은 요셉이었고 고향은 예루살렘이 아니라 구브로(사이프러스)이다.

구브로는 예루살렘에서 북서쪽으로 300킬로미터쯤 되는 지중해의 조그마한 섬이다. 요셉이 어떻게 예수를 믿게 되었는지는 밝혀지지 않고 있다. 그는 유월절에 예루살렘으로 왔다가 베드로의 설교를 듣고 회심한 3천 명 가운데 한 사람이었을 것이다. 그는 초대 교회의 중요한 일원이었다. 요셉은 회심 후에 그리스도의 복음을 위하여 구브로에 있는 자신의 재산의 일부 또는 전부를 팔아 예루살렘으로 가져와 교회에 헌금하였다. 교회 지도자들은 요셉의 헌금을 받고 그에게 격려의 아들을 의미하는 '바나바'라는 새로운 이름을 주었다(행 4:36-37).

아마도 바나바 없는 바울을 상상하기 힘들 정도로 바나바는 바울의 훌륭한 멘토였다. 바나바는 사울(바울)이 다메섹 도상에서 극적으로 영혼의 어두운 밤을 경험한 후에 사울을 돕는 멘토 역할을 했기 때문이다. 바나바는 바울의 멘토로서 그의 성장과 발전을 위해 필요한 환경을 제공해 주었다. 당시 바울이 개종 후에도 예루살렘의 지도자들 중 어느 누구도 바울과 관계를 원치 않았다. 하지만 바나바가 바울을 데리고 사도들에게 가서 바울의 회심을 변호해 주고 바울이 다른 신자들을 만날 수 있도록 주선해 주었다(행 9:26-27). 의심할 바 없이 바나바는 바울의 잠재력을 보았던 사람이다. 바나바는 바울에게 용기를 주었을 뿐만 아니라 바울의 재능을 활성화시키고 훌륭한 사도로 성장하도록 도왔던 멘토였다. 바나바는 바울의 성장을 도와주고 함께 선교 여행하며 영향을 끼치는 멘토였다.

성경에 나타난 바나바와 바울의 관계에서 멘토링의 특성과 방법을 찾아볼 수 있다. 바나바는 바울의 잠재력을 볼 줄 아는 능력을 가지고 있었다. 바나바는 바울과의 관계에서 바울의 실수, 성급함 등과 같이 연약한 부분으로 인해 관계를 파괴하는 일을 최소화하였다. 바나바는 바울의 책임과 비전이 펼쳐지도록 환경을 제공하고 보호자로서 역할을 하였다. 바나바는 바울의 발전을 위해 필요한 시간을 주고 격려를 하며 함께하였다. 바나바는 바울과 함께 하는 삶의 여정, 즉 함께 선교 여행을 하며 영향을 주고받는 멘토였다. 바나바는 무엇보다도 바울의 은사와 능력을 기뻐하고 세워주는 헌신된 멘토였다.

멘토링은 삶의 변화를 위한 인격적인 기술(art)이다. 히브리서 5:13-14은 의의 말씀을 경험하지 못한 어린 아이와 연단을 받아 선악을 분별하는 장성한 자를 구별하고 있다. 성경에 나타난 하나님은 우리가 얼마나 그분의 말씀을 많이 아느냐에 감명 받지 않으신다. 하나님께서는 우리가 그분의 말씀을 통해 얼마나 변화되어 가고 있는지를 알고 싶어 하신다. 영적인 영역에서 무지의 반대말은 지식이 아니라 그 지식에 대한 순종이다. 신약성경의 가르침에 따르면 '알고' 행하지 않는 것은 전혀 '아는' 것이 아니다. 때문에 우리에게 필요한 것은 경험적으로 하나님을 알며 우리가 필요한 부분에서 하나님을 알도록 도와줄 사람들과의 관계이다. 바울처럼 "내가 그리스도를 본받는 자 된 것 같이 너희는 나를 본받는 자 되라"고 말할 수 있는 모델, 즉 멘토가 필요하다.

멘토링 관계는 가정에서나 교육의 현장에서나 삶의 현장에서 산업혁명 전까지만 해도 계속되었다. 하지만 산업혁명과 다른 요인이 지식과 기술을 가르치는 방법에 급진적인 변화를 초래하였다. 과거에는 멘토링이 어디에서나 생겨났다. 농장에서 소년과 소녀는 아버지와 어머니 그리고 확대가족의 구성원 곁에서 멘토링을 통해 배웠다. 어릴 때부터 이러한 멘토들은 아이들에게 '남성다움', '여성다움'의 의식을 심어 주었으며, 사람들의 일과 그 일을 하는 방법, 인격 그리고 사회 각 구성원의 의무와 책임을 가르쳤다. 그러나 현대에는 "한 사람에 대한 보증은 그를 지켜본 사람이나 멘토의 인정이 아니라 졸업장에 의해 입증된다. 지혜가 아니라 지식, 인격이 아니라 성취, 창의성이 아니라 이익이 사람을 판단하는 기준이다."[7] 이러한 우리의 현대적인 경향과 상황은 암시적으로 잊혀진 멘토링의 회복의 필요성을 역설하고 있다.

오늘날 진선미를 갖춘 사람들을 세우려는 우리의 노력을 방해하는 요인들이 있다. 하지만 이러한 요인들을 제거하기 위해 우리가 할 수 있는 일은 거의 없을지 모른다. 우리는 어쩌면 거대한 제국 로마를 위해 초라한 몸으로 로마에 들어갔던 바울과 같은 모습일 수도 있다. 그러나 하나님께서는 우리에게 세상의 모든 것을 변화시키라고 요구하지 않으신다. 우리의 책임은 우리 자신의 삶을 그리스도의 발 앞에 두며 그리스도의 심장으로 하나님께서 우리 곁에 두신 사람들도 그와 같이 할 수 있도록 최선을 다하는 것이다.

훌륭한 멘토

예수님은 탁월한 상담자였다. 이사야 9:6의 '기묘자라 모사라'(Wonderful Counselor)는 '탁월한 상담자'란 의미다. 탁월한 상담자로서 예수님을 이사야는 이렇게 묘사한다. "그가 찔림은 우리의 허물 때문이요 그가 상함은 우리의 죄악 때문이라 그가 징계를 받으므로 우리는 평화를 누리고 그가 채찍에 맞으므로 우리는 나음을 받았도다"(사 53: 5). 또한 예수님은 훌륭한 멘토였다. 요한복음에 보면, 예수님과 제자들이 길을 가던 중에 나면서부터 소경된 사람을 만나게 되었을 때, 그 모습을 본 제자들이 예수님께 질문을 한다. "랍비여 이 사람이 맹인으로 난 것이 누구의 죄로 인함이니이까 자기니이까 그의 부모니이까"(요 9:2). "저 사람이 누구의 죄 때문에 저렇게 앞을 보지 못합니까?"라는 제자들의 질문은 당시 이스라엘 사람들의 생각과 신앙을 엿볼 수 있는 질문이다.

이스라엘 사람들은 인간이 당하는 모든 고난과 가난은 '죄' 때문이라는 생각을 가지고 있었다. 가난하게 사는 것, 병든 것, 장애가 있는 것 등은 '죄' 때문에 그렇게 되었다는 생각이 사람들의 생각 속에 깊이 자리잡고 있었다. 때문에 이스라엘 백성들은 나병 환자를 볼 때 죄인 취급하고 정죄하였다. "얼마나 큰 죄를 지었으면 나병에 걸리겠느냐?" 그러면서 핍박을 하기도 하였다. 가난한 사람들을 무시하였다. "얼마나 큰 죄를 지었으면 사람이 저렇게 가난하게 될 수 있느냐"는 생각이 지배하고 있었다. 가난한 사람들을 무시하고 부자를 존경했다. 사람을 과거의 문제로 평가하는 문화가 만연해 있었다. 인과응보적인 생각으로 가득하였다. 이것은 일종의 '이미지 현상'이라 할 수 있다. 그렇게 함으로써 자신은 아무런 죄가 없기 때문에 눈을 뜨고 본다는 것을 과시하려는 인간의 이기적인 속성에서 기인하는 현상이다.

만약에 앞을 보지 못하는 장애가 죄 때문이라면 모든 사람들이 똑같이 그 일을 당해야 한다. 왜냐하면 우리 모두는 한 사람도 예외 없이 죄인이기 때문이다. 모든 인간은 본성적으로나 윤리적으로 죄에서 자유로운 존재가 아니다.

가난한 사람은 죄인이고 부자는 의인이라는 공식을 만들어 낸 사람들은 당시 유대 사회를 지배하고 있었던 사두개인들과 바리새인들이었다. 사두개파는 '사두개'라는 이름은 예수님이 살던 시대로부터 약 천 년 전 다윗 왕 시대의 대제사장 '사독'으로부터 유래하였다. 사두개인들은 종교적으로 정치적으로 중앙에 포진하여 산헤드린 의원직의 대부분을 차지하였고, 헤롯 궁정이나 로마 총독과 연합하여 정치적 영향력을 행사하였던 사람들이다.

바리새파는 B.C. 2세기 중반부터 유대교 안에서 분파의 하나로 '페루쉼'(분리된 자)이란 말에서 유래하였다. 바리새인들은 율법학자나 일반인들이 자발적으로 모인 집단으로 중앙 정치에서는 사두개파에 밀려서 힘이 없었지만 일반 백성들 사이에서는 상당한 영향력을 형성하고 있었다.

제자들의 질문은 당시 유대 공동체의 지도층이 만들어낸 잘못된 사상, 즉 질병, 가난, 장애 등은 죄 때문이라는 사상과 무관한 질문이라 할 수 없다. 제자들의 질문에 우리 예수님은 이렇게 대답하신다. "예수께서 대답하시되 이 사람이나 그 부모의 죄로 인한 것이 아니라 그에게서 하나님이 하시는 일을 나타내고자 하심이라"(요 9:3). 제자들의 멘토였던 예수님의 답변은 참으로 놀랍다. 그 당시 사람들의 잘못된 사상과 편견을 뒤엎는 답변을 하신다. 예수님이 "그에게서 하나님의 하시는 일을 나타내고자 하심이니라"라고 하신 답변은 단지 앞을 보지 못하는 사람에 대한 평가라기보다는 제자들에 대한 멘토링을 하셨다고 볼 수도 있다. 어쩌면 유대 공동체에 대한 멘토로서 그 지혜를 펼치신 것이기도 하다. 사람의 현재의 상태를 과거로만 평가하려는 문화를 뒤엎고 미래의 아름다움을 보신 것이다. "하나님의 하시는 일을 나타내기 위한 것"이란 예수님의 답변은 앞을 보지 못하는 사람의 장애가 하나님의 사역을 위한 것이라는 말이다. 이 사람의 고통은 지금 그가 하나님의 선한 뜻과 사역에 참여하고 있다는 의미이다. 그 사람의 고난이 과거적인 것이 아니라 미래적인 것이라는 말이다. 현재의 고난이 과거의 업보가 아니라 미래를 위한 소망의 씨앗이라고 선언하신 것이다. 탁월한 멘토의 특성과 자질을 예수님에게서 볼 수 있다. 예수님의 복음이 들어가면 사람들의 사고의 틀이 바뀌게 된다. 과거지향적인 믿음에서 미래지향적인 믿음으로 바뀌게 된다. 사람을 평가할 때도 과거로 평가하지 않고 미래로 평가한다.

19세기 영국에 복음의 열풍이 불어 닥쳤을 때 사람들의 시각에 변화가 일어났다. 그때 엘리자베스 프라이라는 여자가 전면에 나서서 '형무소'를 '교도소'로 바꾸자는 운동을 벌였다. 형무소는 '죄의 대가를 치르는 곳'이라는 뜻이다. 형무소라는 개념과 교도소라는 개념은 큰 차이가 있다. 교도소는 응징이 목적이 아니라 변화가 목적이다. 탁월한 멘토이신 예수님의 복음이 들어가면 이러한 변화가 일어난다. 미래에 소망을 불어넣는다.

아마도 다음 이야기는 훌륭한 멘토의 모습을 보여 주는 사례라 할 수 있다. 톰슨 선생이라는 초등학교 5학년을 맡은 여교사가 있었다. 담임을 맡고 모든 학생들을 사랑했는데 유독 다른 아이들과 잘 어울리지 않을 뿐만 아니라 옷도 단정치 못하며, 잘 씻지도 않는 테디라는 학생 때문에 기분이 좋지 않았다.

톰슨 선생님이 있던 학교에서는, 담임선생님이 아이들의 지난 생활기록부를 다 보도록 되어 있었다. 그녀는 테디의 생활기록부를 미뤄 두었다가 맨 뒤에 보게 되었는데 지난 생활기록부를 보고 깜짝 놀랄 수밖에 없었다.

테디의 1학년 담임선생님은 이렇게 썼다. "잘 웃고 밝은 아이임. 예절이 바름. 함께 있으면 즐거운 아이임."

2학년 담임선생님은 이렇게 썼다.

"반 친구들이 좋아하는 훌륭한 학생임. 어머니가 불치병을 앓고 있음. 가정생활이 어려울 것으로 보임."

3학년 담임선생님은 이렇게 썼다. "어머니가 돌아가셔서 마음고생을 많이 함. 최선을 다하지만 아버지가 별로 관심이 없음. 어떤 조치가 없으면 곧 가정생활이 학교생활에 까지 영향을 미칠 것임."

테디의 4학년 담임선생님은 이렇게 썼다. "내성적이고 학교에 관심이 없음. 친구가 많지 않고 수업시간에 잠을 자기도 함." 여기까지 읽은 선생은 비로소 문제를 깨달았고 한없이 부끄러워졌다. 반 아이들이 화려한 종이와 예쁜 리본으로 포장한 크리스마스 선물을 가져왔는데, 테디의 선물만 식료품 봉투의 두꺼운 갈색 종이로 어설프게 포장되어 있는 것을 보고는 더욱 부끄러워졌다. 선생은 애써 다른 선물을 제쳐두고 테디의 선물부터 포장을 뜯었다. 알이 몇 개 빠진 가짜 다이아몬드 팔찌와 사분의 일만 차 있는 향수병이 나오자, 아이들 몇이 웃음을 터뜨렸다. 그러나 그녀가 팔찌를 차면서 정말 예쁘다며 감탄하고, 향수를 손목에 조금 뿌리자 아이들의 웃음이 잦아들었다. 테디 스토다드는 그날 방과 후에 남아서 이렇게 말했다. "선생님, 오늘 꼭 우리 엄마에게서 나던 향기가 났어요."

그녀는 아이들이 돌아간 후 한 시간을 울었다. 바로 그날 이후 그녀는 학생들에게 진정으로 가르치기 시작했다. 톰슨 선생은 테디를 특별히 대했다. 테디에게 공부를 가르쳐 줄 때면 테디의 눈빛이 살아나는 듯했다. 그녀가 격려하면 할수록 더 빨리 반응했다. 그 해 말이 되자 테디는 반에서 가장 공부를 잘하는 학생이 되었다.

1년 후 테디로부터 쪽지를 받았는데 거기에는 그녀가 자기에게 "평생 최고의 교사"였다고 쓰여 있었다. 몇 년이 더 흘러 테디로부터 한 통의 편지가 왔다. 이번에는 대학 졸업 후에 공부를 더 하기로 마음먹었다고 쓰여 있었다. 이번에도 그녀가 평생 최고의 선생님이었고 자신이 가장 좋아하는 선생님이라 쓰여 있었다. 하지만 이번에는 이름이 조금 더 길었다. 편지에는 'Dr. 테디 스토다드 박사'라고 사인되어 있었다. 이야기는 여기서 끝나지 않는다.

그해 봄에 또 한 통의 편지가 왔다. 테디는 여자를 만나 결혼하게 되었다고 한다. 아버지는 몇 년 전에 돌아가셨으며, 톰슨 선생님에게 신랑의 어머니가 앉는 자리에 앉아줄 수 있는지를 물었다. 그녀는 기꺼이 좋다고 화답했다. 그런 다음 어찌 되었을까? 그녀는 가짜 다이아몬드가 몇 개 빠진 그 팔찌를 차고, 어머니와 함께 보낸 마지막 크리스마스에 어머니가 뿌렸었다는 그 향수를 뿌렸다. 이들이 서로 포옹하고 난 뒤 이제 어엿한 의사가 된 테디 스토다드는 톰슨 선생님에게 귓속말로 속삭였다. "선생님, 절 믿어 주셔서 감사합니다. 제가 중요한 사람이라고 생각할 수 있게 해 주셔서, 그리고 제가 훌륭한 일을 해낼 수 있다는 걸 알게 해 주셔서 정말 감사합니다." 톰슨 선생님은 또 눈물을 흘리며 속삭였다. "테디 너는 완전히 잘못 알고 있구나. 내가 훌륭한 일을 해낼 수 있다는 걸 알려준 사람이 바로 너란다. 널 만나기전 까지는 가르치는 법을 전혀 몰랐거든."

    톰슨과 테디의 이야기는 단지 지식을 가르치는 교사와 학생의 관계가 아니라 전문적인 지식과 기술로 상담하는 상담자와 내담자의 관계가 아니라 인격과 사랑으로 승화된 멘토링 관계를 보여 준다고 할 수 있다. 왜 우리 시대에 멘토링이 요구되는지를 보여 주는 훌륭한 사례이기도 하다.

제 2 장

멘토링의 특징
Characteristics of Mentoring

멘토링과 상담

    상담이 주로 인간의 과거의 상처나 내력에 초점을 두고 어떤 문제나 내적 치료에 관심을 둔다면 멘토링은 인간의 미래에 관심을 갖는 일종의 예방적인 돌봄의 특징을 갖는다. 요즈음 예방 의학(preventive medicine)이 많이 발달되어 있는데 예방 의학은 주로 병을 예방하는 데 관심을 둔다. 예방 의학처럼 멘토링은 일종의 '영혼의 예방 의학'이다. 때문에 상담은 사람의 단점이나 치료에 주로 초점을 두지만 멘토링은 사람의 장점과 성장과 발달에 초점을 둔다. 게리 콜린스(Gary Collins)는 멘토링은 "성장과 발전을 돕는 관계에 기꺼이 시간과 정력을 투자"하는 것이라고 하였다.[1] 이는 중요한 의미를 갖는다.

    미국은 전 세계에서 많은 의료비를 지출하면서도 다른 선진국에 비해서 심장병, 당뇨, 중풍과 같은 예방 가능한 질병으로 인한 사망률이 높다. 이유는 지금까지 미국 의료의 주류는 질병의 예방보다는 치료에 비중을 두었기 때문이라고 할 수 있다. 미 정부에서 지출하는 예산도 질병 치료에 더 비중을 두어 왔고 각종 연구기관에 대한 지원금도 획기적인 치료에 더욱 중점을 맞추어 왔다. 제약회사나 의료장비를 만드는 회사들도 치료약이나 질병의 치료에 도움을 주는 수술도구나 장비를 만드는 데 투자를 해 왔고 질병의 예방에 관심을 기울이지 않았다. 하지만 최근의 미국 의학계에서는 예방 의학에 대한 새로운 관심이 일어나고 있다.

예방 의학의 근원을 찾아 올라가 보면, 수백 년 전에는 더러운 물과 각종 유행성 장염과의 관계를 파악하고 물을 끓여 먹으면서 콜레라나 장염 발생을 크게 줄였으며 손을 자주 씻으면서 유행성 독감의 전염을 줄였다. 의사와 간호사에게 비누로 손을 깨끗이 씻게 함으로써 병원에서 일어나는 전염을 현저하게 줄였다. 소아에서 각종 예방접종을 의무적으로 실시하면서 소아마비나 홍역 등 무서운 전염병으로부터 해방을 가져왔다.

흡연 습관과 폐암과의 관계가 밝혀진 후로 미국 내 흡연 인구가 50퍼센트 이상 줄었다. 이는 흡연이 각종 암 발생과 심장질환의 직접적인 원인이 된다는 경고문을 담뱃갑에 의무적으로 표기하고 담배 끊는 약을 개발하는 노력 등의 결과이다. 공공기관에서 담배를 피울 수 없도록 하는 등 금연에 관한 사회적인 공감대가 형성됨으로써 흡연 인구가 줄고 흡연으로 인한 사망률의 감소를 가져 왔다.

비만은 심장병, 당뇨, 고혈압 등 내과적 질환에 직접적인 원인이 되고 대장암 등 암 발생에도 영향을 미친다. 이러한 비만도 생활습관에 변화를 주면 예방을 할 수 있고 결과적으로 각종 질병을 예방할 수도 있다.

일종의 영혼의 예방 의학인 멘토링은 영혼 돌봄을 위한 중요한 사역이다. 멘토링의 중요한 목표는 멘토가 멘티의 성장과 발전을 도와주기 위해 멘티의 미래를 그려 주고, 멘티가 의미 있는 목표를 세우도록 도와주고 격려를 해 주는 것이다. 멘티가 가지고 있는 재능과 좋은 성품을 더욱더 분명하게 드러나도록 해 주어야 한다. 물론 미래에 성취할 일을 구체적으로 그리며 비전을 가진다고 해서 다 성취되는 것은 아니다. 멘티의 잘못된 비전은 미래에 이루기 원하는 일에만 사로잡혀 있는 사람들은 현실을 떠나 도달할 수 없는 허망한 꿈속에서 방황할 수 있다. 비전은 단지 미래를 위한 것이기보다는 현실을 적극적이게 하고 신실하게 하는 것이기 때문이다.

상담은 인간의 불안, 내적 상처, 우울증, 중독, 인간관계의 갈등 같은 문제들에 대처하도록 돕는다. 이런 문제들은 인간의 삶의 여정에서 잘못되었거나 결핍되어 치료해야 한다는 것을 의미한다. 이런 문제들은 정신 건강 상담자들이 연구한 주제이다. 기독교 상담에서도 중요한 주제이기도 하다. 이런 주제들은 소위 부정심리학(negative psychology)과 연관된 것이다. 상담의 주요 목적은 주로 인간의 단점과 부정적인 경험과 어려움의 문제들을 대처하게 하는 데 있다. 물론 상담의 미래적인 기능이 없는 것은 아니다. 예비 부부 상담, 진로 상담 등은 미래적인 기능이 많다. 하지만 예비 부부 상담이나 진로 상담 등은 그 특성상 문제의 치유나 안정에 목적이 있기보다는 미래의 가능성이나 목표에 있기 때문에 멘토링이나 코칭의 특성을 가지고 있다고도 볼 수 있다. 결혼 상담도 결혼생활에 문제가 발생하여 상담을 받으러 가는 경우도 있지만 보다 더 건강한 결혼생활을 위한 경우도 있기 때문에 멘토링이나 코칭의 특징이 있다. 결혼 상담에 대한 대부분의 사람들의 인식은 결혼생활에 어떤 문제가 발생하여 상담을 받으러 가는 것으로 여기는 경우가 많다. 실제로 마가렛 콘펠트(Margaret Kornfeld)는 결혼 예비 상담 혹은 결혼 상담은 이런 인식 때문에 상담이라기보다는 돌봄의 영역에 포함시켜야 한다고 말한다.[2] 특히 결혼 예비 상담이나 직업 상담은 오히려 멘토링의 영역에 속한다고 볼 수 있다.

멘토링은 인간의 부정적인 문제에 초점을 두기보다는 긍정적인 것에 초점을 둔다. 이러한 현상은 20세기 말에 몇몇 심리학자들과 전문 상담자들이 관심을 가진 긍정심리학(positive psychology)의 아이디어로부터 지혜를 얻는 측면이 있다. 물론 모든 멘토링이 긍정심리학에 초점을 두고 있는 것은 아니다. 긍정심리학에 관심을 가진 사람들은 "전통 심리학이 지나치게 부정적인 인생의 문제를 다루다 보니 희망, 창의성, 낙관주의, 용기, 책임감, 용서와 같이 인생을 가치 있게 만드는 보다 긍정적인 주제들을 무시했다고 주장했다."[3] 상담은 주로 부정심리학의 아이디어와 함께 사람들을 도와 문제 영역에서 안정 지점으로 갈 수 있도록 돕는다면, 멘토링은 주로 긍정심리학의 아이디어에 보다 더 기초하여 사람들이 보다 더 높은 수준의 성취감을 맛보도록 돕는다.[4] 상담은 인간의 과거의 문제에 주로 관심을 가지지만, 멘토링은 보다 더 인간의 미래의 가능성과 성장과 비전에 관심을 둔다. 멘토링과 상담의 차이점은 다음 표와 같이 비교할 수 있다.

상 담	멘 토 링
해결과 치유 중심	변화와 예방 중심
주로 과거 문제에 초점을 둔다	주로 미래 문제에 초점을 둔다
주로 부정적인 문제에 초점을 맞춘다	주로 긍정적인 문제에 초점을 맞춘다
문제에 초점을 두고 갈등, 불안감, 영적싸움, 우울증, 불안, 분노와 같은 감정의 문제를 다룬다	단점이나 문제에 대해 논하지만, 장점과 예방에 초점을 두고 성장, 발달, 비전과 목표에 도달하는 데 초점을 둔다
잘못된 것을 고치도록 도와준다	목표에 도달하도록 도와준다
과거에 일어난 문제의 원인과 치유와 안정을 주는 데 초점을 맞춘다	현재와 미래의 가능성, 목표에 도달하는 것, 비전에 초점을 맞춘다
상담자는 내담자에게 처방과 치유를 제공한다	멘토는 멘티의 변화와 성장을 위해 격려와 모범을 보인다
심리학, 정신병리학, 치료요법 등 전문 지식이 있어야 한다	인간이해를 위한 심리학 등의 지식이 요구되지만 특별히 경청, 질문, 격려와 같은 자질이 있어야 한다
인격과 성품보다는 지식과 기술이 더 중요하다	지식과 기술보다는 인격과 성품이 더 중요하다

멘토링과 코칭

잊혀진 영혼을 위한 삶의 기술인 멘토링이 그리스도인들 사이에 관심사가 되고 있다. 멘토링과 코칭은 거의 같은 특성들을 가지고 있지만 구분된다고 할 수 있다. 그렇다면 멘토링은 코칭과 어떻게 다른가? 1500년대에는 코치란 사람들이 가고 싶은 곳으로 실어다 주는 마차를 가리키는 단어였다. 오랜 세월이 지난 후에는 좌석이 여러 줄 배치된 커다란 버스를 코치라고 불렀다.[5] 영국 같은 나라에서는 이러한 전통이 지금까지도 계속되고 있다. 예를 들면, 우리나라는 모든 버스를 버스라고 부르지만 영국에서는 장거리 고속버스는 특히 버스라고 하지 않고 코치라고 부른다.

어떤 사람들은 코치의 유래를 고대 스포츠 역사에서 그 기원을 찾기도 한다. 고대 세계에서 코치는 재능 있는 선수들과 팀을 도와 최고의 역량을 발휘하여 게임에서 승리하도록 돕는 역할을 하였다.

시간이 지나면서 코치란 단어는 음악가와 대중 연설가와 배우들과도 연관되어 사용되기 시작하였다. 이렇게 여러 전문 분야에 속한 사람들에게 코치는 그들의 기술을 향상시키고 그들이 정해 놓은 목표에 도달하도록 후원해 주었다. 30-40년 전까지만 해도 코칭은 주로 스포츠에서 주로 행해졌지만 현재는 전문 경영 분야에 까지 확장되어 큰 관심을 받고 있다. 미국의 '유에스 뉴스 앤 월드 리포트'(U.S. News & World Report)는 코칭을 가장 성장하는 직업군 상위 10위 안에 선정하였고, 경영 컨설팅 다음으로 큰 컨설팅 사업으로 지정하기

도 했다.[6]

현재는 코칭은 다양한 분야까지 확대되어 운동코치, 라이프 코치, 인생 과도기 코치, 영양 관리 코치, 재정 코치, 결혼 코치 등과 개인을 위한 코칭뿐만 아니라 다양한 집단이나 경영그룹에서도 코치를 활용하고 있다.

멘토링과 코칭은 사람들의 성장과 발달에 초점을 두는 면에서 유사한 특성이 있다. 그러나 멘토링은 멘토가 지니고 있는 자원이나 경험이 중요한 역할을 하지만, 코칭은 코치가 코칭받는 사람의 잠재력을 발견하여 도와주는 역할을 주로 하기 때문에 코치는 코칭받는 사람과 반드시 같은 전문 분야의 경험이 없이도 가능하다.

멘토링은 멘토가 자기의 경험을 통하여 멘티에게 삶의 기술을 전수하는 것이지만, 코칭은 코치가 코칭받는 사람의 비전을 확장하고, 자신감을 갖고, 잠재력과 기술을 개발하고, 목표를 향해 실천적인 발걸음을 내디딜 수 있도록 돕는다.

멘토링은 사람의 마음, 태도, 정체성 등의 변화를 이끌어 내는 것이 목적이지만, 코칭은 어떤 성과나 목표에 도달하도록 돕는 데 목적이 있다고 할 수 있다. 멘토링은 삶의 전인격적인 성장과 발전을 추구하지만, 코칭은 어떤 특별한 문제나 영역에 초점을 둔다.

그러므로 멘토는 멘티에게 인격적인 삶의 기술을 전수하는 자이지만, 코치는 코칭 받는 사람의 잠재력을 촉진하는 자이다. 코치는 코칭 받는 사람을 가르치고 훈련하여 그가 할 수 있다고 생각하는 것 보다 더 잘할 수 있도록 사기를 고무하는 자이다. 멘토링 관계는 평생 지속될 수 있지만, 코칭 관계는 어떤 목표가 달성되면 끝날 수도 있다. 그러므로 멘토링은 장기적인 과정을 통해서 이루어지지만, 코칭은 한정된 기간 안에서 행해진다. 물론 멘토링 관계는 지속적인 특성이 있지만, 현실적으로 모든 멘토링 관계가 평생토록 지속되지는 않는다. 어떤 멘토링은 짧은 기간 동안 유지되기도 한다.

코칭은 개인이나 집단을 현재 있는 지점에서 그들이 원하는 지점으로 갈 수 있도록 인도하는 기술이자 행위이기 때문에 일대일의 관계 코칭과 집단 코칭도 가능하다. 하지만 멘토링은 일대일의 인격적인 관계 안에서 이루어진다. 멘토링과 코칭은 서로 유사한 점이 있지만 차이점을 정리하면 다음 표와 같다.

코 칭	멘 토 링
코칭 받는 사람의 성과나 목표에 도달하도록 돕는 데 목적이 있다	멘티의 마음, 태도, 정체성 등의 변화에 목적이 있다
특별한 문제나 부분에 초점을 둔다	삶의 전인격적인 성장과 발전을 추구한다
코치는 잠재력을 촉진하는 자이다	멘토는 삶의 기술을 전수하는 자이다
코칭받는 사람의 잠재력이 중요하다	멘토의 삶의 경험이 중요하다
한정적이다	지속적이다
개인과 집단 모두 가능하다	일대일의 관계이다

멘토링과 제자훈련

멘토링과 제자훈련은 서로 긴밀한 관계가 있지만 같은 것은 아니다. 멘토링과 제자훈련은 관계에 기초를 두고 있다. 그러나 현대의 제자훈련은 그 초점이 영적인 것에 한정시키는 경향이 있다. 하지만 이상적인 제자훈련은 삶의 모든 측면, 즉 예배생활, 기도생활, 일상생활, 사회생활 등을 모두 다루는 것이다.

멘토링은 교훈보다는 관계에 있다. '제자'(discipline)라는 말은 '배우는 자'란 의미를 가진 반면 '멘티'는 '프로테제'(protege)에 어원을 두고 있는데, '프로테제는 '보호하다'라는 뜻의 라틴어에서 파생하였다. 멘토링은 영혼이 성인으로 향하는 특성을 넘어 그를 보호하고 예방하는 것이 목적이다. 때문에 제자훈련은 멘토링보다 초점이 더 좁다. "제자훈련은 새신자나 성숙이 필요한 신자에게 성경의 진리와 영적 지침들을 가르치는 데 집중한다. 제자훈련에 접근하는 다양한 방법이 있지만, 대부분 일련의 학습 과정이 제한 된 시간 안에 맞추어져 있고 교사-학생 유형의 관계를 이룬다."[7]

하지만 멘토링은 자기 성장, 비전을 명료하게 하는 것, 목표를 발전시키고 달성하는 것, 갈등을 창조적으로 다루는 것, 건강한 관계를 가꾸어 나가는 것 등에 관심을 갖는다. 이러한 것들은 제자 훈련의 주요 목표가 아니다. 멘토링과 제자화의 주요 차이점을 정리하면 다음 표와 같다.

제 자 화	멘 토 링
성경의 모델: 바울과 디모데	성경의 모델: 바나바 바울
내용 중심적이다	관계 중심적이다
주로 영적인 생활과 훈련에 초점을 둔다	삶의 모든 영역에서 성숙하도록 후원한다
일생 동안 수백 명을 제자화할 수 있다	일반적으로 한명에서 12명 정도 할 수 있다
제한된 시간의 학습과정이다	일생 동안 지속된다

제 3 장

멘토의 자질
Endowment of a Mentor

하나님을 추구하는 사람이다

    기독교 멘토링을 위한 멘토의 자격은 무엇보다도 하나님을 향한 영적 갈망을 가진 사람이어야 한다. 하나님과 깊은 관계를 가진 사람만이 다른 사람에게도 생명을 줄 수 있다. 성경에도 "만일 소경이 되어 소경을 인도하면 둘이 다 구덩이에 빠지리라"(마 15: 14)고 말하고 있다. 십자가 요한은 "영혼을 인도하기 위해서는 지혜와 분별의 능력이 필요하지만, 하나님과의 깊은 관계가 없는 사람은 영혼을 절대로 인도할 수 없다"고 하였다.[1]

    사도행전 17:27은 '하나님을 더듬어 찾는 사람'(that they would seek God, if perhaps they might grope for Him and find Him, though He is not far from each one of us, NASB)을 언급하고 있다. 하나님을 더듬어 찾는 사람은 마치 눈이 먼 상태에서 하나님을 어디에서 발견할 수 있을지 모르는 가운데 찾고 있는 사람이다. 하나님을 어디에서 어떻게 찾을 수 있는지 확신하는 태도를 가진 사람은 성급한 판단을 낳을 수 있다.

> 하나님을 더듬어 찾는 태도는 영적인 갈망에 겸손을 더한 것이다. 내가 이전에 하나님을 만났던 것과 정확히 똑같은 장소에서 똑같은 방식으로 하나님을 만나기를 기대한다면, 나는 그 경험을 우상화하고 있는 것이다. 그렇게 된다면 나는 아마도 다른 사람들도 나의 우상에 절하게 만들려 할 것이고, 그들이 다른 장소에서 다른 방법으로 하나님을 만나도록 격려하기가 어려울 것이다. 그러나 내가 내 영혼의 가장 깊은 갈망을 정확히 만족시킬 유일한 하나님이 초월적인 하나님이시며 언제나 나의 통제 너머에 계신다는 것을 안다면, 전혀 기대하지 않던 장소에 하나님이 나타나셔도 더 이상 놀라지 않을 것이다. 그 때에야 비로소 나는 하나님을 더 깊이 만나고자 하는 사람들의 동반자가 될 수 있는 최선의 위치에 서게 된다.[2]

멘토는 하나님을 발견한 사람이 아니라 항상 하나님을 추구하는 사람이어야 한다. 우리는 자기도 모르게 자기에게 익숙한 하나님, 자기가 생각하는 하나님만, 자기가 경험한 하나님만을 고집하려는 속성이 있다. 멘토는 영성생활에 익숙한 사람이 아니라 항상 열린 마음으로 하나님을 향한 갈망이 있는 사람이어야 한다.

항상 열린 마음으로 하나님을 갈망하는 사람은 영적 탈수 상태를 예방할 수 있다. 『이머징 세대를 위한 영적 멘토링』의 저자 릭(Rick)은 멘토의 중요한 자질 중의 하나를 멘토링이라는 마라톤에서의 '영적 수분공급'이라고 은유적으로 표현 하였다. 마라톤을 하다가 목이 마를 때까지 기다렸다가 물을 마시면 이미 너무 늦은 것이라고 한다. 물 한 컵으로 탈수 상태가 금방 해결되지 않기 때문이다. 경기 전날, 경기 바로 전에, 경기 중에, 경기가 끝난 후에도 계속 수분을 공급해야 한다. 달리기 선수에게 수분공급이 협상할 수 없는 본질인 것처럼 멘토링이라는 영적 달리기를 하는 멘토와 멘티에게 영적 '수분공급'은 협상할 수 없는 것이다.

> [멘티의] 삶에 투자하는 동안 탈수가 되면 멘토링 관계에도 절박한 탈수 현상이 온다. 멘토가 탈수되면 직면하기를 회피하는 위험에 처한다. 인간미 없고, 신앙에 진부한 접근을 하게 된다. 멘토링 관계에서 하나님으로부터 인정과 수긍을 찾으려는 것이 아니라 서로에게서 찾으려 한다. 그리고 그리스도 안에서 성숙하는 문제를 나누고 의도적으로 추구하지 못한다. 그 대신 질식시키는 빡빡한 계획으로 그것을 시도하려고 한다. 그리고 매력적으로 보이는 죄악된 유혹에 개인적 약점들이 노출되고…그 목록은 계속된다.[3]

멘토는 항상 영적 수분을 공급해 주시는 성령께 항상 열려 있어야 한다. 주님의 임재를 늘 사모하고 하나님의 도우심을 늘 갈망하는 사람이어야 한다.

사랑의 마음을 가진 사람이다

멘토링의 목적지는 항상 사랑이다. 인간적으로 만들어지지 않은 사랑, 종교적으로 모방되지 않은 진정한 사랑이다. 오직 순수한 마음으로만 형성될 수 있는 사랑, 오직 그리스도의 생명에 의해 형성되도록 영적으로 자리 잡은 마음으로만 형성될 수 있는 사랑이다.[4]

멘토는 사람을 사랑하는 사람이어야 한다. 기독교적 멘토링은 지식의 학교에서가 아니라 사랑의 학교에서 나누는 행위와 같다. 사람을 사랑하는 것을 대신할 수 있는 것은 없다. 우리가 신학을 사랑하고 하나님을 사랑한다고 생각할지라도 사람들을 향한 진실한 사랑이 없다면 그것은 우리의 진정한 소명은 아니다.

멘토는 멘티를 가르치는 교수가 아니라 동행자이다. 때문에 멘토는 지원하고 수용하는 분위기를 조성해야 한다. 멘토는 "가능한 한 자주 서로를 격려해야 한다. 아주 가끔씩 조언해야 한다. 절대로 필요한 경우에만 꾸짖어야 한다. 그리고 결코 판단해서는 안 된다."[5] 멘토링 관계는 격려와 사랑의 동행이다. 사랑은 주의를 기울여 듣는 일의 동기가 된다. 멘티는 인간은 본성적으로 조언이나 충고가 아니라 지원과 수용을 얻기 원한다는 것을 잊어서는 안 된다. 멘티가 조언을 바랄 때에도 조언은 간단하게 해야 한다. 사랑은 멘티가 어떤 도전이 필요할 때 그것을 훨씬 더 잘 받아들일 수 있게 해 준다.

영혼의 지도(map)를 알아야 한다

멘토는 영혼의 역동성을 이해할 수 있는 능력이 있어야 한다. 멘토는 멘티의 가장 깊은 곳까지 다루어야 하므로 사람의 심리-영적 기능을 잘 알면 알수록 영혼의 문제에 대해 더 좋은 도움을 줄 수 있다. 멘토는 인간의 정서는 어떻게 형성되는지, 성격은 인간관계에서 어떻게 반응하는지, 어떻게 신앙이 발달하는지 등과 같은 이해가 있어야 한다. 멘토는 인간의 내면세계의 심리적 역동에 대한 이해를 간과해서는 안 된다. 인간의 불안, 중독, 두려움, 질투, 우울증에 관한 이해뿐만 아니라 정신적 방어기제인 부인, 합리화, 억압, 억제, 해리 등과 같이 인간의 내면세계가 어떻게 움직이는지에 대한 이해가 있어야 한다. 이러한 이해는 단순한 심리적 통찰뿐만 아니라 영적 통찰까지도 제공해 주기 때문이다. 그러나 영적인 역동을 무시하는 심리적 이해는 그 자체로는 불완전하다. 영혼 이해를 위해서는 영적인 역동에 대한 지식은 필수적이다. 이것은 신앙의 발달, 하나님 체험, 기도, 신비 체험 등에 대한 이해에 도움을 준다. 멘토는 신적인 신비를 인간적인 이성으로 대체하고자 하는 경향을 경계할 필요가 있다. 인간의 삶에서 일어나는 일상적인 반응에서 복합성과 신비를 상실하면 결과적으로 영혼의 상실을 면할 수 없다. 영혼은 신비와 다양성 속에서 자신을 드러내기 때문이다.[6]

인간의 정체성을 알아야 한다

멘토링의 목적은 완벽한 존재가 되기 위한 것이 아니다. 멘토링의 목적은 지속적인 성장과 발전에 있다. 누구도 완벽한 존재가 될 수 없다. 하지만 최선의 존재로 거듭날 수는 있다. 변화를 소망하는 사람은 때로는 흥미롭고, 때로는 지루하고, 때로는 고통스러울 수도 있음을 알아야 한다. 변화의 과정에서 시작과 중단이, 때로는 갈등의 시간도 있을 수 있다.

인간은 늘 실수할 수밖에 없는 유한하고 불완전한 존재이다. 인가의 실존은 때로는 좌절하고, 때로는 심히 불안해하고, 잘 나가다가 주저앉을 수도 있고, 그러다가 다시 도약을 시도한다. 인간은 좌절과 소망 사이에서 방황하는 역설적 존재이다. 이것이 인간의 정체성이다. 완벽의 추구는 이런 정체성을 무시하는 것이다. 오직 하나님만이 완벽한 존재이다. 그러므로 완벽주의는 우상숭배의 한 형태이다. 왜냐하면 하나님만이 가능한 정상을 인간이 할 수 있다고 생각하는 것은 교만이기 때문이다.

전체와 부분의 관계를 알아야 한다

전체를 볼 줄 아는 능력을 기르는 것은 멘토의 중요한 과제이다. 전체를 볼 줄 아는 사람이 부분을 바르게 볼 수 있기 때문이다. 또한 전체를 구성하고 있는 부분들의 관계에 대한 바른 이해가 있어야 하기 때문이다. 다시 서술하면, 전체에 대한 바른 이해를 위해서는 먼저 전체와 부분의 관계를 이해할 수 있어야 한다. 다음은 전체를 이루고 있는 각 부분들의 관계에 대한 이해가 있어야 한다.

먼저, 전체와 부분의 관계이다. 전체를 보지 못하는 사람은 부분을 바로 볼 수 없다. 전체만 알고 각 부분의 특성을 모르는 것 또한 진정으로 아는 것이 아니다. 예를 들면, 어떤 사람의 입과 눈을 바르게 알려면 반드시 그 사람의 얼굴의 전체를 볼 수 있을 때 가능하다. 그 사람의 얼굴 전체를 보지 못하면 우리가 본 입과 눈이 누구의 것인지 알 수 없다. 그러므로 그 사람의 얼굴의 각 부분들은 그 사람의 전체 얼굴과의 관계 안에서만 바르게 인지될 수 있다.

인간에 대한 이해도 전체와 각 국면의 관계 안에서 이해되어야 한다. 인간에 대한 전체적인 이해가 없으면 각 국면을 바르게 이해할 수 없다. 통전적인 인간 이해 없이는 인간의 전체성에 대한 이해가 불가능하다. 인간은 하나님의 형상으로 창조된 통전적인 존재이다. 즉, 인간의 몸과 영혼 또는 몸과 영성과 이성과 감성은 분리될 수 있는 부분들이 아니라 분리될 수 없는 국면들이다. 이러한 국면들은 유기체적 관계일 뿐만 아니라 가치 등급화 될 수 없다. 왜냐하면 통전적인 인간의 각 국면들은 구분은 되지만 결코 분리될 수 없기 때문이다.

인간의 전체성의 얼굴은 통전적인 모습이다. 인간의 여러 국면들은 영혼, 몸, 영성, 이성, 감성 등이다. 그러므로 인간에 대한 통전적인 얼굴상을 그리지 못하면 결코 몸, 영혼, 영성, 이성, 감성 등에 대해서 바르게 이해할 수 없다.

통전적인 인간 이해가 없으면 인간의 각 국면들에 대한 왜곡된 이해를 낳을 수 있다. 대표적인 예가 삼분설이다. 삼분설은 영은 하나님과 소통할 수 있지만 몸은 하나님과 소통할 수 없다는 가정을 한다. 하지만 인간은 전인으로서 하나님과 소통한다. 몸도 하나님을 사모하고 소통한다(시 84:2). 왜냐하면 인간은 전인으로 창조되었을 뿐만 아니라 하나님과 전인적으로 소통하도록 창조되었기 때문이다.

우리가 사용하는 용어인 '영'(spirit)과 '영혼'(soul)의 전형적인 구분은 성경적으로 입증될 수 없다. 영은 인간의 영적인 국면이지만 영혼 또는 혼(soul)은 인간의 정신적 또는 심리적 국면이라는 생각은 통전적인 인간 이해가 없기 때문에 발생하는 오류이다. 성경이 인간과 관련하여 '영혼'이라는 이름을 사용할 때, 그것은 몸과 관련된 인간의 내적 국면을 말하는 것이다.[7] 영과 영혼은 모두 하나님이 보시는 인간의 모습에 대한 설명이고, 인간의 내면의 동일한 무형의 국면을 말하는 것이다. 인간의 이름들이다. 인간의 다양한 이름은 영, 영혼, 몸, 마음, 아담(인간) 등이다. 이러한 이름들은 하나님과의 관계에서 발생하는 기능과 관련된 이름들이다. 이는 마치 한 남자가 자녀들과 관계에서는 아버지, 아내와 관계에서는 남편, 부모와 관계에서는 아들로 불려지는 것과 같다. 영은 하나님과 소통을 하지만 몸은 하나님과 소통할 수 없다는 관점은 전적으로 옳지 않다. 우리의 몸도 하나님과 소통할 수 있고 영광을 드러낼 수 있지만 영이 오히려 하나님의 영광을 가릴 수도 있다.

다음은 전체를 이루고 있는 부분들의 관계이다. 각 부분들은 대립적인 관계가 아니라 균형과 조화를 위한 대극의 쌍이다. 하나님 경험에 있어서도 영과 몸, 마음과 만물 등은 대립적인 관계가 아니고 균형과 조화를 위한 쌍들이다. 하나님은 내 마음에도 계시고 내 마음 밖인 만물에도 계신다. 하나님은 세상 만물 안에 있는 하나님 (사 6:3: "그의 영광이 온 땅에 충만하도다")과 내 마음 속에 있는 하나님 (시 51:10: "하나님이여 내 속에 정한 마음을 창조하소서")이다. 그러므로 하나님을 내 마음 안에만 계시는 것으로 이해를 해서는 안 된다. 세상 만물 안에도 하나님이 계시기 때문에 세상 만물과도 아름다운 소통을 할 수 있어야 한다. 하나님 경험은 우리 마음을 통해서만이 아니라 세상 만물을 통해서도 경험할 수 있어야 한다.

인간의 정신은 의식과 무의식으로 이루어져 있다. 의식과 무의식의 대극의 쌍은 대립적인 관계가 아니라 조화와 균형을 위한 관계이다. 의식은 자기 세계와 언어를 가지고 있고 무의식도 자기만의 세계와 언어를 가지고 있다. 의식은 이성과 감성을 통해 자기 언어를 표현하지만 무의식은 꿈을 통해 자기의 언어를 상징적으로 표현한다. 하나님과의 소통은 우리의 의식의 언어뿐만 아니라 무의식의 언어로도 할 수 있다. 무의식의 언어는 꿈의 언어다. 우리는 꿈속에서도 하나님을 경험할 수 있다. 꿈을 통해 하나님을 경험할 수 없다고 단정하는 것은 하나님과의 소통의 은혜를 차단하는 것이다.

의식과 무의식은 서로 대극적인 특성을 가지고 있기 때문에 이성의 관점으로는 꿈을 이해할 수 없다. 이성으로 설명되지 않는 진리도 있다. 우리는 이성으로 설명되는 진리도 있지만 이성으로 설명되지 않는 진리도 있다는 것을 놓쳐서는 안 된다. 과학적으로 설명되고 증명되는 진리도 있지만 과학으로 설명되지 않는 진리도 있다는 것을 인지해야 한다. 기도의 신비한 능력을 경험하는 수많은 사람들이 있다. 기도의 사람은 이성과 과학을 존중하지만 이성으로 설명할 수 없는 경험을 하는 경우도 많이 있다.

우리의 어두움과 밝음, 슬픔과 기쁨, 실패와 성공, 울음과 웃음, 밤과 낮 등은 조화를 위한 대극의 쌍들이다. 대극의 쌍들에 대한 이분법적인 관점은 각 부분들의 특성을 놓치게 된다. 왜냐하면 대립을 위한 쌍들이 아니라 조화와 균형과 창조성을 위한 쌍들이기 때문이다. 그러므로 어두움은 밝음을 위한 창조성이다. 슬픔은 기쁨을 위한 에너지이다. 실패는 성공을 위한 거름이다. 밤은 낮을 위한 축복이다. 이러한 요소들은 서로 다른 모습을 지니고 있을 뿐 아니라 서로 다른 얼굴을 가지고 있기 때문에 이분법적으로 이해하기 쉽지만 전체성의 관점에서 보면 두 대극의 쌍은 조화와 균형과 창조성을 위한 것이다. 우리가 두 대극의 쌍들을 전체성의 관점에서 보지 않고 각 부분만을 볼 때 각 부분의 진정한 의미를 놓치게 된다. 왜냐하면 각 부분은 그 자체로 작용하는 것이 아니라 다른 부분이 존재할 때 작용하기 때문이다. 그러므로 전체성을 바르게 이해하기 위해서는 반드시 전체와 부분의 관계에서 먼저 전체를 보는 능력이 있을 때 부분을 바르게 볼 수 있다. 또한 각 부분들의 바른 관계에 대한 이해 없이는 전체성과 관련된 부분들의 본질적 특성을 이해할 수 없게 된다.

분별력이 있어야 한다

멘토가 지녀야 할 중요한 자질중의 하나는 분별력이다. 분별에 해당하는 헬라어 단어는 '디아크리시스'(고전 12:10; 히 5:14; 요일 4:1) 이다. 사막의 교부들의 책이나 영적 고전에서 자주 등장하는 단어이다. 분별력에 관하여는 오리겐 시대부터 예루살렘의 키릴, 어거스틴, 클레르보의 버나드, 성 빅터의 리차드, 그리고 토마스 아 켐피스에 이르기까지 반복적으로 나타난다. 영적 은사들의 목록 가운데, 고린도전서 12:10은 '영들을 분별함'을 포함하고 있다. 이 은사는 종종 선과 악을 분별하는 능력으로 설명되며(히 5:14), 예언이 하나님으로부터 온 것인지 구분하는 능력으로(고전12:3) 나타난다.

한편 분별력을 더 넓은 의미로 보면, 솔로몬이 이스라엘 백성들을 다스릴 수 있는 지혜를 구했을 때의 그 분별력 있는 마음을 말한다. 혹은 바울이 빌립보교인들이 무엇이 최선의 것인지를 분별할 수 있도록 기도했을 때의 바로 그 분별력을 말한다. 성경에서, 이해력이라는 단어는 잠언 16:21에서처럼 이 유형의 분별력을 위해 종종 사용된다.

멘토링에서 분별력이란 마음을 읽고 영혼을 설명하는 능력이다. 예수님도 분별력이 있는 훌륭한 멘토였다. 우물가의 사마리아 여인의 마음을 읽으실 때 분별력을 사용하셨다(요 4: 16-20). 분별력은 멘토가 언제 나서고 물러서야 할지, 언제 대면하고 언제 위로해야 할지를 가르쳐준다. 존 카시안(John Cassian)은 멘토는 "뛰어난 기술과 지식을 갖춘 영적 환전가이어야 한다. 이들은 가장 순도가 높은 금화(최선의 길)와 일반 금화(선택할 수 있는 옵션들)를 구분할 수 있어야 한다"고 하였다.[8]

그러면 잘 분별했다는 것을 멘토가 어떻게 알 수 있을까? 하나님의 인도하심을 느낄 때 일반적으로 우리는 평안, 위안, 고요함을 경험한다고 한다. 그러나 평안 그 자체는 우리가 하나님의 인도에 따라 가고 있다는 것을 확증해 주는 충분한 증거가 되지 못한다.[9] 그러면 결과가 좋으면 그 동기와 과정이 잘못되었어도 그것을 분별력 있는 판단이라고 볼 수 있는가? 반대로 좋은 동기로 시작했고 진행 과정에서도 별 무리가 없었어도 그 결과가 잘못되었으면 그것 역시 분별력 있는 판단이었는가? 분별에는 동기와 과정과 결과의 차원 모두에서 평안이 있어야 한다.

분별력에 관하여 누구보다도 깊이 고민하며 파악한 사람 중 한 사람은 로욜라의 이냐시오(Ignatius of Loyola)일 것이다. 특별히 이냐시오의 영적 분별이 우리에게 깊은 의미와 통찰을 제공해 주는 것은 단지 신학적인 이론에서 기인한 것이 아니라 성경의 빛과 함께 그의 실제적인 삶과 경험에 의해 형성되었다는 점이다.[10] 이냐시오가 제시한 하나님의 뜻을 분별하기 위한 영적 분별의 요소로는 초자연적 영향(preternatural influence), 지적 작용의 과정(process of intellection), 정서적 이끌림(attraction of affectivity)이다. 이 세 가지 요소는 영적 식별에서 필수불가결한 요소들이다. 이 중 어느 하나가 다른 두 가지를 배제하는 식으로 작용하지는 않는다는 점 또한 중요하다.

첫 번째 경우는 하나님의 직접적인 인도이다. 사도 바울이나 마태의 경우처럼 하나님께서 직접적으로 우리의 영혼을 움직이셔서 의심이나 주저함 없이 따르는 경우를 말한다. 일상의 삶에서 이런 경우는 흔치 않다.[11]

두 번째 경우는 우리의 이성을 사용하는 방법이다. 이 방법은 우리의 영혼이 내적 평안을 유지하고 있을 때 사용하는 것이다. 내적 평안이란 영적 위안이나 고독을 야기하는 서로 다른 영들에 의한 어떠한 마음의 동요도 존재하지 않는 상태를 의미한다. 이성을 사용한 분석 방법은 다음의 여섯 단계로 이루어져 있다.[12]

① 1단계: 하나님의 뜻을 분별할 대상을 우리의 마음 앞에 놓고 성찰한다.
② 2단계: 우리의 마음이 부적절한 집착으로부터 자유로운 상태를 유지한다.
③ 3단계: 하나님의 나라와 영광에 합당한 것을 알아내기 위해

우리의 지성을 밝게 하여 주시기를 간구한다.

④ 4단계: 하나님 나라와 영광이라는 기준에 의해 어떤 특정한 결정의 장점과 단점을 자세히 기록하여 비교·검토한다.

⑤ 5단계: 장단점을 분석한 결과들을 심사숙고한 후에 보다 하나님의 나라의 가치와 영광을 드러내는 방안을 하나님의 뜻으로 선택한다.

⑥ 6단계: 선택한 것을 기도 가운데 하나님의 승인 또는 확증을 받기 위해 간구한다.

세 번째 경우는 영적 위안(consolation)과 영적 고독(desolation), 즉 정서적인 느낌을 사용하는 것이다. 이냐시오에게 영적 위안은 "믿음, 소망, 사랑 그리고 모든 내적 기쁨"을 그 안에 포함한다.[13] 영적 고독은 "영혼의 어두움, 영혼의 혼돈, 땅의 것을 추구하고자 하는 충동, 영혼의 불안함" 등을 야기하는 내적 움직임이다.[14] 영적 고독은 우리를 믿음과 소망과 사랑의 결핍, 게으름, 나태, 하나님과의 분리 의식으로 인도해 간다.[15]

멘토의 의지와 지성도 영적 분별의 중요한 지표가 된다. 케네스 리치는 이냐시오가 말한 영적 분별에 있어서 의지와 지성의 기능에 의한 표시들을 다음과 같이 정리하고 있다.[16]

의	지	지	성
선한 영의 표시	악한 영의 표시	선한 영의 표시	악한 영의 표시
내적인 평화	불안	참	거짓
참 겸손	거짓 겸손	쓸 데없는 일에 무관심	헛된 일에 몰두
하나님에 대한 신앙	절망에 대한 확신	지성의 등불	어두움 또는 현혹시키는 상상 속의 빛
유동적인 의지	마음의 완고함	지성을 다루기 쉬움	완고한 의견
올바른 의도	교활한 의도	신중함	부절제와 과장
고통속의 인내	고통을 못 참음	겸손한 생각	자만과 허영심
내면의 고된 수련	고난에 대한 반항		
단순함과 성실함	이중성과 위선		
영의 자유	세상에 속박된 영혼		
그리스도를 열심히 본받음	그리스도로부터 소외감		
자비	지독한 집착		

　　분별은 매우 복잡하고 역동적인 주제이다. 키이스 앤더슨(Keith Anderson)과 랜디 리스(Randy Reese)는 멘토링에서 이러한 분별의 역동성을 매우 잘 요약하고 있다. 멘토링은 매우 관계적이고, 일상성 속에서 하나님의 움직임에 대해 지혜롭게 깨어 있으며, 멘티의 성장과 하나님을 향한 열정적 사랑에 닻을 내린다.[17] 일상성 속에서 하나

님의 움직임에 깨어 있고, 하나님의 열정적 사랑을 실천하는 것이라는 말이다. 제네트 바크가 제시하는 분별의 여섯 가지 요소들은 이러한 분별의 역동성을 잘 드러낸다.[18] 첫째, 예수 그리스도의 삶과 부합되어야 한다. 둘째, 성경적 가르침과 가치들과 일치해야 한다. 셋째, 우리의 개인적 역사와 현재 지닌 하나님과의 관계에 부합되어야 한다. 넷째, 다양한 관계들과 상황들을 통해 우리 안에 맺힌 성령의 열매가 있어야 한다. 다섯째, 하나님의 요청이라고 믿는 것에 대한 개방적 태도다. 여섯째, 내면 중심에 자리 잡은 평안의 느낌 등이다.

메이는 나아가 분별의 신비를 지적한다. "분별은 이름을 붙이는 것보다는 사물의 본성에 날카로운 통찰을 불어넣는 것과 관련 있다…객관화하기에는 너무 신비한 영적인 움직임에 대한 감각들로 이루어진다. 본질적으로 진단은 신비를 깨뜨리기 위해 해결책을 찾아 나서지만, 분별은 하나님의 뜻을 따라 신비에 반응하기 위해 신비에 대한 체험들을 구별하려 한다"고 하였다.[19]

분별은 훌륭한 멘토가 지녀야 할 중요한 자질 중의 하나이다. 이 자질은 훈련을 통해 가능하다. 폭넓은 지식과 예리한 직관, 기도와 겸손, 그리고 하나님의 신비에 열린 자세 등은 멘토의 분별력을 높여 주는 중요한 요소들이다. 멘토는 다양한 차원과 영역에서 분별력을 사용할 수 있다. 멘토 자신의 동기와 열정을 분별하는 것뿐만 아니라 멘티의 비전을 구체화시키도록 돕는 과정에서도 매우 중요하게 작용한다. 예를 들면, 『이머징 세대를 위한 영적 멘토링』의 저자들은 멘티의 성장 잠재력을 알아내는 각 단계에서 멘토의 분별력이

어떻게 활용될 수 있는지를 구체적으로 설명하고 있다.[20]

첫째, 멘티 스스로 성장하기 원하는 영역을 알고 있는 경우, 멘토는 그 영역을 구체화시키고 강화시키도록 지혜를 주어 멘티가 그 부분에 집중하도록 도울 수 있다.

둘째, 멘티가 성장 잠재력을 잘 모르거나 스스로가 그것을 어떻게 저항하는지 조차도 인식하지 못하는 경우가 있다. 동기들, 뿌리 깊은 습관들, 깊게 자리 잡은 거짓말들, 세계관들, 추측들, 행동 혹은 성격 문제들, 혹은 뿌리 깊은 두려움들은 멘티가 자신의 성장 잠재력을 알아차리지 못하게 하는 요소들이다. 분별력 있는 멘토는 이러한 요소들을 알아차리고 숨겨져 있는 멘티의 성장 영역을 발견하도록 도울 수 있다.

셋째, 분별력 있는 멘토는 멘티의 성장을 방해하는 요소를 알아차릴 수 있다. 중독, 의존, 수치감 등은 때로 멘티의 성장을 방해한다. 분별력 있는 멘토는 이러한 요소들을 인식할 뿐만 아니라 그것들이 전문가의 도움이 필요한지 아닌지를 분별할 수 있다.

투사작용의 해독능력이 있어야 한다

멘토링은 가치 있고 의미 있는 일이지만 고통스런 일이 될 수도 있다. 왜냐하면 멘토는 멘티의 무의식적 투사(projection)의 대상이 될 수 있기 때문이다. 멘토는 이러한 현상을 의식하고 자기 자신을 보호하며 돌보는 법을 배워야만 한다. 멘토링 관계는 신뢰와 사랑의 관계 안에서 형성되기 때문에 멘토는 멘티의 무의식적인 투사의 집중 대상이 될 수 있다. 인간의 무의식은 투사를 통해 자신의 모습을 드러낸다. 투사란 무의식의 현상이다. 인간의 정신은 의식하고 싶지 않은 것을 무의식 속으로 억압하려는 경향이 있는데 억압된 것들은 주로 다른 대상들에게 투사되는 식으로 나타날 수 있다. 투사는 긍정적으로 작용할 수도 있고 부정적으로 작용할 수도 있다.[21]

> 우리에게 거슬리는 것들, 우리가 비판하는 것들, 우리가 비웃고 있는 다른 사람들의 특성들, 그리고 우리를 신경 쓰이게 하며, 우리에게 부정적으로만 보이는 다른 사람의 특성들은 결국 우리의 무의식적 요소들을 다른 사람에게 투사시켜 놓은 것들이다. 마찬가지로 우리가 경탄하거나 부러워하고 있는 다른 사람들의 특성들 역시 우리의 무의식적 요소들을 그 사람에게 투사시켜 놓고 경탄하는 것이다.[22]

중요한 것은 멘토는 멘티의 투사의 대상이 되어 문제가 발생했을 때 논쟁하거나 그 사람을 분별 있게 만들려고 시도해서는 안 된다. 왜냐하면 이런 투사는 논리적인 문제가 아니라 심리적인 문제이기 때문이다. 게다가 멘티의 이런 무의식적 투사는 자연스런 정신의 과정일 뿐만 아니라 자기 치유의 과정이기 때문에 단지 그것을 인식하도록만 도와주면 된다.

그러나 멘토는 멘티의 무의식적 투사작용의 드라마에 발탁되는 과정과 특징을 이해하는 것은 중요하다. 투사하는 사람은 의식적으로 투사의 배역을 찾아 나서지 않는다. 이 드라마는 항상 무의식적 과정이기 때문이다. 특별히 멘토링 관계 안에서 멘토의 역할 때문에 멘토는 이 무의식적 투사의 배역에 쉽게 발탁될 수 있다. 이때 멘토는 무의식적 투사의 암호를 해독할 능력이 없으면 큰 갈등을 초래할 수 있다.

멘토와 멘티의 관계-투사작용의 드라마의 해독능력의 중요성을 예를 들어 설명해 보자.[23] 한 청년 멘티가 자기 아버지와의 관계에서 아버지의 학대로 인해 많은 상처를 받았다. 이때 멘티의 상처는 그의 무의식 세계에서 그림자로 남는다. 멘티는 자기도 모르게 자기 아버지와 대비시켜 이상적인 아버지 상을 무의식에 형성한다. 이 멘티 청년이 한 남성 멘토의 따뜻하고 친절한 이해와 사랑을 접하면 자기의 이상적인 아버지 상을 이 멘토에게 무의식적으로 투사한다. 이미 이 멘티는 무의식적으로 투사를 시작하였지만 멘토는 전혀 알지 못한다.

멘티는 멘토를 이상적인 아버지로 자기의 무의식적 투사 드라마에 발탁했기 때문에 멘토와 함께 시간을 보내는 것을 즐거워하며 더 많은 사랑을 갈망 할 수 있다. 이때 멘토도 멘티를 더 좋아하고 사랑하게 되고 함께 시간을 보내게 될 수 있다.

하지만 멘토링 관계 속에서 멘토는 완전하지 않기 때문에 멘티에게 부정적인 모습을 보일 수 있다. 이런 과정 속에서 멘티는 멘토의 부정적인 모습 속에서 실제 아버지와 같은 모습을 발견하게 된다. 이런 과정 속에서 멘티는 자기도 모르게 멘토에게 조금씩 부정적인 마음이 들기 시작하면서 거리감을 두기 시작 할 수 있다. 이때 멘토는 멘티가 자신을 거리감 있는 태도로 대하는 것을 느끼기 시작한다.

그러던 어느 날 멘토가 멘티의 잘못을 지적하거나 충고하거나 비판하게 되면 멘티는 멘토에게 "제가 형편없는 사람으로 생각하고 계신 줄 압니다"와 같은 말을 할 수 있다. 멘토는 멘티에 대해서 전혀 그렇게 생각하고 있지 않는데 멘티가 그렇게 말하는 것은 무의식적 투사 작용이다. 멘토는 그가 멘티의 아버지의 역할을 연기하도록 발탁되었다는 것을 아직 모르고 있다. 하지만 지금까지 멘티는 멘토를 그의 아버지로 경험하고 있었다.

멘티가 멘토를 아버지로 경험하기 시작할 때 이미 멘토는 그 배역으로 발탁되었던 것이다. 멘티가 오해하고 노골적으로 불만을 표시할 때 멘토는 화가 날 수 있다. 그러던 어느 날 멘토는 멘티에게 화를 내거나 실망스런 말을 할 수 있다.

멘토는 이제 멘티의 아버지처럼 행하고 있다. 멘토는 그가 어떤 무의식의 역할을 연기하고 있는지 몰랐다. 하지만 멘토는 멘티의 무의식적인 투사의 수신자가 됨으로 갈등을 경험하게 된다. 이때 멘토가 무의식적인 투사 드라마의 암호를 해독하지 못하면, 그 드라마를 현상적이고 결과론적으로 해석하게 되어 멘티와의 관계가 깨어지게 되고, 극단적으로는 정죄까지도 하게 된다. 잔인하게 학대하는 아버지에게 멘티가 결코 표현할 수 없었던 그 분노를 멘토에게 분출할 때 멘토가 자신이 수신자임을 알아차릴 수 있는 능력을 가졌다면 상황은 달라질 수 있다. 이때 멘토는 멘티를 치유와 돌봄의 대상으로 여기게 된다. 인간의 무의식적인 투사작용에 대한 해독능력을 갖추는 것은 멘토가 갖추어야 할 중요한 자질이다. 이러한 능력을 소유한 멘토는 멘티를 잘 돌볼 수 있을 뿐만 아니라 돌봄 사역 중에 오는 상처나 탈진으로부터 스스로를 보호할 수 있다. 그러므로 멘토는 심층심리학적적 지혜에 열린 마음을 가지고 훈련을 통해 관계-투사작용의 드라마의 해독능력을 갖출 필요가 있다.

일상의 지혜를 알아야 한다

모세는 하나님을 직접 대면한 종으로 유명하다. 하나님의 능력을 직접 체험한 선지자이다. 하나님으로부터 직접 율법, 특별히 십계명을 받은 하나님의 선지자이다. 얼마나 하나님에 대한 신뢰와 믿음이 강했겠는가? 우리는 모세의 사역, 신앙, 삶 속에서 중요한 사실 한 가지를 발견할 수 있다. 민수기 10:29-32에 보면 모세가 광야에서 이스라엘 백성을 이끌고 가나안으로 가는 여정 속에서 호밥에게 동행을 부탁하는 내용이 있다.

호밥에 대한 이야기는 성경에 자세하게 나와 있지 않기 때문에 잘 알 수는 없지만 그는 모세의 장인인 이드로의 아들이요 모세의 처남이었다. 모세가 광야의 여정에서 호밥에게 이스라엘 백성들의 길을 인도해 달라고 부탁한 이유는 호밥이 사막 지방을 잘 알고 있었기 때문이다. 모세가 시내산까지는 잘 알고 있었다. 그곳에서 40년을 지냈기 때문에 그 주위의 환경을 잘 알고 있었지만 앞으로 나아갈수록 모르는 길이 많았다. 때문에 지리를 잘 아는 호밥에게 동행할 것을 부탁한다. 모세는 이스라엘 백성의 여정에서 호밥을 길을 위한 멘토로 초청한 것이다. 모세의 이런 태도에서 우리는 중요한 것을 깨닫게 된다.

하나님께서 이스라엘 백성들을 구름기둥과 불기둥으로 인도하셨다. 기적을 행하여 이스라엘 백성을 보호하셨다. 하지만 하나님께서는 이스라엘 백성들의 광야 여정에서 인간의 상식이나 지혜를 무시하지 않으시고 사용하도록 인도하셨다. 믿음과 상식은 배치되는 것이 아니다. 믿음은 때로 상식을 뛰어 넘어 초월적 눈을 갖도록 하지만 하나님의 질서 안에서는 믿음과 상식은 서로 보완적이다. 물론 기적이 필요한 경우도 있다. 어떤 사람이 병중에 있을 때 도저히 사람의 힘으로는 치료할 수 없다고 판단해서 하나님께 기도하면 기적적으로 회생되는 능력이 나타나기도 한다. 하지만 하나님은 기적을 자주 사용하시는 분이 아니다. 하나님께서는 우리 자신이 할 수 있는 것은 하게 하시고 우리가 할 수 없는 것은 하나님께 도움을 구하도록 하신다.

미국에서 있었던 일이다. 한 임산부가 난산을 하게 되었는데, 그 상황을 지켜보던 목사가 의사를 부르지 못하게 하고 기도만 하게 했다. 그러던 중에 그 산모가 죽고 말았다. 그 자리에는 간호사도 한 사람 있었는데 그 간호사도 결국 재판을 받게 되었다. 그 간호사는 간호사로서의 맹세를 지키지 않고 의사를 부르지 않는 죄로 결국 간호사 자격을 박탈당하게 되었다. 위험한 임산부가 있으면 일단 의사를 불러서 치료를 하면서 기도해 주어야 한다. 그것이 믿는 사람의 태도이다. 하나님은 의술을 통해서도 역사하시기 때문이다. 술을 마시고 120킬로미터로 과속하면서 "하나님 도와주십시오" 한다든가, 자동차의 기름이 거의 바닥에 있는 데에도 먼 거리를 갈 수 있게 해 달라고 기도하는 것은 믿음이라고 할 수 없다. 이것은 하나님을 시험하는 것이다. 오히려 하나님의 영광을 가리는 결과만 가져오게 된다.

섭리와 기적에는 차이가 있다. 사막 한복판에서 먹을 것이 없을 때 하나님께서 메추라기를 내려 주셔서 그것을 먹게 하시는 것은 기적이다. 그러나 일단 요단강을 건너가서 나무에 탐스럽게 달린 과일로 배고픈 백성들을 먹게 하시고 만나를 중단시키시는 것은 섭리이다. 인간이 할 수 없는 일은 하나님께서 직접 하신다. 그러나 인간의 힘으로 충분히 할 수 있는 일은 인간이 하도록 하시는 것이 하나님의 뜻이요 방법이다. 모세는 그런 믿음을 가졌던 하나님의 사람이었다. 모세는 그런 믿음과 상식을 가진 이스라엘 백성들의 멘토였다.

"하나님께서는 책을 읽고 공부하는 사람을 통해서 일하신다"는 말이 있다. 하나님께서는 솔로몬에게 지혜를 주셨다. 그러면 그 지혜가 하루 밤에 하나님께서 뇌 속에 주입해 준 그런 지혜인가? 아니다. 상당 부분 솔로몬이 공부해서 얻은 지혜이다. 하나님께서는 분명히 우리에게 지혜를 주신다. 그러나 그 지혜란 가만히 앉아 있기만 해도 떠오르는 그런 지혜가 아니다. 존 브라운(John Brown)은 배우는 자들에게 "만일 여러분에게 은혜가 없다면 예수께서 주실 것입니다. 그리고 지식이 부족하다면 내가 도와 줄 수 있습니다. 그러나 상식이 없다면 주님도 나도 도와 줄 수 없습니다"라고 하였다.[24] 훌륭한 멘토는 상식을 무시하지 않고 중요하게 여긴다.

사도행전에 보면, "형제들아 너희 가운데서 성령과 지혜가 충만하여 칭찬 받는 사람 일곱을 택하라"(행 6:3)고 하였다. 여기서 '지혜'는 '소피아'(sophia)이다. '소피아'가 충만한 사람이란 세상의 일반 이치에 대해서도 잘 아는 사람이다. 멘토는 지혜가 있어야 멘티를 바르게 안내하고 도울 수 있다. 멘토는 천상의 일이나 가치만을 말하는 사람이 아니다. 멘토는 건강한 일상을 추구해야 할 뿐만 아니라 땅의 지혜가 있어야 한다. 다음 이야기는 소중한 교훈을 준다.

3-4세기경 이집트 광야에는 훗날 '사막의 교부들'이라고 불린 사람들이 살았다. 그들은 평범하지만 비정통적인 일단의 금욕주의자들로 인습을 버리고 인간이 된다는 것의 의미를 발견하고자 고행을 하였다. 그들은 여러 날 자신의 몸을 바위에 묶어 두기도 하고, 풀을 뜯어먹거나 한 번에 몇 주일씩 금식을 하기도 하였다. 이런 노력은 인생의 의미, 즉 경험을 이해하기 위해서였다.

그 중 교부 포이멘(Abba Poemen)이 있었는데 하루는 고귀한 어떤 사람이 자신의 영적인 고민을 털어놓고 충고를 들으려고 그를 찾아왔다. 하지만 교부는 그와 눈을 마주치려 하지 않았고 대화 자체도 거절하였다. 교부의 행동에 당황하고 마음이 상한 그 손님은 그곳을 떠나며 교부의 제자 중 하나에게 교부가 자신을 무시한 연유를 물었다. 그 제자가 이를 묻자, 교부 포이멘은 이렇게 대답하였다. "그가 하늘로부터 와서 하늘의 것을 이야기하는데 나는 땅에 살며 땅의 것만을 아는 사람이니 당연하지 않은가. 그 손님이 만약 마음의 욕망에 대해 물었더라면 대답했을 것이다.

그렇지만 그는 영적인 것을 이야기하였고, 나는 아무 말도 해 줄 수 없었다." 그 이야기를 듣고 고귀한 신분의 사람은 다시 선생을 찾아가 이렇게 물었다. "스승이여, 제가 어찌해야 하나이까. 마음의 욕망에 제가 사로잡혔나이다." 그러자 교부 포이멘은 대답하였다. "이제야 제대로 된 이야기를 하시는구려."[25]

교부 포이멘의 이야기에서 알 수 있듯이 땅에 살면서 땅의 일에 무지하다면 우리는 진정한 멘토가 될 수 없다. 영적 멘토였던 포이멘의 자세는 멘토의 정신과 자세를 보여 주고 있다고 할 수 있다.

멘토는 성경과 일상의 지혜와의 관계를 바르게 인식해야 한다. 성경과 일상의 지혜는 마치 대나무 화살과 화살촉과 같은 관계이다. 대나무는 돌보는 사람이 없어도 곧게 자란다. 그 대나무로 화살을 만들면 물소가죽도 뚫을 수 있다. 이것이 하나님의 이치다. 그러나 만일 대나무 화살에 예리한 화살촉을 달면 물소가죽을 더 큰 힘으로 뚫을 수 있다. 하나님께서 주신 성경의 지혜에 공부를 더하면 더 큰 수확을 할 수 있다. 성경은 하나님이 우리에게 주신 화살과 같은 역할을 한다면 일상의 지혜는 화살촉과 같은 것이라고 할 수 있다. 그러므로 현명한 멘토는 일상의 지혜를 위한 공부를 게을리 하지 않는다.

융통성이 있어야 한다

멘토링 관계의 특성을 이해할 때 많이 오해되는 것 중의 하나가 진정한 멘토링 관계의 유형이 오직 한 가지만 있다는 생각이다. 융통성이 없는 이러한 생각은 멘토링을 효과적이지 못하게 할 수 있다. 멘토링 관계는 멘토와 멘티에 따라 다양한 양식과 접근방법이 있을 수 있다. 어떤 멘토링은 매우 구조적일 수 있고, 다른 멘토링은 비공식적이고 자연스러울 수 있다. 멘토링 관계는 집중적이고 1년 미만의 짧은 기간에 형성될 수도 있고 20-30년 혹은 더 이상 되는 일생의 관계일 수도 있다.

멘토와 멘티의 특성을 고려함 없이 다른 사람들의 멘토링 관계를 그냥 모방하는 것은 공허하고 만족스럽지 못한 관계를 초래할 수 있다. 멘토링 과정에서 무엇을 하느냐는 같을 수 있지만 그것을 어떻게 할 것인가는 멘토와 멘티 개인들만의 독특한 것이어야 한다. 멘토링 관계 형성 초기에 멘토와 멘티는 그들의 멘토링 관계가 어떤 모습이면 좋을 것인지에 관하여 솔직하게 의논하는 것이 좋다. 또한 그것에 관하여 합의를 했다고 하더라도 시간이 경과되면서 그 모습이 자연스럽게 바뀔 가능성을 배제하지 말아야 한다.

어떤 문제나 내용에 대한 생각이 다를 때 약삭빠르게 대처하는 사람과 융통성 있게 대처하는 사람은 다르다. 약삭빠르게 행동하는 것은 유연함만 있고 원칙이 없게 행동하는 것이다. 융통성은 유연함과 원칙을 겸비한 행동이다. 멘토는 고정된 틀에 얽매여 제한을 두지 말고 구체적인 상황에 따라 융통성이 있어야 한다. 틀에 박힌 생각으로 자신에게 제한을 두어서는 안 되고 보이지 않는 생각에 스스로를 옭아매는 일을 해서는 안 된다. 융통성 있는 멘토가 되기 위해서는 어떤 문제에 대해 총체적으로 보고 생각 할 수 있어야 한다. 또한 구체적인 상황을 구체적으로 분석할 수 있어야 한다. 피상적으로 분석하면 자기가 낀 안경으로 보고 판단하기 쉽다. 마지막으로 어떤 문제를 만나면 반드시 정면과 이면을 모두 생각해 보아야 한다.

융통성은 마치 물과 같은 것이다. 물은 형태가 없지만 보통 물은 추우면 꽁꽁 얼어 얼음이 되고, 더우면 다시 수증기가 된다. 그러나 그런 변화 속에서도 본질은 변하지 않는다.

고통과 실패를 경험한 사람이다

성공만 해 본 엘리트는 실패를 거듭하는 사람들을 이해하기 어렵다. 고통과 상처를 경험해 보지 않은 사람은 다른 사람의 고통과 상처를 공감하기 힘들다. 의심, 배반, 실패를 경험하고 그것을 극복한 사람은 같은 문제로 고민하는 사람을 보다 효과적으로 도울 수 있다.

고든 맥도날드의 『무너진 세계를 재건하라』(*Rebuilding Your Broken World*)라는 책에는 미국의 어떤 회사들이 사장 후보자 중 최소한 한 번이라도 실패한 경험이 없다면 채용하지 않는다는 내용이 있다.[26] 실수나 실패가 주는 교훈의 가치가 크다는 것을 보여 주는 내용이다.

중요한 것은 실수나 실패의 경험뿐만 아니라 그것을 완전히 극복한 경험이다. 멘토가 아직 극복하지 못한 상태에서 같은 문제를 경험하고 있는 사람을 멘토링 하는 것은 스스로 피하는 것이 옳다. 고통과 상처에서 완전히 회복되지 않은 경우도 마찬가지이다. 멘토 자신의 극복되지 못한 주관적인 생각이나 불안한 감정이 멘티의 문제 해결에 영향을 미칠 수 있기 때문이다.

돌보는 법을 알아야 한다

멘토는 왜곡된 돌봄은 영혼의 악을 낳는다는 것을 알아야 한다. 영혼의 악은 영혼을 왜곡된 방법으로 돌볼 때 가장 흔하게 발생한다. 왜곡된 돌봄은 사람의 약점, 실수, 실패 등에만 초점을 둘 때 가장 쉽게 발생한다. 이러한 왜곡된 돌봄은 사랑의 이름으로 행해지기 때문에 악을 더 강화시키게 된다. 어느 아버지가 딸이 교제하는 남자 친구의 약점과 부족한 것을 지적하면서 딸을 그 남자 친구로부터 떼어 놓기 위해서 모든 방법을 동원하였다. 하지만 딸은 오히려 부족한 그 청년을 선택하였다.

아버지의 태도는 딸을 약점이 많은 그 청년으로부터 떼어 놓은 역할을 한 것이 아니라 오히려 더욱 매력적이게 만들었다. 뿐만 아니라 아버지에게 상처를 입히기 위한 수단으로 그 청년을 선택하였다. 딸을 위한 아버지의 왜곡된 사랑의 결과다. 아버지의 왜곡된 사랑은 돌봄의 초점을 약하고 부족한 부분에만 두게 하였다. 우리는 너무도 쉽게 자기의 안경과 왜곡된 방법으로 사람들을 돌보려는 경향이 있다. 사람을 돌보는 가장 좋은 길은 약점과 실패에 대한 지적과 비판이 아니라 사랑이다.

사막의 한 교부가 남긴 보석 같은 이야기다.

> 수도원장 아나스타시우스(Anastasius)는 20세겔이나 하는 고급 양피지로 만든 성경을 가지고 있었다. 아나스타시우스는 매일 구약과 신약의 내용이 고스란히 담겨 있는 그 성경을 읽으며 묵상하였는데, 한번은 그를 찾아온 어떤 수도자가 그 성경을 보고 탐내어 들고 도망쳐 버렸다. 다음 날, 아나스타시우스는 책이 없어진 사실을 발견하고 누구의 소행인지 쉽

게 짐작을 했다. 하지만 그가 절도죄에다 위증죄까지 범할 것이 걱정이 되어 그를 잡기 위해 사람을 보내지 않았다.

성경을 훔친 수도자는 책을 팔기 위해 도시로 갔다. 그가 18세겔을 원하자 사려는 사람이 말했다. "그 책을 내게 주시오. 그 정도의 가치가 있는지 내 먼저 알아봐야겠소." 상인은 그 책을 들고 아나스타시우스에게 찾아가 말했다. "교부님, 이 책을 좀 봐주십시오. 18세겔의 가치가 있는 책입니까?" 아나스타시우스는 말하였다. "네 좋은 책입니다. 그 값에 이 책을 사신다면 아주 좋은 거래를 하시는 것입니다."

그 상인은 수도사에게 돌아와 말하였다. "여기 말한대로 18세겔이오. 내가 아나스타시우스 교부님께 직접 이 책을 보여 드렸는데, 이 책이 그만한 가치가 있는 책이라고 하셨소." 그 수도자는 깜짝 놀랐다. "그뿐이오? 교부님이 다른 말씀은 하시지 않으셨소?" "아니, 다른 말씀은 한 마디도 없으셨소." "내 마음이 바뀌었소. 이 책을 팔고 싶지 않소."

그 수도자는 아나스타시우스에게 돌아와 책을 다시 받아 달라고 눈물로 사정을 하였다. 그러나 아나스타시우스는 부드러운 목소리로 이렇게 대답하였다. "아니에요, 형제님. 그냥 가지고 계세요. 형제님께 드리는 선물입니다." 그러자 그 수도사는 말하였다. "교부님이 이 책을 받아주시지 않으신다면 제게는 이제 평화가 없습니다." 그 이후 수도사는 평생 아타나시우스 신부와 함께하였다.[27]

아나스타시우스의 이야기는 돌보는 자들에게 소중한 지혜를 준다. 멘토의 가장 중요한 자질은 사람의 약점을 보는 데 탁월한 사람이 아니라 사람을 사랑하는 것이다.

'라포르'를 형성할 수 있어야 한다

인간은 다른 사람들과의 좋은 관계를 원한다. 인간은 근본적으로 관계적 욕구를 갈망한다. 어느 누구도 다른 사람과 관계를 맺지 않고 살아갈 수 있을 만큼 강한 사람은 없다. 인간은 그 누구도 섬이 아니기 때문이다. 인간은 관계 속에서 웃고, 관계 속에서 동정하며 아파하고, 관계 속에서 배운다.

멘토링 관계에서 따뜻한 사랑이 전해질 때 '라포르'(rapport)가 형성되고 계속 유지된다.[28] 라포르는 신뢰와 조화와 친근한 관계가 형성되는 과정이다. 그것은 협력, 일치, 연합이라는 특징을 가진 관계이다. 데이비드 스토다드(David Stoddard)는 그의 책 『멘토링의 핵심』(The Heart of Mentoring)에서 멘토링 관계의 이러한 특징을 다음과 같이 말한다.

> 내가 당신에 대한 진실을 알아 갈 수 없다면—당신의 인생이야기, 당신이 관심을 갖고 지지하는 것, 당신이 알고 있는 것과 느낌까지—당신의 이름, 직업과 외모 등을 알고 있더라도

당신은 나에게 실제로 존재하는 사람이 아니다…. 우리가 영감과 동기를 얻는 것은 영리한 머리뿐 아니라 마음을 가진 진실한 사람들에 의해서다. 그 누구도 멘토가 완벽하기를 기대하지 않는다. 다만 진실하고 솔직하길 원할 뿐이다…. 자기 자신을 잘 파악하고, 자신이 누구인지, 어떤 실수를 범했는지, 어떤 꿈을 가지고 있고 제일 큰 관심을 갖고 있는 일이 무엇인지, 어떤 일에 가장 흥분하는지 등을 솔직하게 이야기할 수 있는 용기를 가진 사람을 원하는 것이다. 이것이 열린 대화와 신뢰의 기반이다.[29]

그렇다면 멘토는 멘티와 어떻게 라포르를 형성할 것인가? 먼저 멘티와 자신을 동일시하는 것이다. 인간관계에서 동일시의 시작점은 멘티가 매우 가치를 두는 특정 단어들을 사용할 때 멘토도 그 단어들에 관심을 두어야 한다. 다음은 라포르를 형성하기 위해서는 멘티와 신뢰감을 형성해야 한다. 라포르를 형성하는 과정에서 신뢰는 멘토가 멘티의 필요에 대해 알만한 이력과 그들의 상황을 통찰할 만한 경험과 그들의 변화를 일으킬 수 있는 노하우를 갖고 있는 것과 관계되어 형성된다.

신뢰감을 형성한 후에는 마음이 통하는 상태를 유지하는 능력에 집중해야 한다. 잠언 16:23은 "지혜로운 자의 마음은 그의 입술을 슬기롭게 하고 또 그의 입술의 지식을 더하느니라"고 했다. 인간은 아무리 지적으로 유익한 이야기를 하여도 거기에 마음이 담겨 있지 않으면 그 관계는 실패로 이어질 수 있다. 효과적인 멘토링은 멘티에게 진심으로 관심을 가지고 헌신하는가에 달려 있다. 멘토가 얼마나 관심을 가지고 있느냐가 라포르를 형성하는 데 매우 중요한 역할을 한다.

제 4 장

멘토링의 고려사항
Considerations of Mentoring

비현실적인 기대 예방

멘토링 관계에서 비현실적인 기대를 가지고 출발하는 경우가 있을 수 있다. 멘토링을 하면 어떤 것이 이루어질 것 같은 기대를 하는 것은 당연하다. 하지만 자기의 사역의 방향과 목적이 혼돈 가운데 있는 멘티에게 경험이 많고 성공적인 목회를 하는 사람이 멘토가 되어줄 때 지나친 기대와 꿈에 젖을 수 있다. 멘토가 품는 비현실적인 기대의 한 예는 멘티가 멘토를 위해 무료로 도와줄 것이라는 기대다. 멘토가 갖는 비현실적인 기대의 또 다른 예는 멘토링 관계가 마치 부모와 자녀의 관계와 같으리라는 기대다. 그리하여 멘토는 멘티를 아들과 딸처럼 대하려 한다. 멘토링 관계는 이익이나 기대의 관계가 아니라 격려와 성장을 도와주는 관계이지만 서로 사랑해야 하는 것은 있는 모습 그대로의 보통 사람이다.

멘토링 관계에서 비현실적인 기대로 인해 경험되는 좌절, 압박,

긴장 등을 미리 감소하기 위해서는 처음부터 다음과 같은 내용을 분명히 하는 것이 좋다.

- 만나는 횟수와 만남의 시간은 얼마나 할 것인가?
- 서로 돈 거래를 하는 문제를 허용할 것인가 금지할 것인가?
- 멘토링 관계를 통해 멘티가 구체적으로 원하는 것은 무엇인가?
- 몇 년 동안이나 멘토링 관계가 지속되기를 기대하는가?
- 어떤 멘토링 관계를 원하는지에 대한 기대나 가정이 있는가?
- 이전의 멘토링 관계에서 실망스러운 결과를 야기하였으므로 새로운 멘토링 관계를 시작하기 전에 논의해야할 바람직한 문제들이 있는가?
- 서로가 실수를 할 때 어떻게 할 것인가?
- 멘토링 관계에서 느끼는 걱정, 불확실성, 불안함, 불충분함 등은 어떤 것인가?
- 멘토링 관계가 지속되지 못할 만한 이유들로 어떤 것들이 있는가?
- 멘토링 관계가 지속되지 못할 만한 이유들이 발견될 경우 어떻게 할 것인가?

위 사항들을 문서로 만들어 멘토와 멘티가 같이 작성하여 서로 보관하면 도움이 될 수 있다.

결과의 합의

멘토링의 결과에 대해 합의한다는 것은 멘토링을 마쳤을 때 어떤 상태에 도달하기 원하는가를 미리 생각하는 것이다. 즉, 멘티의 진로를 구체적으로 계획하는 것과 같은 것이다. 대부분의 사람들은 자신들의 목표에 대해 구체적으로 생각하지 않고 산다고 한다. 아주 일부만이 자신들의 목표를 글로 적어 놓는다고 한다.

연구 결과에 의하면 단순히 목표들을 목록으로 만들어 가지고만 있어도 목적을 달성할 확률이 극적으로 증가된다고 한다. 확실한 목표를 만들어 가까이 두고 있는 사람들이 같은 욕망을 품고 있는 다른 사람들에 비해 목표를 달성할 확률이 훨씬 더 많다.

결과에 대해 미리 합의하는 것은 멘토링이 비효율적으로 빠지지 않도록 안내하는 등대와 같은 역할을 한다. 멘토링 초기에 멘티와 함께 그의 목적을 이야기 하는 시간을 가져야 한다. 그 목적을 설정하는 것을 함께 의논하고 기록하도록 돕는다. 기록한 것들을 항상 볼 수 있도록 어디에 둘지도 결정해야 한다.

이성 간의 멘토링

이성 간의 멘토링은 연령 차이가 많은 경우는 가능할 수 있지만 기본적으로 쉽지 않다. 이성 간의 멘토링은 그 특성 때문에 문제가 발생할 여지가 많다. 이성 간의 멘토링 관계는 서로 주고받는 친밀감과 사랑은 쉽게 성적인 차원으로 변할 수 있다. 멘토는 자기와 이성인 멘티에게 이성적으로 끌릴 수 있다. 또한 멘토는 멘티의 이성적 사랑의 대상으로 발전할 수 있다. 이성 간의 멘토링 관계는 강한 친밀감을 제공해 주는 특성이 있기 때문에 감정적으로나 성적으로 혼란을 일으킬 수 있다. 그러므로 이성 간의 멘토링은 원칙적으로 금해야 한다.

이성이 아닌 동성 간의 멘토링 관계는 남자가 남자를 여자가 여자를 더 잘 이해할 수 있는 장점이 있다. 이성 간의 멘토링은 서로 잘 들어 줄 수는 있지만, 남자와 여자는 본질적으로 다른 특성들이 있기 때문에 놓치는 것이 많을 수 있다. 남성은 여성을 여성은 여성을 더 잘 이해할 수 있다.

무지의 수용

인간이란 무엇을 아느냐 못지않게 무엇을 모르느냐로 규정된다. 누군가가 배움을 호수의 섬에 비유했다. 섬의 테두리는 우리의 무지의 경계선과 같다는 것이다. 배움의 섬이 커질수록 우리의 지식도 늘어나지만 동시에 무지의 경계선도 더 길어진다. 배움의 진리를 진정으로 아는 사람은 배우면 배울수록 모르는 것이 더 많다는 것을 깨닫게 된다. 배움의 과정은 더 많이 알아 가는 여정이기도 하지만,

역으로 성찰해 보면 모르는 것이 더 많다는 것을 깨닫고 겸손해 지는 과정이기도 하다. 특별히 멘토로서 영혼을 돌보고 사랑하는 사람은 이 의미를 더욱 가슴에 새기고 간직해야 한다. 성경에 보면 아브라함은 자기가 무엇을 알고 무엇을 모르는지 알았던 사람이다. 하나님은 그에게 본토를 두고 여정을 떠나라 하셨다. 이 부분은 아브라함도 알았다. 하지만 어디로 갈 것인가? 아브라함은 자기가 그것을 모른다는 것을 알았다. "땅의 모든 족속"에게 복을 끼친다는 약속과 희망 하나만 가지고 아브라함은 낯익은 환경을 등지고 미지의 세계로 향했다. 이는 신념의 행위가 아니라 믿음의 행위였다.

신념의 행위란 자신이 아는 바에 기초하여 발을 내딛는 것이다. 반면 믿음의 행위란 자신의 무지를 인정하면서 발을 내딛는 것이다. 이렇듯 믿음은 지식을 초월하여 행동하게 하는 힘이 있다. 믿음은 지식의 세계를 넘어 관계를 창출한다. 하지만 아브라함은 전혀 낯설고 몰랐던 세계에 직면해야 했다. 멘토링 관계에서도 서로가 전에 몰랐던 서로의 일면이 관계 속에서 드러나기 마련이다. 멘토링 관계의 출발 지점은 지식의 선이 아니라 믿음의 선이어야 한다. 멘토링의 출발선은 지식의 선이 아니라 서로를 이해할 수 있는 믿음의 선과 서로의 무지까지도 수용할 수 있는 마음이다.

실망의 수용

모든 관계는 완전할 수 없고 실망을 경험할 수 있다. 멘토링 과정에서 이러한 이해는 중요한 것이다. 멘토와 멘티는 항상 좋은 관계만을 경험하는 것은 아니다. 서로가 기대했던 것보다 다르면 실망을 경험할 수 있다. 멘토링 관계에서 실망도 하나의 과정이라 할 수 있다.

자녀를 사별한 부부의 80퍼센트 이상이 이혼으로 끝난다는 보고가 있다.[1] 서로의 고통과 고통 속의 서로를 끌어안기보다는 서로를 비난하거나 자기의 고통을 호소하기만 하기 때문이다. 특히 멘토링 과정에서 갈등이 생기면 다른 멘토와 다시 시작하는 것이 쉽다는 생각이 들 수도 있다. 멘토링 과정에서 관계가 어렵거나 만족이 없으면 거기서 벗어나고 싶은 유혹이 있을 수 있다.

멘토링 관계에서 실망을 겪을 수 있는 소지는 항상 있다. 멘토와 멘티는 어떤 멘토링 관계이든지 완전한 관계는 없다는 것을 아는 것이 중요하다. 모든 관계는 약점이 있지만 모든 관계가 실패로 끝날 필요는 없다. 멘토링 과정에서 잊지 말아야 할 것은 이것이다. 인간은 불완전한 상태이기 때문에 서로가 더 필요한 것이다.

갈등의 수용

'관계는 원리를 이긴다'는 말이 있다. 멘토링 과정에서 멘토와 멘티는 무엇이 옳은가에 대한 논쟁보다는 관계를 더 중요하게 여겨야 한다. 변호사 시절 아브라함 링컨은 2달러 50센트 빚에 대한 소송을 의뢰 받았다. 링컨은 마음이 내키지 않았지만 의뢰인은 소송 대상이 친구임에도 불구하고 이는 원칙의 문제라고 고집했다. 그러자 링컨은 수임료로 10달러를 선불하라고 했다. 링컨은 수임료 10불을 받아서 절반을 피고에게 주었고 피고는 그 돈으로 즉시 빚을 갚았다.[2] 멘토링 과정에서 반드시 지켜야 할 것은 논쟁으로 치달아서는 안 된다는 것이다.

멘토링은 멘토가 멘티의 성장을 돕는 것이기에 잘못하면 원리적으로 옳은 것을 가르치려는 유혹에 쉽게 빠질 수 있다. 멘토링 과정에서 서로 관계를 지키려고 하기보다는 무엇이 더 옳으냐는 논쟁에 들어갈 수 있다.

톰슨의 이야기이다. 톰슨이 트럭 한 대를 구입한지 얼마 되지 않았는데 옆집 농구 골대가 넘어지면서 그의 트럭에 자국을 냈다. 하지만 옆집 사람은 자기 잘못이 아니라고 우겨댔다. 톰슨은 변호사 선임에 대해 아내와도 의논을 해보았지만 깊이 성찰한 끝에 이러한 결론을 내렸다.

내가 옳은 사람이 되거나 옆집 사람과의 관계를 지키거나 둘 중의 하나이다. 아무래도 이 트럭보다는 옆집 사람이 나하고 더 오래 지내게 될 테고, 그래서 나는 옳은 사람이 되느니보다는 관계를 지키기로 했다. 게다가 트럭은 어차피 망가지는 것 아닌가? 내 트럭은 예상보다 좀 더 일찍 현실세계에 부딪친 것뿐이지.[3]

톰슨의 이야기는 멘토링 과정에서 꼭 기억해야 할 원리를 제공해 준다. 법이나 규칙이 우리의 우정과 관계를 위해서 있는 것이지 규칙이 옳고 그름 그 자체를 위해 있는 것이 아니다. 멘토링에서 관계, 즉 '어떻게 하면 멘토가 멘티를 사랑할 수 있을까?'보다는 옳음의 확인, 즉 '어떻게 하면 멘티는 이런 원리를 바르게 알 수 있을까?' 하는 유혹에 빠져서는 안 된다.

규칙(rule)이라는 용어에 대해 살펴보자. 이 용어는 그 자체의 개념보다는 의미론적 언어이다. 규칙은 헬라어로 '카논'(kanon, 영역, 범위)이다. 그것이 라틴어로는 '곧은 막대, 장대'를 뜻하는 '레굴라'(regula)로 옮겨졌다. 베네딕트회 수사 데이비드 스타인들-라스트(David Steindl-Rast)는 '레굴라'의 어원적 의미가 '버팀목', 즉 식물이 하늘을 향해 똑바로 자라도록 대 주는 막대기임을 밝혀냈다.[4]

혼자 서지 못하는 식물에게 버팀목을 대어 주면 곧게 서서 자라듯이 우리의 삶에서 규칙은 옳고 그름을 판단하기 위한 것에 있다기보다는 관계와 성장을 위한 것이다. 규칙이 관계와 성장을 위한 것이 아니라 옳고 그름으로 나가는 것은 본질적 의미를 놓치는 것이다. 원래 성 베네딕트의 규정집과 '규정준수의 삶'에 대한 소명도 영적 성장의 틀을 제공하기 위함이었다.[5]

멘토링의 핵심은 관계이다. 멘토링은 멘티의 비전, 관심, 지식, 기술 등을 계발하는 데 목적이 있지만 관계가 빠질 때 모든 것이 무너질 수 있다. 멘토링에서 건강한 관계없이 바른 길과 바른 무엇을 이루는 것은 불가능에 가깝다. 예수님은 관계가 율법이나 원리보다 구속력이 강함을 보여 주셨다. 예수님은 안식일에 해서는 안 될 일에 대한 종교적인 율법을 잘 알고 계셨다. 그러나 예수님은 율법의 규칙을 넘어 병자를 고쳐 주셨다. 예수님은 율법이 우리의 유익과 관계를 위해 있는 것이지 우리가 율법을 위해 있는 것이 아니라는 것을 잘 아셨다.

인간 변화에 비효과적인 접근방법들[6]

많은 사람들이 좋은 의도를 가지고 다른 사람을 변화시키려고 하지만 효과가 없다는 것을 발견한다. 보편적으로 사람들은 다른 사람에 의해 변화되는 것을 저항한다. 사람들은 그들 자신의 해결책이 수용되고 이해되며 지원된다고 느낄 때 변화를 한다. 윌리엄 오한론(William O'Hanlon)과 브라이언 케이드(Brian Cade)는 그들의 저서 『간결한 치료에 관한 간결한 안내』(*A Brief Guide to Brief Therapy*)에서 사람들이 다른 사람들의 변화를 시도할 때 사용하는 비효과적인 중재 방법을 다음과 같이 제시하였다.

청하지 않은 강의
- 강의, 특히 "당신을 위해서"라고 하며
- 충고
- 잔소리
- 힌트
- 격려, "…을 해보지 그래요."
- 간청이나 애원이나 당신의 입장을 정당화하려고 시도
- 논리나 상식에 호소
- 팸플릿이나 신문 기사를 전략적으로 주변에 늘어놓거나 소리 내어 읽음
- "내가 얼마나 인내하며 함부로 말하지 않고 모른척하고 있는지를 아는가"라는 식의 분노 형태
- 효과적이지 않은 방법이나 반복적인 말로 문제 행동을 증가시키는 결과를 초래하는 것

높은 도덕적 기준을 취하는 것
우월적인 입장이나 '논쟁의 여지가 없는' 논리(보통 남성의 입장)나 도덕적 분노나 의분의 입장에서 청하지 않은 강의이다.
"당신이 정말로 나를 사랑한다면…"

"당신이…라면 분명히 그것을 볼 수 없었을 것이다."

"…을 왜 깨닫지 못하는지."

"내가 그 모든 것을 했는데도…."

"…에 대해 걱정하기 때문에 내가 얼마나 아픈지를, 다급한지를, 우울한지를 보라."

"내가 당신에게 바라는 것을 당신이 하면 나는 당신을 사랑할 것이며 화를 내거나 나가 버리거나 말하기를 거절하는 것을 멈출 것이다."

이와 같은 말들은 듣는 사람의 입장을 고려하지 않고 말하는 사람의 입장에서 그것이 어떠해야 하는지에 대한 사실을 강요하고 있거나 또는 듣는 사람에게 결핍되어 있는 문제들에 대하여 말하는 사람이 우월적 지식이나 능력 또는 도덕적 설정을 가지고 표현하는 것을 보여 준다.

자기희생이나 부인

- 평화 유지를 위해 계속 시도하는 것
- 지속적으로 다른 사람의 행복을 당신 자신의 행복보다 앞에 두는 것
- 당신 자신을 정당화시키기 위해 계속 추구하는 것
- 당신의 삶을 영구적으로 보류하는 것
- 다른 사람이 변화할 것이라고 희망을 갖는 것
- 어떤 사람이나 모든 사람을 기쁘게 하려고 계속 시도하는 것

자발적으로 하게 하는 명령

한 사람이 위의 어느 접근방법을 통하여 다른 사람이 무엇인가를 하게 하려고 시도하거나 다른 태도를 취하거나 하지만 또한 그들이 그것을 하기를 원하기 때문에 그들이 해야 한다고 요구한다.

"당신은 나를 기쁘게 하기를 원해야 해요!"
"나는 당신이 좀 더 애정을 보이기를 원해요, 그러나 당신이 원하기 때문에 그것을 하면 내가 그것을 받아들일 거예요!"
"당신이 설거지를 돕는 것은 충분치 않아요, 당신이 그것을 기쁘게 하거나 기꺼이 하는 것이 더 좋아요."

어떤 사람이 더 책임감 있고 표현을 잘하고 합리적이며 생각이 깊고 배려하며 섹시하고 적극적이게 하려고 시도하는 것은 당신의 실제 의도와는 상관없이 그들이 어떠해야 하는지에 대한 당신의 정의에 그들이 순종하도록 초대하는 것이다. 그러한 시도는 거의 효과가 없다. 있다면 매우 희귀할 것이다. 당신이 얻을 수 있는 최상의 것은 상대방의 맹목적 순종이다. 하지만 당신이 훨씬 더 많이 얻을 수 있는 반응은 반응 불능이 증가하는 것이다…. 대부분의 사람들은 순종하는 것을 좋아하지 않는 것처럼 보인다.

멘토링

영혼 돌봄을 위한

제 2 부

멘토링과 인간

제 5 장 　 멘토링과 인간의 정체성
제 6 장 　 멘토링을 위한 관계 메트릭스

Mentoring for Care of Soul

제 5 장

멘토링과 인간의 정체성
Mentoring & Human Identity

불완전함은 인간의 정체성이다

　인간은 유한하고 불완전하고 깨어지기 쉽고 실패를 경험하는 존재이다. 이러한 인간의 속성을 죄의 문제로만 정의하는 것이 가장 성경적인 진술인 것 같지만 가장 비성경적인 진술이 될 수도 있다. 왜냐하면 하나님의 형상으로 창조된 인간은 하나님의 온전한 존재로 창조되었지만 유한성을 지닌 존재였기 때문이다. 유한성은 인간이 지닌 본질적 한계성을 예표한다. 인간은 자기의 유한성을 인정하지 않을 때 오히려 자기 파괴성을 부른다. 유한성과 불완전함을 죄의 결과로만 보는 것은 오히려 부정적인 결과만을 초래한다. 인간의 불완전성의 부인은 자기의 정체성을 부인하는 셈이다. 인간이 이런 정체성을 놓치게 될 때 부정적인 자아상에 빠지게 된다. 바로 '그릇된 신분'으로 살아가게 된다.
　'그릇된 신분'으로 살아가는 사람들은 실패하거나 실수하면 곧 바로 죄책감에 사로잡히게 된다. 스스로 자신을 개혁해 보려고 애쓴다. 대체로 이러한 사람은 자신이 하나님의 기대에 못 미치기 때문에 하나님이 자기에게 실망하신다고 생각한다. 그런 부정적인 자아상으로 인해 사람들과의 관계나 공동체 안에서 가면을 착용하게 된다. 또한 어떤 사람은 자신의 실패가 감당할 수 없을 정도로 힘들었지만 자신의 기도와 노력으로 인해 영적으로 신비한 능력을 가진 것처럼 스스로 착각하기도 한다. 이 두 가지 극단은 서서히 '그릇된 신분'으로 변하게 된다. 이 두 가지 극단은 서서히 '그릇된 신분'으로 변하게 된다.[1]

우리는 실패하고 넘어지는 불완전한 존재이지만 그런 현상적인 결과로만 우리의 정체성을 규정해서는 안 된다. 우리의 정체성은 현상적인 연약함에서가 아니라 하나님께서 우리에게 부여하신 이름에 의해서 규정되어야 한다. '새로운 피조물'이다. 새로운 피조물이란 넘어지지 않고 완벽한 존재가 아니다. '그리스도를 모신 피조물'이다. 현상과 정체성의 역설을 껴안은 존재이다. 현상과 정체성 사이에 차이가 있다는 사실은 자연을 통해서도 알 수 있다.

> 우리가 애벌레를 생물학자에게 가져가 그것을 분석하고, 그것의 DNA를 묘사해 달라고 부탁하면, 아마도 그는 이런 식으로 말할 것이다. "이것이 당신에게 애벌레처럼 보인다는 것은 알겠소. 그러나 DNA를 포함한 모든 테스트에 의거하여 과학적으로 말하면, 이것은 완전한 의미에서 나비라고 할

수 있소." 와우! 하나님은 전혀 나비처럼 보이지 않는 피조물 속에 완전히 나비의 신분을 내장시켜 놓았다. 그리고 애벌레는 본래 나비이기 때문에 언젠가 나비의 행위와 속성을 드러낼 것이다. 그동안 애벌레에게 나비를 닮지 않았다고 꾸짖는다면, 그것은 쓸 데없는 짓에 불과하고, 어쩌면 그 자그마한 귀에 상처를 줄지도 모른다!²

비록 불완전함의 삶을 살지라도 우리는 새로운 피조물이다. 우리가 때로 실수하여도, 때로 좌절하여도, 때로 어두운 밤에 있을 때에도 이 신분은 변하지 않는다. 어떤 의미에서 완벽주의는 기독교의 가르침과 가장 배치되는 인간의 심리이기도 하다. 랍비 리젠스키는 "오직 신만이 완전하시다. 인간의 행동은 원래 부분적으로 불완전하다. 만일 자신의 선한 행위와 거룩함의 추구가 철저하게 순전하고 완전하다고 믿는 사람이 있다면 그 사람이야말로 철저한 악인이다"라고 하였다.³

완벽주의는 교만의 다른 면이기도 하다. 에바그리우스는 '자만'은 자신의 위대함과 영광에 대한 공상이며, '교만'은 자신이 하나님의 도움 없이도 무엇이든지 할 수 있다고 생각하는 마음, 즉 신이 되려는 생각으로 이해하였다.⁴

바른 기독교적 이해는 완벽의 추구가 아니라 겸손의 추구이다. 기독교인의 여정은 완벽해지려는 분투보다는 겸손을 향한 여정이다. 기독교적인 겸손은 하나님 앞에 자기의 정체성을 정직하게 보는 것이다. 겸손은 신앙과 절망 사이에 놓인 긴장을 가지고 하나님 앞에 서는 용기다.

연약함은 인간의 희망의 터전이다

우리는 너무도 쉽게 너무도 습관적으로 우리와 비슷한 사람에게 '관대'하고 우리와 비슷한 성격과 장점이 있는 사람을 찾고, 우리와 다른 사람들은 외면하고 무시한다. 때문에 우리의 판단 기준이나 결정 기준은 거의 모두 장점이 된다.

그림 그리기를 좋아하는 사람은 그림 그리기를 좋아하는 사람을 찾고, 운동을 좋아하는 사람은 운동을 좋아하는 사람을 찾고, 기도를 좋아하는 사람은 기도원에서 편안함을 느낀다. 자기가 잘하는 것과 좋아하는 것은 분명 장점이기도 하다. 그러나 분명한 것은 우리는 본질적으로 편향적인 기질을 가지는 경향이 있고 그러한 편향은 자기도 모르게 환경과 문화에 의해 익숙해진 것이기에 그것을 자기의 장점으로만 결론지어서는 안 된다. 다시 서술하면, 환경과 문화에 의해 익숙해진 것 이면에는 그로인해 발달하지 못한 연약함이 있기 마련이다.

그러므로 모든 인간은 장점과 연약함을 공유한다. 인간 존재는 공통으로 갖는 장점뿐만 아니라 공통의 연약함이라는 실재 속에서 서로에게 연결된다. 하지만 인간은 본질적으로 유한한 존재이기에 장점보다는 공통의 연약함을 가진 존재다. 왜냐하면 인간은 유한성의 담지자이기 때문이다. 공통의 연약함은 우리를 배움과 나눔의 장으로 초청한다. 공통의 연약함이라는 기초는 차이점을 위협으로 보는 것이 아니라 풍요의 조건으로 보는 태도를 낳는다. 왜냐하면 연약함을 나누지 않는 사람들은 다른 사람의 장점을 위협으로 받아들이지만 공통의 연약함을 인정하는 사람에게 상대의 장점은 나를 도울 수 있는 희망이 된다고 믿기 때문이다. 그러므로 우리의 연약함은 우리의 희망의 터전을 위한 재료이다.

우리가 자신의 연약함과 실패와 결점을 받아들일 때 우리가 사랑하고 존중하는 사람들의 연약함과 한계를 받아들이는 원동력이 된다. 우리가 사랑하기 어려운 사람들의 연약함과 한계와 부족함까지도 받아들일 수 있게 된다. 다른 사람들과 더불어 사는 법을 배우는 과정은 우리에게 그 무엇보다도 중요한 것이다. 인간의 희망의 출발은 우리가 불완전하다는 통찰에서 시작한다. 이러한 통찰은 관용을 초청한다. 관용의 본질은 차이점에 문을 여는 것이다.

좌절과 소망은 인간의 신분이다

시편의 기자처럼 우리는 삶에서 수많은 탄식시를 쓰며 살아간다. 시편의 약 3분의 1이 탄식시이다. 멋진 호숫가에서 석양을 바라볼 때, 부모님이 건강하셔서 행복할 때, 자녀의 일이 잘될 때는 하나님께 감사의 언어가 나오지만, 믿었던 사람이 배반하고, 애지중지 키웠던 자녀가 속을 태우고, 장담했던 건강이 무너지면, 하나님께 적지 않은 불만과 불평의 언어를 쏟아낸다.

많은 시편이 이 지점에서 출발한다. 어쩌면 우리 인생의 모습을 가장 잘 묘사하고 있는 말씀이 시편이 아닌가 싶다. 그래서 수많은 사람들이 시편을 애송하는 것 같다. 사람들이 시편 42편을 많이 사랑하는 것을 보더라도 번민이 많은 것이 우리들의 모습이 아닌가 싶다. 본문을 보면, "목마른 사슴이 시냇물을 찾아 헤매듯이 오 하나님, 나도 애타게 주님을 찾아 헤맨답니다. 내가 살아계신 하나님을 목마르게 사모합니다. 언제 내가 하나님을 만나러 갈 수 있다는 말입니까? 낮이면 낮마다, 밤이면 밤마다 내 눈물이 내 양식이 되었습니다. 사람들은 내게 언제나 말한답니다. "너의 하나님이 어디 있느냐"고 말입니다(시 42:1-3).

시인은 마치 여리고 성 가까이에 있었던 소경 바디매오와 같은 기도를 하고 있다. 앞을 보지 못하는 바디매오가 예수님이 지나가신다는 소식을 듣자, 소리치기 시작하였다. "예수여, 나에게 자비를 베풀어 주십시오. 나를 불쌍히 여겨주십시오." 많은 사람들이 당황하였다. 사람들은 바디매오에게 조용히 하라고 소리친다. 그러나 앞을 보지 못하는 바디매오는 더욱 크게 소리 지른다. "예수여 나에게 자비를 베풀어 주십시오!" 그러자 예수님이 멈추어 섰다. "그를 불러라." 그리고 바디매오에게 "내가 너를 위해 무엇을 해 주랴?" 예수님이 소리 지르는 그에게 물었다. "랍비여, 나는 보기를 원합니다. 보는 것이 소원입니다." 예수님이 "가라 너의 믿음이 너를 치료 했느니라" 라고 하였다(막 10:46-52).

시편 42편의 시인은 바디매오처럼 하나님을 향해 큰 소리로 외쳐 그분의 발걸음을 멈추게 한다. 너무 힘들어서 하나님의 관심을 사기 위해 크게 하나님을 부르며 하나님의 정원에 돌을 던진 것이다. 더 정확히는 하나님의 가슴에 돌을 던진다. 하나님께서 반응하시도록 상황을 만들었다. 시인은 진정한 비참함이 무엇인지 알았기 때문이다. 살아계신 하나님으로부터 단절되어 있는 상태가 곧 지옥이라는 사실을 알았다. "너의 하나님이 어디에 있느냐?"

시편 42편의 시인은 아마도 레위인이었던 것 같다. 레위인은 예배드리는 무리들 맨 앞에 서서, 그들을 인도해 예배하며 큰 소리로 찬양을 부르곤 하였다. 그런데 이제 그는 이국 땅에 포로로 잡혀와 있는 신세가 되었다. 아마 요단강의 발원지인 헤르몬 산자락 근처인 것 같다. 그곳에서 우뢰와 같은 폭포 소리를 듣는다. "우레와 같은 당신의 폭소수 소리에 깊음이 깊음을 불러내고, 당신의 파도와 깨어지는 물살이 휘감아 덮었습니다(7절)." 하나님을 애타게 바라는 그의 목마름이 너무도 깊고 애절하다.

그러나 문제는 점점 더 악화되어 간다. 주변 사람들이 그를 비방하고 조롱하고 있기 때문이다. 사람들이 그에게 묻고 또 묻는다. "너의 하나님이 어디 있느냐?" 시인은 이 질문을 가리켜 "내 육체에 치명적인 상처"라고 원망의 언어를 쏟아 내고 있다. "내 육체에 치명적인 상처를 주면서 나를 대적하는 자들이 나를 조롱하고 비방합니다"라며 불만의 소리를 쏟아내고 있다. 시인은 또한 이렇게 하나님을 향해 말한다 "내 반석이신 하나님께 말하기를, 어찌하여 나를 잊으셨나이까? 내가 어찌하여 원수의 압제로 인하여 슬프게 다니나이까?" 한 입에서 신앙과 좌절의 언어가 함께 나오고 있다.

신앙인도 절망하고 좌절할 수 있다. 신앙은 가장 건강할 때조차 결코 절망으로부터 멀리 떨어져 있지 않다. 그렇다면 건강한 신앙이란 무엇일까? 어떤 상황에서도 절망하지 않는 사람일까? 그렇지 않다. 신앙인이 오히려 더 절망할 수 있다. 그러나 건강한 신앙은 항상 하나님께 가까이 나아가려고 애쓰는 신앙이다. 우리의 신앙이 가장 순수하고 순결할 때는, 의심의 그림자가 물러갈 때가 아니라 비탄 가운데서도 하나님의 선하심을 믿을 때이다.

그러나 이러한 신앙과 확신은 결코 쉽게 오지 않는다. 모든 사람에게 자동적으로 주어지는 것도 아니다. 확신은 오히려 신앙과 절망 사이의 긴장 속에서 생겨난다. 시인은 정직한 사람이다. 단순히 위안이나 값싼 대답으로 문제를 미화하거나 덮어 두지 않았다. 갈등까지도 드러내 하나님 앞에 풀어놓았다. 진정한 친구는 모든 것을 함께 이야기 할 수 있는 관계이다. 시인은 자신의 인간성을 희생하면서 달콤한 종교시를 써 내려가지 않는다. 신앙과 절망 사이의 긴장을 가지고 하나님 앞에 서는 용기를 지닌 인간성을 엿볼 수 있다. 신앙은 명사가 아니라 동사이다. 그것도 현재형 동사이다. 절망이나 의심은 항상 우리와 함께한다.

하지만 신앙과 절망 사이의 긴장이 우리를 더욱더 하나님께로 가까이 나아가게 하는 역설이다. 이러한 긴장이야말로 우리로 하여금 이렇게 외치게 한다. "영혼아 어찌하여 낙망하는가? 어찌하여 내 안에서 불안해하는가 하나님만 바라라. 하나님께 소망을 두라. 내가 다시금 그를 찬양하리니 그는 나의 도우심이시요 나의 하나님이시기 때문이다(11절)." 절망과 신앙의 역설을 껴안은 지혜를 가진 사람은 앞으로 진전할 수 있다.

역설은 표면적 모순이다. 역설은 서로 아무 관련이 없는 두 개의 가치를 두고 비교하는 듯 보이지만 그들은 깊은 관련이 있다. '거룩한 죄인'은 역설이다. '역설에 마음을 열어야 성인과 죄인 양쪽 중 하나가 아닌 양쪽 모두라는 인간의 상태를 이해하고 받아들이게 된다. 양쪽 중 하나, 이것 아니면 저것이어야 한다는 강요는 역설을 거부하게 만든다.

성 어거스틴은 '죄'를 강조한 것이 아니라 관심을 '다른 한쪽'으로 유도해 온전한 균형을 추구하려는 것이었다.[5] 마르틴 루터 역시 인간 존재의 기본적인 진리인 모든 인간은 유한하다는 것을 알고 있었다. 왜냐하면 인간은 상반된 가치들의 결합으로 이루어진 존재이기 때문이다. 루터도 인간을 '의인인 동시에 죄인'으로 묘사하였다.[6] 인간 존재의 이 양면성을 부인한다면 우리는 자아를 부정하는 것이다. 이러한 부정은 자아를 속이는 자기기만이기도 하다. 곧 자기 자신에 대해 정직하게 직면하게 하는 것이 영적 탐구의 필수이다. 가장 크고 위험한 부정직은 양면적인 인간의 본성을 부인하고 거부하는 것이다.

인간에게는 실패와 성공, 슬픔과 기쁨, 넘어짐과 일어섬, 좌절과 소망, 어두움과 밝음 등 양면적인 본성이 있다. 이것은 대극의 한 쌍들이다. 완벽주의의 문제는 후자만을 붙들고 가치화하는 것이다. 오히려 전자는 죄악시한다는 것이다. 우리는 너무나도 쉽게 이분법적인 사고를 통해 행복과 불행과 실패를 이해하는 경우가 많다. 문제는 행복과 불행과 실패가 어떤 관련이 있는가가 아니다. 양자택일은 언제나 잘못된 길로 인도한다.

스탠톤 필(Stanton Peele)은 『사랑과 중독』(*Love and Addiction*)에서 "중독자들은 언제나 '완전'하기가 불가능하다는 사실을 떨치려 애를 쓴다. 그들은 자신이 방법을 찾기만 한다면 완벽해지는 것이 가능하다고 생각한다"[7]고 하였다. 이러한 현상은 중독자들에게만 있는 것이 아니다. 인간은 모두 불행을 몰아내고 언제나 행복하기를 바란다. 여기에는 중요한 의미들이 내포되어 있다. 이러한 현상은 모든 인간은 행복을 추구하는 존재라는 것을 보여 준다. 이것은 잘못된 것이 아니다. 이것은 하나님께서 인간에게 부여하신 본질적인 특성이다. 하지만 언제나 행복과 불행, 기쁨과 슬픔 둘 중 하나만을 경험하겠다는 시도나 생각은 당연히 거짓이다.

완벽주의는 논리적으로도 모순이다. 무엇이 성공이고 무엇이 기쁨이고 무엇이 밝음인지 알기 위해서는 그 대극의 요소가 있을 때 가능하다. 그러므로 완벽주의는 역설의 가치를 거부하게 만든다. 인식론적인 난점을 가지고 있다. 노란색만이 있는 곳에서는 그것이 노란색으로 구분되어 인지될 수 없듯이 노란색만 있는 곳에는 노란색이 없다. 이와 같이 성공만 있는 곳에서는 그것이 성공으로 인지될 수 없듯이 성공만 있는 곳에는 성공이 없다. 노란색만 있는 곳에서는 그 색의 모습이 인지되지 않음으로, 고로 존재한다고 말할 수도 없다. 성공만 있는 곳에서는 성공이 인지되지 않음으로, 고로 존재한다고 말할 수도 없다. 노란색은 파란색 등 다른 색들과 공존하는 경우에만 노란색으로 존재할 수 있다.

성공이 성공으로 가치화되기 위해서는 대극적 요소가 존재할 때다. 파랑, 빨강 등의 다른 색들은 노란색과 다른 것이지만 이들의 관계는 그런 차이로써 노란색의 정체성 구성에 기여한다. 이런 점에서 빨간색은 노란색의 가능성이고, 역으로 노란색은 빨간색의 가능성이기도 하다. 성공과 실패, 기쁨과 슬픔, 소망과 좌절도 마찬가지다. 완벽주의는 성장을 위한 길이 될 수 없다. 왜냐하면 역설적 존재인 인간을 간과하고 있기 때문이다. 인간은 역설 안에서 성장하는 존재이다.

하나님은 우리를 질그릇에 담긴 보배라고 하였다. 하나님의 역설적인 진술이다. 질그릇은 깨어지기 쉽다. 사실 인간의 육체는 이 질그릇 같아서, 조금만 괴로워도 쓰러지고, 힘든 상황에 처하면 좌절하는 것이 인간이다. 질그릇이라는 말 속에는 상당한 역설이 담겨 있다. 하지만 이 역설은 우리로 하여금 고상한 지식을 사모하게 한다. 하나님의 은혜이다.

바울은 "우리가 이 보배를 질그릇에 가졌으니 이는 능력의 심히 큰 것이 하나님께 있고 우리에게 있지 아니함을 알게 하려 함이니라"라고 고백한다. 우리는 완벽하지 못한 것 때문이 아니라 하나님의 은혜를 망각하며 살까를 고민해야 할 존재이다. 그러므로 우리의 연약함은 우리에게 축복이다.

　유리와 천을 비교해 보면 지혜를 안겨 준다. 유리 뚜껑 위에 물을 부으면 물 한 방울도 들어가지 않는다. 틈이 없기 때문이다. 하지만 천에 물을 부으면 젖어 든다. 젖은 천 덕분에 우리는 촉촉한 인생을 살게 된다. 자기 의를 가진 사람은 유리 같은 인생이다. 물 한 방울 들어가지 않는다. 그러나 알고 보면 하나님 앞에서는 죽은 자이다. 내가 완벽하다고 생각하기 때문에 하나님의 은혜가 필요하다고 생각하지 않는다. 완벽주의에 빠진 사람은 역으로 서술하면, 자기 자신의 약함을 토로하지 못하는 자기 의에 빠진 사람이다.

　완벽주의는 타락 이전의 상태를 요구하는 것이며 흠이 있으면 좋은 것이 아니라고 여긴다. 직장생활, 인간관계, 감정에서도 이런 증상이 나타난다. 완벽주의는 자신과 다른 사람에게 완벽함을 추구하는 극단적인 노력이다. 완벽주의 추구로 '완벽'해 지는 것은 인간에게는 불가능하다. 그럼에도 불구하고 불가능한 일을 위해서 온갖 노력을 한다. 많은 사람들이 여러 형태의 완벽주의적인 사고에 중독되어 있다. 이를 위해 많은 시간과 에너지를 낭비한다. 우리는 보다 더 완벽해 지기 위해 온갖 노력을 기울인다.

역설의 정체성은 균형을 위한 것이다

　실수와 실패는 인간 존재의 일부이다. 죄의 참된 의미는 악한 행동이나 의도적인 범법은 물론 부족한 행위와도 관련이 없다. 죄라는 말은 원래 행위가 아니라 부족한 상태, 즉 실재에서 벗어난 상황을 의미한다. '부족하다'(fall short)에서 '부족'에 대한 인식은 두 가지 관련된 실재를 내포한다. 먼저는 우리가 노력하고 있다는 사실이고, 다음은 우리가 계속 노력해야 한다는 것이다. 때문에 우리는 자신의 불완전함을 인지하는 겸손이 중요하다. 자신을 알아가고, 자신을 분명히 바라보며, 또한 자신과 고향에 머무는 법을 배워가는 끝이 없는 모험이다.

　인간은 균형이 필요한 존재다. 우리의 슬픔과 기쁨, 실패와 성공, 넘어짐과 일어섬, 강함과 약함, 밤과 낮, 일함과 쉼, 수입과 지출, 사랑받음과 사랑함, 베풂과 받음은 균형을 통해 자라 가는 요소들이다. 이분법적인 사상과 가르침의 유산 때문에 인간은 대부분 이 요소들을 양자택일해야 한다고 생각한다. 행복과 불행, 실패와 성공 등에 대한 이분법적인 사고 체계로는 균형을 이루기 어렵다. 다음 이야기는 균형이 필요한 존재임을 역설적으로 말하고 있다.

> 200명이 족히 넘어 보이는 큰 규모의 모임이었다. 한쪽에는 보통 커피가 준비되어 있고, 다른 편에는 카페인이 없는 커피가 준비되어 있었다. 첫 번째 커피포트 주위에서 오가는

제 5 장 멘토링과 인간의 정체성 99

대화는 보기에도 우울함과 두려움에 사로잡힌 한 남자에게 맞추어져 있었다.

그 남자는 말하였다. "한계예요. 안 좋은 일이 연거푸 일어나고 있어요. 제대로 되는 일이 하나도 없다고요. 이번 주에만도 기르던 강아지가 죽고, 아이들은 폐혈성 인후염에 걸리고, 도저히 일에 전념할 수도 없고, 아내와는 계속 다투기만 해요. 어떻게 이 상황을 헤쳐 나가야 할지 모르겠어요." 한 고참 멤버가 부드러운 목소리로 말하였다. "이보시게. 그래도 자넨 오늘 술을 마시지 않는 데는 성공하지 않았는가."

한편 다른 한쪽에서는 기분이 한껏 좋아 보이는 다른 남자가 이야기를 주도하고 있었다. "기분이 아주 날아갈 것 같아요. 정말 멋진 한 주였거든요. 회사에서 승진을 하고, 딸아이는 대학을 우등생으로 졸업하구요. 아내와는 다시 신혼으로 돌아간 것처럼 행복하고, 그리고 바로 어제 나갔던 골프는 제 일생에서 최고의 경기였어요." 다른 고참 멤버가 부드럽게 말하였다. "듣기만 해도 좋군요. 하지만 잊지 마세요. 당신은 알코올 중독자라는 걸. 한 잔의 술이 그 모든 것을 망칠 수 있어요."[8]

인간은 균형잡기가 필요한 존재이다. 인생이라는 시소의 중간 지점에서 한 발은 하늘, 하나님께 두고 다른 한 발은 땅, 인간에 두는 균형이 필요한 존재이다. 우리는 균형뿐만 아니라 올바른 순서가 필요한 존재이다. 양면성의 실재를 인정하였다고 하여 같은 가치로 여기지는 않는다는 말이다. 영원히 공존하는 반대의 실재들은 서로 균형을 돕는다. 중요한 일은 먼저의 태도가 아니고 '전부 아니면 전무'의 요구를 부정하고, 양면이 존재하지만 두 가지가 같지 않다는 사실을 지지하는 것이다.

올바른 순서는 균형과 마찬가지로 가장 먼저 자신과 관련이 있다. 그러한 올바른 순서와 균형의 열매는 다른 사람의 순서를 매기지 않겠다는 결심이다. 자신이 불완전한 존재임을 인정한다는 것은 겸손의 당위성을 담고 있음으로 다른 사람을 판단하는 일에 관심을 두지 않는다. 그러므로 우리에게 균형이 필요한 존재란 의미 속에는 다른 사람을 판단하고 정죄하지 않는 함께 공존의 길을 열어놓기까지 하는 깊음이 있다.

완벽주의는 인간의 정체성이 아니다

일반적으로 완벽주의는 무슨 일을 하든지 항상 완벽하게 해내려는 것으로, 다른 사람들과는 다르게 훌륭하게 일을 해내려는 노력과 정성이 깃들어져 일을 무사히 마치려는 것을 의미한다. 이런 의미에서 완벽주의는 긍정적인 면도 있다.

완벽주의에 대한 심리학적 이해는 완벽한 성취와 역량과 사회적 가치조건들의 완벽한 내면화를 스스로에게 혹은 다른 사람으로부터 강요받은 결과 나타나는 인지적 신념이다. 일반적으로 완벽주의는 성실함과 목표의 추구에 있어 동력원이 되지만 비호의적이거나 스트레스를 주는 사건에 직면했을 때 부정적인 결과를 낳게 한다. 완벽주의 성향을 가진 사람은 우선 자신 및 다른 사람의 수행에 대해 필요 이상의 높은 기대를 가지고 있다. 수행에 대한 높은 기준은 실패를 경험할 가능성을 높이고, 따라서 실패에 대한 지나친 두려움이 나타나게 된다. 실패를 받아들이지 못하고 신념과 행위에 대한 불확실성으로 인해 자기 비난 상태에 빠지기 쉽다. 또한 이분법적 사고, 과잉 일반화, 무엇을 해야만 한다는 강박감에 빠지게 된다. 이런 성향을 지닌 사람은 실수를 염려하고, 중요한 다른 사람으로부터의 높은 기대에 대한 지각과 그에 부응하지 못했을 때 겪을 비난에 대한 두려움으로 상황을 회피하고 지연한다. 강박적인 행동을 부르기도 하고 자신뿐만 아니라 다른 사람도 지나치게 높은 기준으로 끊임없이 판단하여 상대방의 실수를 찾아내고 실망감을 표현함으로써 대인 관계에 어려움을 겪기도 한다.

심리학자들은 보편적으로 완벽주의를 3가지 유형으로 구분한다. 먼저는 자기 지향적 완벽주의이다. 이러한 완벽주의는 지나친 자기 강요, 극단적 자기비판, 개인적 결함의 수용 거부로 나타난다. 자기 자신의 기대에 부응하지 못할 경우, 다른 사람에게는 적용되지 않는 가혹한 비난, 비하와 모욕을 스스로에게 쏟아붓는 현상 등이다. 다음은 사회 처방적인 완벽주의이다. 이러한 완벽주의는 다른 사람들에 의해 강요된 완벽한 역량과 수행수준을 달성하지 못하면 다른 사람과 사회의 인정을 받지 못하고 마침내는 버려질 것이라고 믿는 완벽주의이다. 다른 사람은 높은 수준에 쉽게 도달하지만 자신은 그들에 비해 한참 뒤떨어져 있다고 믿기도 한다.

　마지막으로 신경증적 완벽주의이다. 이런 현상은 최악의 완벽주의 유형이라 할 수 있다. 신경증적 완벽주의는 가족이나 친구들의 사회적 지지가 충분하면 어느 정도 적응할 수 있다. 하지만 만일 사회적 지지가 없을 경우 이런 완벽주의적인 현상이 나타난다. 삶에서 실패를 회피하려는 강력한 욕구는 자신이 다른 사람들보다 압도적인 성취를 할 때 나타나기도 한다. 이런 형상은 자기 성취의 부정적인 가치화로 인하여 나타난다.

　완벽주의자에게서 긍정적인 측면이 발휘될 경우에는 고난과 역경 속에서도 동기부여를 가능하게 하여 성취를 이룰 수 있도록 돕는 효과가 있다. 완벽주의자는 보편적으로 일을 미루는 확률이 적다. 과학자나 예술가에게서 완벽주의는 쉽게 찾아볼 수 있다. 미켈란젤로도 완벽주의를 갖고 있었다고 전해진다.

　완벽주의자에게 부정적 측면이 발휘될 경우에는 여러 형태의 문제가 나타난다. 이런 완벽주의자는 일의 완벽성을 추구하기 때문에 쉽게 시작하기 않고 미룬다. 예를 들면, 어떤 일을 시작하고자 할 때 하고자 하는 일에 정확한 정보나 방법을 알기 전까지는 일을 시작하지 않고 미룬다. 게다가 어떤 일에 뛰어난 기량을 펼치지 못했을 경우에 자기 비하를 하거나 다른 사람에게 동정을 구할 확률이 높다. 이런 완벽주의자는 주목표와는 상관없는 세부적인 사항에 몰두하거나 다른 일상적인 일들에 에너지를 낭비하기 때문에 성취성이나 생산성이 낮다. 공동체에서 다른 사람들에 비해 완벽을 추구하기 때문에 관계가 원활하지 못하여 우울증이 더 높게 나타날 수 있다. 완벽주의자는 불안함과 낮은 자신감을 갖고 있을 확률이 높다.

완벽주의는 긍정적인 측면과 부정정적인 측면이 있다. 하지만 여기서는 완벽주의의 부정적인 측면을 살피는 데 있다. 나아가 역설적 존재인 인간의 특성을 껴안지 못하게 하는 속성을 밝히는 것이다. 완벽주의는 인간은 근본적으로 유한성을 지닌 존재이기 때문에 완벽함을 담보할 수 없는 존재라는 성경적 가르침에 부합하지 않기 때문이다. 완벽주의는 완벽함에 목적을 두기 때문에 대극의 현상은 무가치하게 여긴다. 실패는 부정적인 것으로 성공은 긍정적인 것으로 여긴다.

완벽주의는 변형된 정체성이다

많은 그리스도들이 온전한 삶과 완전한 삶을 동일시하는 경향이 있다. 이러한 경향은 예수님의 가르침을 잘못 이해하면서 시작되었다. 예수님은 "그러므로 하늘에 계신 너희 아버지의 온전하심과 같이 너희도 온전하라"(마 5:48)고 말한다. 여기서 '온전'은 그리스어 '텔레이오스'(teleios)이다. 이 구절에 사용된 헬라어 원 단어는 '성숙하다', '완성되다'라는 뜻이다(참조, 고전 2:6; 빌 3:15). 그러나 성경을 라틴어로 번역하는 과정에서 제롬(Jerome, d. 420)은 이 단어를 '완벽하게 되다'라는 뜻의 '베르펙투스'라는 단어를 사용했다. 완벽(perfection)의 어원은 라틴어 'perfectio'다. 이 단어는 '철저하다'를 의미하는 'per'와 '만들다' '이루다'를 뜻하는 'facere'의 합성어다. 즉 사전적으로 '완벽함'은 무언가를 철저하고 완전하게 행해서 결국에는 완전함에 이르는 것을 의미한다. 이것은 많은 오해를 낳게 했다. 어떤 기독교 교단에서는 영적 축복을 받으면 지금 당장 '죄에서 완벽하게 해방된 상태'를 경험할 수 있다고 주장한다.

핵심은 '온전'이란 완벽(perfection)을 의미하는 것이 아니라 충만하게 완성된 상태를 의미한다. 충만하게 완성된 상태의 다른 의미는 '균형'이다. 온전한 삶은 균형을 잃지 않는 삶을 의미한다. 온전함에 이르는 과정은 균형을 잃지 않는 것이다. 인간은 결코 완벽함을 성취할 수 없는 존재다. 인간의 이름은 완전함이 아니라 불완전함이다. 불완전함이 인간의 정체성이다. 불완전한 존재로서 온전함을 추구해 가는 존재다.

우리는 유한한 존재이지만 무한함에 목말라 하고, 불완전한 존재이지만 완전함을 갈망한다. 완벽주의는 우리가 하나님을 '만점을 요구하는 분'으로 오해하게 할 수 있다. 완벽한 절대자이신 하나님 앞에서는 인간은 무엇을 하든지 부족하기 때문에, 자기 능력에 대해 깊은 회의감을 피할 수 없다. 목회자의 탈진 현상도 완벽주의와 관련이 있다. 미국의 한 신문의 "목회자의 탈진현상은 완벽주의와 관련"이라는 기사에서 조사에 응한 목회자의 약 84퍼센트가 일종의 완벽주의를 추구하고 있으며, 전체의 54퍼센트는 자신뿐만 아니라 남에게도 완벽할 것을 기대하고 있고, 23퍼센트는 다른 사람들이 완벽하게 일을 처리하지 않으면 마음이 편하지 않다고 했고, 10퍼센트의 목회자들은 자신이 용서받을 수 없는 죄를 지어 왔다고 대답했다.[9]

완벽을 추구하는 사람들은 하나님이 완벽하시므로 우리에게도 완벽을 요구하신다고 여긴다. 하지만 "하나님만이 진정으로 완벽하신 분이지만, 그렇다고 해서 완벽주의자는 아니다. 하나님께서는 100퍼센트를 요구하신 적이 없다"라고 한 필립스(J. B. Phillips)의 말은 참으로 적절하다.[10] 토마스 머튼은 이 점을 정확하게 지적하면서, "우리가 그리스도와 하나가 되기 위해서는, 그리스도와 무관한 윤리적인 훈장 같은 것이 필요한 것은 아니다. 오직 믿음을 통해 우리 안에서 살아 역사하시는 그리스도를 통해서만이 완전해 질 수 있다"고 했다.[11]

우리는 완전함과 투쟁해야 할 존재가 아니라 불완전함과 투쟁해야 할 존재이다. 우리가 투쟁해야 할 대상은 완전함이 아니다. 잘못된 대상과의 투쟁은 오히려 더 많은 문제를 낳는다. 완전함과의 투쟁은 우리로 하여금 더욱 좌절하게 하고, 우리로 하여금 더욱 경쟁하게 하고, 우리로 하여금 자기 높음의 속성만 강화시키는 결과를 초래 한다. 영원히 도달할 수 없는 기대치 앞에서 절망감을 느낀 신앙인 중에는 죄의식과 정신적인 압박에 시달리는 사람들도 있다. 하지만 불완전함과의 투쟁은 우리의 연약함을 깨닫게 하고, 우리를 겸손하게 하고, 우리로 하여금 좌절과 소망 속에서도 균형을 갖게 한다. 완벽주의는 성경의 가르침과 배치된다. 그러므로 완벽주의는 우리의 변형된 정체성이다.

완벽주의는 자기 높임의 속성이 있다

인간은 자아 높임의 비교 속성이 있다. 이러한 속성은 완벽주의의 한 측면이라 할 수 있다. 이런 속성은 인간의 이기적인 현상이지만 기저에 흐르는 본질적인 내용은 자신이 보다 더 완벽하고 싶은 욕망의 산물이기도하다. 자신이 평균적인 사람들보다 더 선하고 윤리적이라고 생각하는 현상은 완벽주의가 불러낸 현상이다. 그러므로 자아 높임의 주인은 완벽주의이다. 역으로 자아 높임의 속성은 완벽주의의 종이다.

사회심리학자들에 의하면 인간은 자기의 성공은 본인의 내부요인으로 생각한다는 것이다. 즉 자기의 성공은 자신의 노력과 능력에 있다고 생각한다는 것이다. 그러나 자기의 실패는 외부요인, 즉 실패는 작업의 어려움이나 상황이 불가능한 탓으로 돌린다는 것이다. 이러한 현상은 인간이 결과를 인지적으로 자신에게 유리하게 동기화시키는 요인과 관련되어 있다. 이 견해를 지지하는 학자들에 의하면, "우리의 인지진행 메커니즘은 들어오는 정보를 자신에게 유리하고 긍정적인 방향으로 왜곡시키기 위한 여과장치를 설치한다"고 하였다.[12] 인간은 자신의 긍정적인 면을 부각시키기 위해 자신을 정의

하는 사회와 공동체의 가치를 자기에게 유리하게 해석하기 위하여 때로 무시하기도 하고 때로는 조작하기도 한다.[13]

사람들은 자기에게 유리하게 해석하기 위해 사용하는 여과장치를 다른 사람들의 상황에서도 사용한다. 단지 그때는 변경시켜서 사용한다. 여과장치의 셋팅을 변경한다. 자신에게는 관대하고 자비심을 베풀며 적용하던 것을 다른 사람에게는 엄격한 잣대로 적용한다. 사람들은 보통 자신들의 실패는 상황적인 원인 탓으로 돌리지만 다른 사람들의 실패는 그 사람의 자질 때문이라고 엄격하게 평가한다. 이것은 마이어스가 말한 귀인분석의 실패와 같은 것이다. 마이어스는 이러한 현상을 "관찰자가 다른 사람의 행동에 대해서 상황적인 영향은 과소평가하고 개인적인 자질의 영향은 과대평가하는 경향" 때문으로 분석하였다.[14] 즉, 내가 어떤 일에 실패했을 때 그 요인은 원래 불가능한 상황이었기 때문이지만 다른 사람이 실패한 것은 그가 실패할 유형의 사람이었기 때문이라고 생각하는 경향이다. 인간은 근본적으로 자기 중심적 해석을 하는 것이다.

다른 사람의 행동을 그들이 갖고 있는 개인적인 특성 탓으로 돌리는 경향은 특별히 개인을 중시하는 문화와 자기가 속한 사회에서 특권을 가진 사람들에게서 강하게 나타난다는 견해가 있다.[15] 한편, 제브로위츠-맥아더(Zebrowitz-McArthur)는 "사람들이 내적으로 안정을 추구하는 성향 때문에 야기된 행동을 특정인들의 근본적인 속성이나 근본적인 인지과정에 의한 결과라고 보는 견해의 오류를 지적하면서, 그것은 오히려 사회·문화적인 영향에 의해 전해진 것으로 보는 견해를 지지한다."[16]

사람들은 실제로 다른 사람에게 자기 자신을 진실보다 과장하며 자신을 나타낼 뿐만 아니라 또한 실제로 자기 자신이 아주 훌륭하다고 믿는다. 사람들의 자아높임의 경향은 공적인 신분으로서 자기 이미지를 높이는 경우 보다는 스스로 자기 자신을 돌보려는 경향에서 훨씬 더 강하게 나타난다. 사회심리학자들은 이러한 자기 높임의 강화를 지속적으로 귀속되는 자아 중심주의(attributional egotism)라고 말한다. 귀속되는 자아 중심주의는 "자존감을 높이고 유지하기 위해서 좋은 성과를 얻을 수 있는 담보는 취하고 나쁜 성과들을 향한 책망은 부인하는 것"이다.[17]

사람들은 다른 사람들과 자신을 비교할 때 대부분의 사람들은 평균적인 사람들보다 자신이 더 훌륭하다고 느낀다. 사람들은 다른 사람들보다 자기를 더 좋게 보기를 원하며 그 사실을 증명하기 위해 건설적으로 사회적인 비교를 사용하고 싶어 한다. 예를 들면, 사람들은 직업인, 부모, 배우자, 친구로서 자기 자신을 평균 이하로 인지하거나 생각하는 일은 매우 드물다. 대부분의 사람들은 자기의 삶의 다양한 영역에서 자신을 평균 이상이라고 믿는다.

헤디(Headey)와 위링(Wearing)은 호주인들을 대상으로 사람들의 자기 높임 현상에 대한 주요한 연구를 하였는데 그 결과는 다음과 같다.[18] 먼저 직업에서 자신이 평균보다 높다고 응답한 사람들은 85.9퍼센트였지만, 평균보다 낮다고 응답한 사람들은 13.1퍼센트였고, 평균이라고 응답한 사람들은 1.0퍼센트였다. 부모로서는 자기 자신이 평균보다 높다고 응답한 사람들은 78.3퍼센트, 평균보다 낮다고 응답한 사람들은 20.2퍼센트, 평균이라고 응답한 사람들은 1.7퍼센트였다.

배우자로서는 자신이 평균보다 높다고 응답한 사람들은 77.9퍼센트, 평균보다 낮다고 응답한 사람들은 19.7퍼센트, 평균이라고 응답한 사람들은 3.5퍼센트였다. 친구로서는 자기가 평균보다 높다고 응답한 사람들은 76.1퍼센트, 평균보다 낮다고 응답한 사람들은 22.2퍼센트, 평균이라고 응답한 사람들은 1.7퍼센트였다. 돈 관리에서는 자기 자신이 평균보다 높다고 생각하는 사람은 64.7페센트, 평균보다 낮다고 생각하는 사람들은 26.0퍼센트, 평균이라고 생각하는 사람들은 9.3퍼센트였다. 몸매 유지와 건강관리에서는 자기 자신을 평균보다 높다고 여기는 사람들은 56.0퍼센트, 평균보다 낮다고 여기는 사람들은 32.5퍼센트였다. 헤디와 위링은 사람들의 이러한 자기 높임 현상에 있어서 남녀노소, 지위의 높낮이에 상관없이 나타나고 개인적 차이가 경미한 평범한 현상이라고 하였다.[19]

한편 우드(Wood)와 테일러(Tayler)는 "사람이 비우호적인 성격일 때 비슷한 흠을 가진 다른 사람을 자신과 비교하여 자아를 강화하기도 한다"고 하였다.[20] 사람들은 주로 평가가 좋지 않은 사람들과 자신을 비교함으로 자신의 주관적인 훌륭함을 증가시키려고 하는 경향이 있다. 또한 사람들은 자신들의 견해를 지지 받기 위해 자신들의 관점과 같거나 관점에 동의하는 사람들의 견해를 과대평가하는 경향이 있다. 다시 서술하면, 사람들은 실제 상대방이 자신의 관점에 동의한 것보다 훨씬 더 동의한 것처럼 다른 사람들의 의견을 왜곡하는 경향이 있다. 또한 우리가 흔히 볼 수 있는 현상은 능력과 수행이 낮은 위치에 있는 사람들일수록 자신의 단점이 드러날 때 잘못된 여론에 지나치게 매달리는 경향이 있다. 멘토는 멘토링 과정에서 이러한 경향들이 멘티에게도 거의 동일하게 나타날 수 있다는 사실을 알 필요가 있다.

로젠블래트(Rosenblatt)는 "미국인들이 자신을 좋게 평가하고 다른 사람들은 매우 나쁘다고 평가하는 모순이 있다"고 하면서,[21] 십계명과 관련한 질문에서 응답자 자신에 대한 평가와 다른 사람들에 대한 평가 결과를 다음과 같이 제시한다.[22] '저주하거나 신을 모독하지 말라'라는 질문에서 본인에 대한 평가에서는 64퍼센트, 대부분의 다른 사람들에 대한 평가에서 15퍼센트로 나타났다. '주일에 교회, 공회, 혹은 회교 사원을 가라'에서 본인은 64퍼센트, 대부분의 다른 미국인들은 22퍼센트가 그렇게 한다고 하였다. '부모를 공경하라'에서는 본인은 95퍼센트, 다른 미국인들은 49퍼센트로 평가하였다. '살인하지 말라'에서는 본인은 91퍼센트, 다른 미국인들은 71퍼센트였다. '간음하지 말라'에서는 본인은 86퍼센트, 다른 미국인들은 45퍼센트였다. '도적질하지 말라'에서는 본인은 90퍼센트, 다른 미국인들은 54퍼센트였다. '이웃에 거짓증거 하지마라'에서는 본인은 88퍼센트, 다른 미국인들은 33퍼센트였다. '다른 사람의 물건은 탐내지 말라'에서는 본인은 76퍼센트, 다른 미국인들은 23퍼센트였다. '다른 사람의 남편이나 아내를 탐하지 마라'에서는 본인은 84퍼센트, 다른 미국인들은 42였다. '오직 유일한 하나님만 섬기라'에서 본인은 81퍼센트, 다른 미국인들은 49퍼센트였다.

이와 같이 사람들은 겉으로는 자기가 영적으로나 도덕적으로 부족한 사람이라고 말할지라도 다른 사람들에 비해 자신이 평균보다 더 영적이고 도덕적이라고 생각하는 경우가 많다. 사람들은 자신을 다른 사람보다 더 훌륭하다고 생각한다. 사람들은 또한 다른 사람보다 자신의 미래가 더욱 좋을 것이라고 여긴다. 이러한 경향은 자신감의 정도와 미래 예측의 정확성 사이의 차이가 가장 클 때 나타나는데, 그것은 어떤 것에 관하여 100퍼센트 확신한다고 하는 것은 80퍼센트 확신이 있다고 하는 것보다 예상되는 결과에 대한 정확성이 부족하기 때문이다.[23] 사람들의 이러한 경향은 멘토링 과정에서 반드시 인지되어야 할 내용이다. 멘토는 한 인간으로서 멘티도 이러한 성향에서 예외가 아님을 알아야 한다. 다시 말하면, 멘티가 미래에 대해 비현실적인 자기 낙관주의를 드러낼 경우, 멘토는 이것을 자기 자신을 과대평가하려는 인간의 성향 때문이라고 볼 수 있어야 한다. 멘토는 또한 그것이 다른 사람의 실제 상황에 대하여 주의 깊게 고려하지 않는 이기적인 경향 때문임을 알 필요가 있다.

멘토는 인간의 완벽주의 특징을 이해하고 멘티와 함께 공유함으로 멘티의 성장을 가로막는 장애물을 볼 수 있게 해 주어야 한다. 멘토는 다양한 양상으로 나타나는 완벽주의를 읽어내는 능력이 있어야 한다. 인간 성장을 소망하는 멘토는 완벽주의의 다양한 유형들을 분별하는 능력이 있어야 한다.

제 6 장

멘토링을 위한 관계 메트릭스
Relational Matrix for Mentoring

멘토링과 최초의 소명

멘토링은 성장에 초점을 둔다. 성장은 관계 안에서 일어난다. 때문에 성장은 건강한 관계를 위한 묘사적인 용어이다. 예수님도 성장하셨다. 지적인 국면으로 '지혜', 육체적인 국면으로 '키', 영적인 국면인 '하나님의 사랑', 정서적이며 사회적인 국면인 '사람의 사랑'이다(눅 2:52). 예수님은 제자들에게 "무릇 온전케 된 자는 그 선생과 같으리라"(눅 6:40)고 하였다. 선생인 그리스도를 닮는 데는 단순히 영적인 국면만이 아니라 우리의 모든 국면이 포함된다. 예수님은 만물의 주이다(골 1:15, 17). 그러므로 예수님을 주로 고백하는 사람은 모든 만물과의 관계 안에서 성장한다.

멘토링은 영혼이 바른 관계 안에서 성장하도록 돌보는 것이다. 때문에 멘토는 영혼의 바른 관계의 레퍼토리(repertory)를 형성하도록 돌보는 자이다. 돌봄은 하나님께서 우리에게 주신 본질적인 소명이다. 멘토링은 이러한 소명의 한 방편이다.

하나님께서 우리에게 주신 최초의 소명에 대한 연구는 우리로 하여금 돌봄의 중요성을 깨닫게 한다. 창세기 1:26-28은 인간이란 어떤 존재이며, 어떤 소명이 부여되었는지를 말해 주는 최초의 성경 자료이다. 하나님의 형상으로 창조된 인간에 관한 신학적 이해는 여러 의미로 이해되어 왔지만, 일반적으로 하나님의 형상은 하나님께서 인간에게 주신 가능성이나 능력과 제휴된 것으로 이해되어 왔다. 이러한 가능성과 능력은 전통적으로 정복하고 지배하고 다스리는 통치의 소명으로 이해되어 왔다. 그러나 최근의 해석들은 인류에게 통치의 소명이 주어졌다기보다는 돌봄의 소명이 부여되었다고 이해한다.

조셉 시틀러(Joseph Sittler)는 성경에 나타난 지배(dominion)라는 단어는 라틴어를 영어로 직접 번역해 놓은 것으로서, 지배(dominion)는 통치(domination)를 의미한다. 그러나 이것은 바른 번역이 아니라고 말한다. 히브리 원문에 의한 바른 번역은 "그리고 하나님께서 너희들은 땅을 돌보며 그것을 적절한 위치에 유지해야 한다"라고 하였다. 더글라스 홀(Douglas Hall)은 창세기 1:28의 '정복하라', '다스리라'는 명령의 의미를 어원학적 해석의 수준을 넘어 재해석한다.

그는 어원학적 의미로서 '정복하라', '다스리라'는 분명히 자연정복 사상과 지배사상을 제시하고 있지만, 이러한 어원학적 의미에 멈추지 않고 그는 언어 이면에 있는 의미를 찾아 재해석한다. 홀은 언어의 의미는 어원학적으로만 결정되는 것이 아니라, 똑같은 단어라

할지라도 시대에 따라 다른 단어, 다른 사건, 그리고 다른 사상과 결합하면 그 의미가 변한다고 주장한다.[1] 창세기 1:28의 다스림의 의미를 홀은 예수님이 보여준 다스림의 모델을 적용하여 재해석한다. 홀에게 있어서 다스림은 하나님의 청지기인 인간에게 주어진 소명이라고 주장한다. 이에 따라 홀은 "모든 사람과 모든 것을 짓밟는 것과 전혀 다른 일인 다스림은 오히려 예수님이 짓밟음을 당한 것과 관련이 있는 듯하다"는 진술을 한다.[2]

그러므로 홀은 "청지기의 권위는 하나님이 돌보기를 원하시는 창조주의 사랑을 적절히 재현할 때만 유효하다"고 주장한다.[3] 홀의 자연에 대한 청지기관은 '사랑과 존중에 의한 다스림'이며, 이는 통치나 착취보다는 봉사와 보살핌을 제공한다.[4] 이런 해석을 기초로 하여 홀은 자연정복적인 소명을 거부한다. 홀은 자연에 대한 인간의 통치권에 대한 해석에서 어원학적으로는 '다스림'의 의미가 통치나 착취를 의미하는 것이었지만, 지금은 다스림의 의미를 '돌봄과 봉사'로 재해석해야 한다고 주장한다.

성경에 나타난 하나님의 본성과 이미지란 관점에서도 홀의 해석은 정당성을 갖는다. 성경에서 보여 주는 하나님의 본성은 풍부한 돌봄의 비유들로 가득하다. 하나님의 본성은 '친구'로 나타난다(출 33:11; 요 15:13-15). 무엇보다도 우리에게 쉽게 다가오는 하나님의 이미지는 '아빠, 아버지'(롬 8:15; 갈 4:6)로서 '자식을 불쌍히 여기시는 분'(시 103:13)이시다. 하나님은 또한 자기 백성에게 '어머니'로서 양육의 이미지를 보여 주신다(사 66:13; 마 23:37). 이러한 이미지들 외에도 하나님의 돌보시는 사역의 여러 측면들을 보여 주고 있다. '치료자'(출 15:26), '목자'(사 40:11; 요 10:11-18) 등이다.

하나님은 우리의 친구가 되시고, 아바, 아버지가 되시고, 어머니가 되시는 분으로 묘사되고 있다. 이러한 하나님의 이미지들은 그의 자녀인 우리들에게 돌봄의 이미지들과 동기를 시사해 준다. 하나님의 사랑받는 신실한 그의 백성들은 자기들의 동료인 다른 사람들에게 친구가 되고, 그들을 사랑하고, 그들을 보살피도록 부르심을 받았다. 이는 '상호성'(one-anotherness), 즉 하나님의 사랑으로 인해 촉발되는 상호 돌봄에 대한 명령이다. 이러한 돌봄의 소명은 하나님께서 우리에게 부여하신 핵심적 요소이기도하다.

인간에게 주어진 돌봄의 소명은 바른 관계 안에서 레퍼토리(repertory)가 형성된다. 모든 돌봄은 관계로 이어진다. 관계가 없으면 돌봄도 발생하지 않는다. 이러한 관점에서 "기독교는 독특한 사고방식이라기보다는 독특한 네트워크 방식이다. 기독교는 법과 원리 체계가 아니라 관계 유형이다."[5]

관계 함양으로서 멘토링

성경에 나타난 '믿음'도 신념이 아니라 관계적인 의미임을 알 수 있다. 창세기 15:6의 히브리어 단어 '믿다'(he'min)는 아브라함이 하나님을 지적으로 개념적 동의를 했다기보다는 그가 하나님을 사랑의 대상으로 의지했다는 의미다. 아브라함의 믿음은 하나님에 관한 지적인 개념이 아니라 하나님과의 관계이다.[6] 성경이 일관되게 정의하는 믿음은 하나님, 자기 자신, 이웃, 세상 그리고 자연과 맺는 바른 관계들이다. 여기서 우리가 숙고해야 할 것은 바른 관계는 바른 생각에서 나오는 것이라기보다는 오히려 반대다. 바른 생각이 바른 관계에서 나온다.[7]

아이가 태어나 먼저 기고, 두 발을 디디고 서기 시작한 다음에야 한 발을 떼고 걸음마를 배우듯이 모든 사람은 먼저 읽고 생각하며 삶에 필요한 교훈들을 배우기보다는 행동으로 그것들을 배운다. 때문에 바른 생각에서 바른 관계와 바른 행동이 나온다고만 생각해서는 안 된다. 특별히 삶의 지혜는 더욱 그렇다. 어쩌면 우리의 상황은 바른 생각보다 바른 행동이 요구되는 상황인지도 모른다.

하나님은 우리의 관계를 통해 일하신다. 하나님은 우리의 생각을 통해서 일하시는 하나님이 아니라 우리의 관계와 행동을 통해 일하신다. 수피의 이야기다.

> 한 사람이 기도하며 길을 걷는 중에 구도자와 다리 저는 사람, 거지, 그리고 매맞아 쓰러진 사람들을 보았다. 거룩한 그 사람은 엎드려 울부짖었다. "위대하신 신이여, 사랑의 창조주께서 저런 이들을 보시고 아무 일도 하지 않으시고 어찌 이리 가만히 계신단 말입니까." 오래 침묵하시던 신이 말씀하셨다. "내가 저들을 위하여 한 일이 있지 않느냐. 내가 저

들을 위해 너를 지었노라.[8]

    기독교적인 믿음은 풀어야 할 문제나 답해야 할 의문이 아니라 살아내야 할 신비이다. 기독교 복음은 명제나 교리를 위한 것이 아니라 관계를 위한 것이다. "기독교는 '프로들'을 위한 것이 아니다. 기독교는 본래 아마추어들이 사는 삶이다. 아마추어라는 말은 '사랑하는 자'라는 뜻의 라틴어 단어 '아마토르'(amator)에서 왔다. 기독교는 전문가들이 아니라 사랑하는 자들을 위한 것이다."[9] 여기서 사랑하는 자란 바른 관계를 추구하는 자다.

    멘토링의 중요한 목적은 바른 관계 형성을 위한 것이다. 때문에 성경에 나타난 관계 메트릭스(matrix)는 바른 관계 형성의 중요한 지침을 제공해 준다. 성경에 나타난 관계 메트릭스는 넓은 의미에서 여섯 가지로 유형화할 수 있다. 우리와 하나님과의 관계, 우리 자신과의 관계, 우리와 믿는 사람들과의 관계, 우리와 믿지 않는 사람들과의 관계, 우리와 하나님의 피조 세계와의 관계, 우리와 예술품과 상징물 등, 사물과의 관계이다. 이러한 관계 메트릭스는 유기체적인 특성을 지니고 있기 때문에 그 중 어느 하나도 무시되거나 분리할 수 없다. 단지 관계 메트릭스의 특성들을 이해하기 위한 것이다.

    그러므로 어느 한 차원이라도 간과하거나 무시하는 것은 성경적인 가르침에서 벗어나는 것이다. 멘토링은 궁극적으로 관계 메트릭스가 살아 움직이도록 하는 것이다. 모든 멘토링의 실천은 관계 메트릭스를 유기체적으로 맺어나가는 것으로 이어진다. 멘토링의 목적은 관계함양과 복잡한 관계망 안에서 실천적 의미를 개발하는 데 있다.

하나님과의 관계

성경에 나타난 관계 메트릭스(matrix)를 살펴보면, 먼저 하나님과 인간의 관계다. 성경에서 말하는 인간됨의 본질은 우리의 자유의지나 합리성이 아니다. 인간됨의 본질은 하나님과의 관계 안에서 형성된다. 주지주의적인 교리나 신학에 경도된 사람들은 하나님의 신비를 다 비워 내려갔다. 하지만 그런 비워내는 일에 성공한 사람들은 왜 교회의 생명력이 질적으로나 양적으로 약화되어가는 것을 의아해 한다.

로버트 켁(Robert Keck)에 따르면, 니체의 조부도 부친도 루터교 목사였지만, 그가 기독교에 그토록 반발한 이유는 '신자들'이 하나님보다 신학을 더 사랑하는 제도화된 우상숭배를 그가 보았기 때문이다.[10] 스윗은 "하나님과의 관계 안에 있다는 것은 보편 원칙이나 규정에 따른다는 뜻이 아니라 '명령 받은' 상태로 살아간다는 뜻이다"라고 하였다.[11] 그는 우리에게 잘 알려진 아브라함에 대한 하나님의 시험(창 22장)을 통하여 명령 받은 상태로 살아가는 것의 의미를 설명한다.[12] 그는 이 시험을 두 부분으로 나누어 설명한다. 먼저 아브라함에게 주어진 시험은 객관식 시험이었다. 아브라함은 이 객관식 시험 부분인 순종 시험에 통과하였다. 자신이 이해한 하나님에 대한 모든 것에서 위배되는 명령일지라도 그는 하나님께 순종하였기 때문이다. 다음은 시험의 논술 시험 부분이다. 즉, 하나님이 아브라함에게 명하신 명령이 정말 무슨 뜻인지 씨름하는 것과 이삭을 변호하는 것이었다.

스윗은 시험의 논술 부분은 관계 시험으로서, 성경에는 이 시험이 논술 부분으로 구성되어 있다고 볼 수 있는 이유를 제시한다. 첫째, 창세기 22장에서 '사랑'이라는 단어가 성경에 처음 등장한다. "네 아들 네 **사랑하는** 독자 이삭을 데리고 모리아 땅으로 가서…거기서 그를 번제로 드리라." 스윗은 문맥과 용어 선택이 요한복음 3:1의 "하나님이 세상을 이처럼 사랑하사 독생자를 주셨으니"와 공명된다는 것이다. 그가 이것을 관계 시험으로 보는 둘째, 원문상의 근거는 '시련' 또는 '시험'에 해당되는 히브리어 단어 때문이다.

히브리어 '니샤욘'(nisayon)이라는 단어는 '시험해 보다'나 '유혹하다'보다는 '하나님이 이 시련을 통해 아브라함에게 경험을 주셨다'는 의미로서의 '경험을 주다'와 더 관련이 깊다는 것이다. 즉, 하나님이 아브라함을 시험하신 목적은 정보를 찾아내는 것이기보다는 진리와 선의 길로 아브라함을 '단련하고 훈련하는' 것이었다. 때문에 시험에 해당하는 단어는 법률적인 용어라기보다는 관계적인 용어라는 것이다.

아브라함 이야기의 핵심은 하나님이 우리에게 순종보다 더 원하시는 것은 관계라는 것이다. 하나님이 우리에게 순종만을 원하였다면 자신의 형상대로 만들지 않으셨을 것이기 때문이라는 것이다. 우리가 기억해야 할 것은 "이성 없는 진리는 진리가 아니다. 그러나 관계가 빠진 진리는 허위"라는 것이다.[13]

그러므로 우리가 "그리스도인이 된다는 것은 하나님에 대한 신념이라기보다 하나님과의 관계이고, 하나님에 대한 증명이라기보다 하나님의 임재이고, 진리에 대한 교의라기보다 진리와의 친밀함이며, 하나님의 속성을 아는 것이라기보다 하나님의 역사를 아는 것이다. 지금은 하나님을 이해하고자 하는 종교에서 하나님을 만나고 하나님의 처소가 되고자 하는 관계로 옮겨 갈 때다. 요점과 명제와 도덕론에서 신비와 역설로 그리고 하나님의 삶에 동참하는 자리로 옮겨 갈 때다."[14] 살아있는 관계는 이성과 신비, 알림과 숨김, 순종과 씨름이 어우러진 춤이다.

하나님과의 관계 안에서 살아가는 삶의 중요성은 임상적 연구를 통해서도 밝혀지고 있다. 헤롤드 코닝(Harold G. Koening) 등은 『종교와 건강의 핸드북』(Handbook of Religion and Health)에서 하나님과의 관계 안에서 누리게 되는 기도가 우리의 건강에 미치는 영향에 대해서 보고하였다.

그들은 기도는 기도하는 사람의 불안장애, 심혈관 질환, 우울증, 신체장애, 부부만족도, 고통경감, 심장마비, 수술 후 회복, 그리고 전반적인 행복과 같은 광범위한 건강결과에 영향을 미친다고 하였다.[15] 하나님과의 관계에서 하나님의 뜻을 내면화한 사람, 즉 자주 기도하고, 성경 말씀을 삶에 적용하고, 하나님과 친밀한 관계를 맺고 있다고 믿는 사람은 삶에 크게 만족하고 건강하다고 느끼며 전반적으로 행복한 삶을 영위한다. 이렇게 하나님과의 관계가 건강한 사람은 현재의 삶에 더 만족한다는 비율이 91퍼센트가 되었다. 하나님과의 관계가 건강한 사람들은 낙관적이고, 세상에서 심각한 빚을 지는 확률이 9퍼센트 정도 적고, 스트레스도 16퍼센트 정도 적게 받는다. 하지만 피상적인 신앙생활을 하는 성인이나 무신론자는 높은 스트레스를 받는다고 시인한 비율이 42퍼센트로 나타났다.[16]

흥미로운 결과가 보고되었다. 그것은 사람과의 관계가 하나님과의 관계 형성에 하나의 중요한 요소로 작용한다는 것이다. 특별히 아버지와의 관계가 하나님과의 관계 형성에 중요한 역할을 하는 것으로 밝혀졌다. 폴 비츠(Paul Vitz)는 역사에 등장하는 유명 무신론자들을 연구하는 과정에서 이들에게 일관성 있게 나타나는 공통점을 발견하였다. 그것은 무신론자들이 아버지와의 관계가 좋지 않았거나 아예 아버지와의 관계가 부재했다는 것이다. 비츠는 지그문트 프로이드(Sigmund Freud)가 "어린 아이나 청년이 육신의 아버지에게 실망하거나 존경심을 잃게 되면 하늘에 있는 아버지를 믿는 믿음은 불가능해진다"라고 언급한 자신의 주장에 조바심을 낸 것은 바르다고 하였다.[17]

비츠는 무신론을 결정짓는 여러 요소에는 죽음이나 유기로 말미암아 아버지가 부재하는 것, 혹은 아버지가 있고 심지어 멋지기까지 하지만 소극적이고 약하고 존경받을 가치가 없는 경우, 혹은 아버지가 육체적, 정서적, 성적, 심리적으로 아이를 학대하는 경우도 포함된다고 하였다.[18] 비츠는 무신론자들은 야망과 지적 오만이 강하게 나타났음을 지적하면서, 각 무신론자들의 인격의 핵심에는 한 가지 결정적인 요소가 자리잡고 있는데 그것은 바로 자유의지라고 하였다.[19] 무신론자들은 자유의지를 통해 하나님이 아닌 다른 것을 우상화하는데, 그것은 바로 이기심과 자기숭배이다.

비츠는 무신론자들과 광신자들이 하나님 아닌 어떤 것에 맞춰 자기 정체성을 파악한다는 점에서는 서로 다를 바가 없다는 것이다. 이들은 "단순히 자아 투사물, 일종의 심리적 우상"을 선택한다는 것이다.[20] 그러므로 무신론자들의 지적 오만과 하나님은 존재하지 않고 단지 인간이 만들어낸 우상이라고 여기며 자신의 주장이 옳다고 생각하는 도덕적 우월성에 대한 율법주의와 종교적 광신자들의 야망의 뿌리에는 일종의 이기심과 자기숭배, 그리고 하나님 아닌 다른 것에서 발견한 우상이 자리잡고 있다. 무신론자들과 광신자들은 목적과 모양은 다르지만 이들 모두는 하나님이 아닌 다른 것을 우상화하고 예배하는 함정에 빠져 있다는 것을 알 수 있다.

자기 자신과의 관계

인간이 하나님의 형상대로 창조되었다는 것은 인간 이해의 출발점이다. 인간은 하나님의 형상으로 창조된 구속받은 존재이다. 인간은 하나님의 사랑받는 존재이다. 이러한 진술보다 더 바른 진술은 없다. 사랑의 주체인 하나님은 우리를 그의 사랑의 대상으로 창조하셨기 때문이다(요일 4:16). 하지만 이 세상은 우리의 참된 정체성을 혼란스럽게 하는 부정적인 소리로 가득하다. 그런 부정적인 소리들이 하도 크고 집요하다 보니 인간은 자기도 모르게 자기 부정의 덫에 빠진다. 이 세상 속에서 살아가는 그리스도인은 정체성의 문제에 직면한다.

헨리 나우웬(Henri Nouwen)은 "너는 내 사랑하는 자라"는 하나님의 말씀 속에 모든 인간들에 대한 가장 깊은 진리가 계시된다고 지적하면서 모든 영적 유혹은 이 근본 진리를 의심하고 그 밖의 다른 정체들을 믿게 하려는 것과 관련된다고 하였다.[21] 예수님의 공생애의 결정적인 순간은 세례를 받으시며 하나님께 "이는 내 사랑하는 아들이요 내 기뻐하는 자라"(눅 3: 21-22)는 인정의 말씀을 들으시던 때였다.[22] 그 핵심적인 체험을 통하여 예수는 자신의 참 존재를 깊은 방식으로 체득한다.

누가복음 4:1-13에 기록된 예수님께서 광야에서 받은 시험은 예수님의 핵심 정체를 앗아가려는 유혹이었다. 자신을 다른 존재로 믿으라는 유혹이다. "너는 돌로 떡을 만들 수 있는 자다. 성전에서 뛰어내릴 수 있는 자다. 다른 사람들로 하여금 네 권세에 절하게 만들 수 있는 자다." 그러나 예수는 "아니다"라는 선언과 함께, "나는 하나님의 사랑받는 자다"라고 선언하신다. 그리스도인의 정체성은 우리를 향한 하나님의 사랑 안에서이다. 나우웬은 우리의 삶의 가장 큰 적은 자기 거부라고 진술한다.

삶의 가장 큰 덫은 성공이나 인기나 권세가 아니라 자기 거부, 자신의 참 존재를 회의하는 것이다. 성공과 인기와 권세도 과연 큰 유혹일 수 있으나 그 유혹의 질은 자기 거부라는 훨씬 큰 유혹의 일부라는 데에 있다. 우리를 무익하고 사랑받지 못할 존재라고 부르는 소리를 믿게 되면, 성공과 인기와 권세가 어느새 매력 있는 해답으로 다가온다.[23]

인간은 하나님의 사랑받는 자라는 것을 망각할 때 수많은 형태의 자기 부정에 빠지게 된다. 자기 거부나 부정의 유혹은 때로는 교만의 형태로, 때로는 열등감의 형태로 나타난다.[24] 자기 부정은 자신감 부족으로 나타날 수도 있고 지나친 자만심으로 나타날 수도 있다. "자기 거부는 영적인 삶의 가장 큰 적이다."[25]

역으로 보면, 자기 거부는 자기 정죄다. 자기 정죄는 심각한 문제이다. 이 문제로 고통을 겪고 있는 사람들 중에는 삶의 어느 순간에 중대한 잘못을 저지른 사람들이 있다. 그들의 자기 정죄는 객관적인 자기의 죄라는 기초 위에 세워져 있다. 그러나 문제는 많은 사람들은 심각한 범죄를 저지른 적이 없음에도 불구하고 비난받는 듯한 생각에 시달림을 받는다. 자기 정죄로 고통을 받는 자들 중 대부분은 낮은 자아 존중감을 갖고 있다.

제이 아담스(Jay Adams)는 기독교인의 진정한 자기 발견은 죄성으로 가득 찬 자아에서 출발하는 것이 아니라, 그리스도 안에서 새로운 피조물인 하나님의 자녀라는 사실에서부터 시작한다고 지적한다.²⁶ 임마누엘 라티(Immanuel Lartey)는 기독교인에게 있어서 성숙은 자기 자신과의 관계를 잘 맺는 것임을 설명하면서, 건강한 자존감을 소유한 사람은 자신의 독특성에 적절히 반응하는 사람이라고 강조하고 있다.²⁷

기독교 전통에서 십자가를 지는 삶으로서 '자기 부인'(self-denial)이 강조되어왔다. 하지만 기독교인들이 '자기 부인'을 잘못 이해함으로 성숙한 자기 자신과의 관계의 중요성을 간과해 버린 경향이 있다. '자기 부인'은 나아가 적극적이고 긍정적인 의미를 내포하고 있다. 칼빈은 자기 부인은 하나님과 이웃을 향한 적극적이고 긍정적 자세-자기를 억매이게 하는 것이 아니라 자유롭게 하며, 이웃에 대한 사랑 안에서 자아를 확립시켜 가는 것-라고 보았다.²⁸ 이웃을 향한 존경과 봉사의 견지에서 본 자기 부인은 기독교인들에게 능동적인 힘이다. 자기 부정은 세상의 소리와 나의 이기적인 자아에 '노'(no)하고 하나님과 이웃에게 '예스'(yes)하는 것이지²⁹, 세상을 등지거나 우리의 육체를 탄압하거나 하나님께서 우리에게 주신 재능이나 은사를 부인하는 것이 아님을 분명히 인식해야 한다.³⁰

믿는 사람들과의 관계

인간은 하나님의 창조적 질서를 왜곡함으로 나의 평화, 나의 기쁨, 나의 복지만을 추구하는 것이 일반적이다. 하지만 이런 시대적인 상황 속에서 믿는 사람들과의 관계는 중요한 상징성이 있다. 믿는 사람과의 관계는 특별히 사도행전에서 그 특성들을 찾아볼 수 있다. 사도행전에는 믿는 사람들과의 관계가 세 차원으로 나타난다. 영적인 관계, 정신적인 관계 그리고 물질적인 관계이다.

영적인 관계는 서로 말씀을 나누고 서로 중보 기도함으로 발생하는 영적 교제이다. 영적인 교제는 지체들이 하나님의 말씀으로 영적으로 서로 세워주고 서로를 위해 중보기도를 함으로써 서로를 돕는 행위이다. 정신적인 관계는 서로 간의 상대방에 대한 깊은 관심, 어렵고 외로울 때 함께있어 주는 것, 돌아보아 주는 것, 자신의 고민을 털어놓을 수 있는 관계, 자신을 위탁할 수 있는 깊은 신뢰의 관계를 수반한다. 특별히 지체가 어려움에 처해 있을 때 서로 위로하고, 격려하며, 긍휼히 여기며 지체를 세워 주는 것이다. 물질적인 관계는 지체가 경제적으로 어려움에 처했을 때 물질적 필요를 공급해 주는 것이다.

관계는 때로 멍에와도 같다. 멍에는 우리 머리를 똑바로 세워 주고 중심적인 등뼈를 고정시켜 주며 몸을 앞으로 나아가게 하는 역할을 한다.[31] 멍에는 때로 우리를 힘들게 할 수 있지만 앞으로 전진하게 하는 역할을 한다. 멍에는 베푸는 것의 은유적 표현이다.

미시간 대학교 사회연구소에서 5년 간 423쌍의 노인 부부의 관계를 추적 조사하였다. 그 기간 동안 134명이 죽었다. 그런데 여기서 중요한 사실이 발견되었다. 이 사람들 중에 친구를 돕거나 아이를 돌보아 주는 등 베푸는 관계에 있었던 사람들의 사망률은 그렇지 않은 사람들의 절반밖에 되지 않았다.[32] 사람들과의 관계에서 베푸는 일이 우리의 정신 건강에도 유익을 준다는 것을 교훈해 준다. 흥미롭게도 그 유익은 도움을 받는 사람들에게 쌓이지 않고 베푸는 자들에게만 쌓였다.

그러나 우리가 사람들과의 관계에서 사랑의 체험성과 방향성의 관계를 인지할 필요가 있다. 사랑의 체험이 부재한 사람은 사랑이 부재하거나 사랑의 방향성이 자기만을 향한다. 하지만 사랑을 체험해 본 사람은 사랑을 기꺼이 받기도 하고 다른 사람에게 사랑을 기꺼이 베풀기도 한다. 사랑의 방향성에서도 성숙하다. 예수님은 "너희가 서로 사랑하면 이로써 모든 사람이 너희가 내 제자인줄 알리라"(요 13:35)라고 하였다. 예수님의 이 가르침에, 만일 '내가 더 많이 사랑해야 한다'는 뜻으로 다가온다면, 그건 옳은 것이다. 하지만 '내가 다른 사람에게 더 많은 사랑을 받을 수 있는 법을 배워야 한다는 뜻'으로 다가온다면, 그것도 역시 옳다. 만일 어느 쪽도 아니라면 우리는 더 많이 그리고 더 잘 사랑하는 법의 토대가 빈약한 것이다. 하나님의 세계에서는 사랑받는 일이 사랑을 주는 일보다 앞선다. 우리는 먼저 하나님과 타인의 사랑을 받는 법을 배울 때에만 사랑하는 법을 배울 수 있다. "우리가 사랑함은 그가 먼저 우리를 사랑하셨음이라"(요일 4:19).

믿는 사람들과의 관계에서 모범적인 사례를 보여 주는 교회가 있다. 서울시 강동구 천호동에 있는 동선교회이다. 동선교회는 '작은 교회 살면, 한국 교회 산다'는 운동을 벌이고 있다. 동선교회는 '작은 교회 살리기 운동', '마을 교회 살리기 운동'을 하고 있다. 한국 내 개신교 교회의 수는 약 5만여 곳이다. 이 가운데 절반 이상이 청장년 신자가 30명 미만인 미자립 개척 교회다. 개척교회 가운데 매년 약 3,000곳이 문을 닫고, 약 2,500곳이 개척된다. 결국 매년 약 500곳의 개척교회가 사라지는 셈이다. 작은 교회 살리기 운동의 주창자 동선교회 박재열 목사는 2002년부터 교단 및 교파에 관계없이 개척교회를 지원해 오고 있다.

박 목사의 말이다. "교회가 대형화되면서 한국 기독교가 부흥했다고 보는데 실은 그게 아닙니다. 요즘 대형 교회들은 전도를 통해 새로운 신자를 늘리는 것이 아니라 다른 교회에 있던 교인들을 데려온 경우가 많습니다. 그러다 보니 그 주변의 작은 교회들은 문을 닫지 않을 수 없는 현실입니다. 작은 교회들은 생존의 문제에 직면해 있습니다." 동선교회는 2002년에는 15교회, 2003년에는 35교회, 2004년에는 60교회, 2005년에는 80교회, 2006년에는 110교회, 2007년에는 120교회를 지원하였고, 이 아름다운 일은 지금도 계속되고 있다. 각 교회에 10개월씩 매월 30만원과 관련 물품 등을 지원한다. 2008년의 경우에는 교회의 재정에서 3억 6,000만원을 개척교회의 지원을 위해 사용하였다. 교단에 관계없이 초교파적으로 이 일을 하고 있다. 뜻을 같이하여 동참하는 교회들이 늘어나고 있다. 동선교회는 앞으로 이들과 연계하는 네트워크를 구축해 작은 교회 살리기 운동을 확산시켜 나갈 계획이라고 한다.

동선교회에서 하고 있는 '작은 교회 살리기 운동'과 '마을 교회 살리기 운동'은 한국 교회에서 시급하고 절박한 것이다. 한국 교회는 이미 쇠퇴기에 접어들었다고 할 수 있다. 그 대표적인 증상이 마을 교회는 약화되고 대형 교회는 신자들이 넘쳐나는 현상이다. 한국 교회의 성장 시기에는 마을 교회와 대형 교회가 함께 성장하였다. 하지만 지금은 대형 교회는 더욱 대형화되어 가고 있고 마을 교회는 쇠퇴해 가고 있다. 이런 대형 교회 집중화 현상은 교회 밖에 있는 사람들의 회심을 통해 나타난 현상이기보다는 주로 마을 교회 신자들의 수평이동에서 기인한 것이다.

이러한 현상에는 한국 교회를 향한 중요한 메시지가 내포되어 있다. 마을 교회는 마치 건물의 주춧돌과 같은 것이다. 마을 교회가 약화되어 가고 있다는 것은 건물의 주춧돌이 부식되어 가고 있는 것과 같은 현상이다. 한국 교회 건물의 지형이 부식되어 가고 있다는 증거다. 이러한 현상은 심각한 것이다.

건물의 주춧돌의 약화는 건물에 대한 위험 신호이다. 방치하면 마치 삼풍백화점의 붕괴처럼 불행한 결과를 초래할 수도 있다. 마을 교회는 건물의 주춧돌과 같은 역할을 한다. 그런데 슬프게도 마을 교회가 쇠퇴하고 있고 줄어들고 있다. 물론 마을 교회의 이러한 현상을 대형 교회 책임으로만 돌릴 수만은 없다. 왜냐하면 이러한 현상은 종교심리학적으로 보면, 현대 그리스도인들은 복음의 생산자들에서 종교 소비자들로 나아가는 현상이라고도 할 수 있기 때문이다. 또한 종교사회학적으로 보면, 이러한 현상은 거스를 수 없는 역사적인 흐름인지도 모르기 때문이다.

그렇다면 마을 교회 살기기는 어떻게 할 수 있는가? 실천적 대안은 무엇인가? 그 실천적 대안으로 동선교회가 하나의 모델이 될 수 있다. 동선교회는 한국 교회가 직면한 이 문제를 깨닫고 사명을 앞장서서 감당하고 있다.

다른 하나는 대형 교회와 중형 교회가 교회를 개척하여 사역자들을 파송하는 것이다. 한국 교회의 초창기부터 90년대 때까지는 대부분 신학을 공부한 개인 사역자에 의해 교회가 개척되었다. 이 시기에는 개인 사역자가 교회를 개척해도 2-3년 후에 문을 닫는 교회는 많지 않았다. 하지만 현재는 개인 사역자가 교회를 개척하여 성장을 경험하는 비율은 5퍼센트 이하이다.

예를 들면, 100교회를 개척하면 성장을 경험하는 교회는 5교회도 되지 않는다는 보고가 있다. 이러한 현상은 우리에게 중요한 메시지를 주고 있다. 그것은 바로 교회 개척을 위한 책임이 개인 사역자에서 자원과 재원을 가진 교회로 이동되었다는 것을 암시한다. 다시 말하면, 자원과 재원이 있는 대형 교회와 중형 교회들이 교회를 개척하여 사역자를 파송해야 한다는 것이다. 그래야 마을 교회를 다시 재건할 수 있다. 이런 관점에서 동선교회는 한국 교회의 등불과 같은 교회이다.

믿지 않는 사람들과의 관계

예수 그리스도를 믿지 않는 사람은 결코 사탄의 자녀가 아니라 하나님의 자녀들이다. 다시 말하면, 예수 믿는 사람들이나 믿지 않는 사람들 모두 존재론적 의미에서 하나님의 자녀들이다. 하지만 예수를 믿지 않는 사람들은 하나님과의 관계에서 자녀다움의 기능을 상실한 사람들이다. 때문에 기능론적 관점에서 믿지 않는 사람들은 하나님의 자녀가 아니다. 즉, 자녀다움을 상실한 것이다. 자녀다움을 성경의 언어로 표현하면 생명(zoe)을 가진 자다. 영적 생명력을 회복한 자이다. 하지만 믿지 않은 사람들은 영적 생명이 없는 자들이다. 그러기 때문에 믿지 않는 사람은 하나님을 예배할 줄도 모르고, 하나님의 사랑을 느끼지도 못하고, 하나님과 대화인 기도의 은혜를 누리지도 못한다.

성경에서 '영적'이란 개념을 보면 이런 의미는 더 확실해 진다. '영적' 이란 말의 헬라적인 의미는 몸과 대비되어 그 개념이 규정된다. 하지만 '영적'이란 말의 히브리적인 의미는 결코 몸과 대비되어 규정되는 것이 아니라 하나님과의 관계 안에서 규정되는 개념이다. '영적 존재'가 되었다는 것은 하나님과의 관계가 회복되었다는 의미이다. 하나님과의 관계 안에서 발생하는 생명력이나 에너지의 기능이 회복되었다는 의미이다. 믿지 않는 사람들도 존재론적인 의미에서 하나님의 자녀이기 때문에 믿는 사람들은 그들과도 건강한 관계를 유지해야 한다. 예수님께서 유리하며 방황하는 사람들을 보시고

민망히 여기셨던 것처럼 그들을 사랑해야 한다.

사도행전에 등장하는 성령 충만한 스데반이 예수님을 전하자 예수님을 메시아로 받아들이지 않은 사람들이 모함하고 침을 뱉으며 조롱했지만 스데반은 이렇게 기도한다. "무릎을 꿇고 크게 불러 가로되 주여 이 죄를 저들에게 돌리지 마옵소서 이 말을 하고 자니라"(행 7:60). 스데반의 모습을 통해서 우리가 배울 수 있는 것이 무엇인가? 모든 사람을 위한 기도의 정신이요 사랑의 정신이다.

만일 믿지 않는 사람들을 '사탄'이란 관념 체계로 접근하려고 한다면, 그것은 성경의 가르침에 기초한 것이라기보다 원시적인 토템 체계에 더 가깝다고 할 수 있다. 가장 원시적인 사고의 구조는 토테미즘이다. 고대 원시인들은 그들의 삶에서 토템(totem, 원시사회에서 신성시 되는 상징물)은 중요한 역할을 하였다. 토템의 핵심적 역할은 그들 부족의 정체성과 다른 사람의 정체성을 결정하는 것이었다. 토템 체계는 인간과 자연, 인간의 행위 등 모든 분류 체계의 축을 형성하기까지 하였다. 고대 원시인들의 세계관에서 가장 중요한 것은 인간이냐 동물이냐, 사회냐 자연이냐가 아니라, 어떤 토템을 모시느냐 하는 것이었다. 같은 토템적인 공간에 거주하는 구성원들은 사람, 동물, 식물은 모두 공감적 연속체에 의해 연결되어 있는 혈연이라고 믿었다.

예를 들면, 곰을 토템으로 모시는 부족은 곰은 자신들의 혈연이자 친족이지만, 원숭이를 토템으로 섬기는 부족은 인간일지라도 그들과 비혈연적인 관계로 보았을 뿐만 아니라 저급한 존재로 간주하였다. 때문에 곰의 고기를 먹는 것은 일종의 식인과 같은 불경스러운 터부였다. 이를 어길 경우에는 엄한 징벌을 가했다. 하지만 원숭이를 토템으로 모시는 부족을 잡아먹는 것은 현대 세계에서는 식인으로 비난을 받지만 그들에게는 별 문제가 되지 않았다.

세계인의 정신적 멘토였던 테레사 수녀는 "인도는 힌두교의 나라이므로 나는 인도인을 도울 수는 없습니다"라고 말한 적이 한 번도 없었다. 우리는 너무도 편협적일 때가 많다. 바울이 개종 후에 생명을 걸고 허물었던 선민사상의 잔재가 있다. 우리가 기억해야 할 것은 우리가 하나님 편에 더 가까이 있다는 의미는 하나님이 가장 소중하게 여기시는 생명을 사랑하는 일에 더 가까이 가는 것이다. '생명'의 의미를 진실로 아는 사람은 생명 그 자체를 사랑하지 그 생명의 모양과 색깔을 보고 사랑하지 않는다.

하나님의 피조 세계와의 관계

하나님은 우리에게 정말 아름다운 친구를 주셨다. 바로 자연이다. 하나님이 우리에게 주신 세 권의 책이 있다. 성경과 마음과 자연이다. '자연의 책'은 많은 사람들에게 영성 '교과서'이다. 그것은 세상에서 우리의 삶에 많은 도움을 준다. 또한 그리스도인들에게는 삶과 세계를 초월하는 심오한 하나님 경험의 원천으로서 '성경'과 함께 도움을 준다.

자연과의 이러한 직접적 경험에서 나온 영성은 성 프란시스의 『태양의 노래』(Canticle of Brother Sun)에서부터 데이야르 드 샤르뎅의 『우주의 찬가』(Hymn of the Universe)까지 폭넓은 글들에서 나타난다. 더글라스 버튼-크리스티(Douglas Burton-Christie)는 '자연 문학'(nature-writing)이라는 장르를 통하여 자연을 통한 인간의 영적 관계 경험을 세 가지로 표현하고 있다. 그것은 자연을 통한 성령과의 신령한 만남(유념적 영성, a kataphatic spirituality), 자연의 신적 원천과의 신비한 연합(무념적 영성, an apophatic spirituality), 공동체로서 자연과의 연합(관계적 영성)이다.[33]

우리는 자연에서 하나님의 질서와 메시지를 볼 수 있고 들을 수 있다. 하나님의 피조 세계는 하나님의 언어를 가지고 있다. 때문에 우리는 피조 세계에 나타난 하나님의 언어를 통해서도 대화할 수 있어야 한다. 하나님의 구속의 드라마에는 인류만이 아니라 모든 피조 세계도 함께 들어 있다.

바울은 "그의 십자가의 피로 화평을 이루사 만물 곧 땅에 있는 것들이나 하늘에 있는 것들이 그로 말미암아 자기와 화목하게 되기를 기뻐하심이라"(골 1:20)고 하였다. 하나님이 창조하신 온 땅에 있는 존재를 사랑하는 것은 하나님의 뜻일 뿐만 아니라 예수님의 화목케하는 사역에 참여하는 것이다. 우리는 피조 세계와 관계에서 서로 친구로서 돌보는 자로서, 사랑하는 자로서 건강한 관계를 유지해야 한다. 레너드 스윗은 우리와 자연과의 관계를 '나무'를 통하여 뜻깊은 의미를 제공 하였다.

나무에는 깊은 신학적 의미가 있다. 나무는 땅에서 나와 세상에 양식과 집을 주고 산소를 공급하고 약을 제공해 준다. 나무 한 그루를 심고 물을 주고 보살필 때는 당신은 그 나무와의 관계를 시작하는 것이다. 나무는 친구가 된다. 물론 당신의 배우자나 단짝 친구 같지는 않지만 그래도 친구는 친구다.

당신은 하나님의 피조 세계 중 이 부분―우리를 이토록 후하게 부양하는 나무라는 생명줄―과의 관계가 어떠한가? 그리스도인들이 감투나 재물을 숭배하는 사람들보다 나무를 숭배하는 사람들을 더 문제시하는 듯한 이유는 대체 무엇인가? 예수님은 관계의 신비 중 하나인 나선형에 우리의 주의를 끄셨다. 우리는 '밖으로' 나감으로써 자기 '안으로' 들어간다. '자기를 찾으려면' 어떻게 해야 하는가? 예수님은 타자 안에서 '자기를 잃으라'고 하신다. '타자'란 사람일 수도 있지만 장소일 수도 있다.

하나님과의 친밀함은 부분적으로 우리와 자연계의 교류 속에 즉 하나님의 피조 세계와의 교류 속에 있다. 예수님은 이 나선형의 신비를 삶으로 보이셨다. 그분이 즐겨 찾으신 신성한 장소들이었다.

예수님은 하나님과의 관계를 든든히 지키기 위해 산과 광야와 호수와 바다가 필요했다. 그분이 가장 좋아하신 기도 처소는? 광야와 동산이라는 양극단이었다.[34]

하나님이 창조한 피조 세계와의 바른 관계는 '우리가 무엇을 할 수 있는가'(what we can do)에 의해서라기보다는 '우리가 무엇을 해야 하는가'(what we should do)에 의해서 성립되어져야 한다. 우리가 피조 세계와의 관계에서 해야 할 일은 친구처럼 함께하고 돌보는 것이다. 궁극적으로 우리의 평온함과 안정은 오직 피조 세계의 평화와 안정이 보증될 때에만 가능하다.

성 보나벤트라(ST. Bonaventura)가 비교한 흔적과 형상의 개념이 피조 세계와 우리의 관계를 이해하는 데 도움을 준다. 모든 피조물은 하나님의 흔적을 지니고 있지만, 하나님의 형상이나 '뚜렷한 모양'을 지닌 존재는 인간뿐이다.[35] 그러나 우리가 자연을 하나의 객체(object)로 보아서는 안 된다. 주체(subject)로 대해야 한다. 다시 말하면, 자연을 통치의 대상이나 객체로 보지 않고 돌봄과 사랑의 대상으로 보아야 한다. 자연과의 관계에서 교만한 눈은 자연을 단지 객체로 인식하지만,[36] 사랑의 눈은 자연을 주체로 인식한다.[37]

하나님은 세계를 '무로부터'(ex nihilo) 창조하였다. 라틴어 어구인 'ex nihilo'는 '무로부터'(out of nothing)라는 뜻으로 창조론을 시작할 때 자주 사용되는 용어다. 여기에는 중요한 의미가 내포되어 있다. 하나는 하나님이 '무로부터' 세계를 창조였다는 것은 세계는 하나님의 아름다움과 영광을 반영한다. 세계가 하나님과 구별되는 실재라 할지라도 이 세계는 하나님의 속성을 반영한다.

다른 하나는 하나님에 의해 세계가 '무로부터' 창조되었다는 것은 "인간과 비인간 사이에는 하나님의 은혜만이 극복할 수 있는 무로부터(ex nihilo)가 있다"는 것을 말한다.[38] 인간과 자연은 하나님의 은혜가 필요한 존재이다. 여기서 말하는 하나님의 은혜는 초월적이기도 하지만(God beyond the world), 세계 안에서(God in the world), 세계를 통해서(God through the world), 세계와 함께(God with the world) 하는 은혜이다. 세계는 하나님의 은혜의 방편이요 장이다. 그러므로 자연은 인간과 동료일 뿐만 아니라 하나님의 흔적을 볼 수 있는 친구요 하나님의 은혜를 경험할 수 있는 거룩한 장이다. 세상은 하나님의 장엄으로 가득 차 있다. 하나님을 체험하는 길은 우리 주변에 펼쳐져 있다. 세계는 신비감을 유발하는 것들로 가득하다.

『제3의 물결』의 저자 앨빈 토플러가 밤 11시가 넘도록 공부하는 한국학생들을 보면서 매우 안타까워했다고 한다. 진정한 배움의 의미를 말하고 싶었기 때문일 것이다. 삶과 자연 세계에 대한 다양한 경험이 결여된 교육은 폭 넓은 시야를 키우는 것을 더디게 하기 때문이었을 것이다. 예수 그리스도의 삶과 정신은 예루살렘 한 가운데서만 나오지 않았다. 갈릴리 바다와 산과 들 그리고 요단강과 광야와 같은 하나님의 자연 세계와 더불어 심화되었다.

상징물과 예술품, 즉 사물과의 관계

인간은 아름다운 것들을 만들 수 있으며 또한 감상할 수도 있도록 창조되었다. 인간은 주체적으로 아름다운 것들을 만들고 객체적으로 그것들을 감상하며 관계를 맺도록 창조되었다는 말이다. 이러한 활동은 영적인 활동이며 예술품들과의 관계는 영적인 관계라는 말이다. 알레얀드로 가르시아-리베라(Alejandro Garcia-Rivera)는 그 이유를 다음과 같이 잘 서술하고 있다.

> 아름다움(beauty)과 신(the divine) 사이에는 본질적인 관계가 있다. 기독교 교회 역사 초기에 신학자들은 아름다움(Beauty)은 하나님의 다른 이름이라고 제안했다. 그렇게 하면서 신학자들은 아름다움(beauty)과 아름다운 것(the beautiful) 사이에 암시적으로 구분을 지었다. 아름다움이 하나님의 다른 이름인 반면, 아름다운 것은 신적 아름다움에 대한 인간의 경험이다.
>
> 그러면 아름다운 것을 이야기하는 것은 신을 이야기 하는 것일 뿐만 아니라 인류의 영적 본성을 이야기하는 것을 말한다. 영적 본성은 서로 연결된 두 개의 차원이 있다. 그러면 아름다움이 신이라면, 이에 대한 인간의 경험은 하나님을 경험할 수 있는 인간의 능력뿐만 아니라 아름다운 작품을 만들 수 있는 인간의 능력에 영적인 기초가 있다는 말이다. 다시 말하면, 미학의 영적 차원은 신적 아름다움을 경험할 수 있는 인간의 내적 능력뿐만 아니라 아름다운 작품을 만드는 명백한 인간의 활동에 있다.[39]

그리스인들은 일찍이 이것을 알고 있었다. 그들에게는 아름다움에 관하여 두 가지 단어를 가지고 있었다. 하나는 명사 아름다움(kallos)이고 다른 하나는 형용사 아름다운(to kalon)이다. 전자는 "부르다"라는 어원을 가고 있으며, 후자는 "부름 받은 자"로 번역할 수 있다. 다시 말하면, 이 두 가지 단어를 사용함으로써 "직관적으로 그들은 아름다움의 경험은 객관적인 외면성과 친밀한 내면성, 매력적인 타자와 주관적인 심리작용, 초대와 응답 사이에 있는 일종의 연합 활동과 관련 있다는 것을 파악했다."[40] 그리스인들의 이해는 인간과 예술품과의 관계 사이에는 종교적이고 영적인 면이 있다고 우리의 이해의 지평을 넓혀준다.

플라톤은 영원한 아름다움(Eternal Beauty)을 순수형상 혹은 이데아와 동일시하면서, 아름다움과 아름다운 것을 구분한다. 플라톤은 자연이 영원한 절대적 아름다움을 모방한 것이라면, 미술품은 자연을 모방한 것으로 본다. 따라서 예술품에 대한 그의 견해는 "모조품 중의 모조품"이라는 말로 대표된다. 다시 말하면, 인간은 단지 진정한 아름다움을 모방한 감각적 형상들의 아름다운 것만을 경험할 수 있다고 하면서, 아름다움에 대한 인간의 경험을 평가절하한다.[41] 즉 "부름 받은 자"로서의 아름다움에 대한 영적 경험의 차원은 거의 언급하지 않는다.

한편, 아리스토텔레스도 미술품이 자연을 모방한 것이라고 보는 면에서는 플라톤과 같다. 플라톤이 형상을 절대적인 것(Form), 즉 경험을 초월하는 것으로 본 반면, 아리스토텔레스는 형상을 소문자

(form)로 사용하면서 인간의 경험의 본질로 이해했다.[42] 즉 아리스토텔레스는 인간에게 자연이 만든 작품에서 아직 인지되지 않은 그 가능성을 상상할 수 있는 능력이 있다고 보았다. 다시 말하면, 예술작품이 비록 만들어진 것이라도 그것을 통해 실재의 아름다움을 탐구할 수 있다는 것이다.

플라톤과 아리스토텔레스는 모두 예술품과의 관계에서 카타르시스를 중요한 요소로 꼽고 있다. 특히 플라톤은 『국가론』에서 그것을 "나쁜 것은 제거하고 좋은 것을 남기는" 데 이르는 것이라고 요약한다. 관객은 예술적으로 상상한 세계에서 배우의 도덕적 혹은 이타적인 특징에 대하여 반응하면서 풍부하고 심오한 감정을 경험한다. 이 반응은 감동적이지만 지성과 철학적 통찰을 통해 얻어진 감동이다. 예술 작품을 통해서도 이와 같은 카타르시스적 감동을 경험한다. 예술품과의 카타르시스적 감동에 대한 이 설명은 "부른 자와 부름을 받은 자 간의 영적 연합의 종교적 경험, 즉 그리스어로 아름다움(*kallos*)과 아름다운 것(*to kalon*)으로 표시되는 경험에 잘 부합한다."[43]

플라톤과 아리스토텔레스는 기독교 역사에서 초대와 중세를 거쳐 근대에 이르기까지 인간과 예술품과의 관계를 이해하는 데 큰 영향을 미쳤다. 특히 이들의 사상은 성상파괴주의자들과 성상숭배주의자들의 "우상을 만들지 말라"는 계명을 중심으로 한 논쟁에 철학적 기초를 제공했다.[44] 이미지와 원형 간의 관계에 대한 논쟁이 기독교 역사에서 예술품을 파괴하는 결과를 가져오게 되었다. 성상파괴자들은 이미지는 단지 그림자일뿐이라는 플라톤의 철학 사상에 기초하여, 예술품은 영원하고 신성한 존재의 모조품일 뿐이며, 영원한 형상은 감각적 형상에 의해서 적절하게 표현될 수 없다고 보았다.

기독교 역사에서 예술에 대한 잘못된 이해를 낳았던 성상파괴자들은 예술품을 파괴하고, 생명이 없는 것은 무의미하게 여겼다. 특별히 종교개혁자들은 기본적으로 성상과 성화에 대해 긍정적이지 않았다. 그들은 그리스도를 가르치는 성경 말씀을 통해서만이 하나님을 만날 수 있으며 캔버스 위에 그려진 그림이나 돌조각은 같은 역할을 할 수 없다고 강조하였다. 일부 종교개혁자들은 중세 말에 나타난 오류들이 다시 등장하는 것을 예방하기 위해 극단적으로 대처하기도 하였다. 그 대표적인 예가 츠빙글리이다. 그는 스위스 취리히 시내에 있던 모든 교회 장식을 없애버리고 교회 벽을 하얗게 칠해 버렸다.

성상이 숭배의 대상이 될 수 있다는 점은 성상파괴주의자들과 성상숭배자들 간의 논쟁의 중심에 있다. 물론 성상 자체가 숭배의 대상이 될 수 있고 그것은 미신적인 신앙을 부추기는 근거가 될 수 있다. 성경에서는 분명히 모든 형상을 숭배하는 것을 금하고 있다(출 20:3-4). 그리고 그것은 이러한 논쟁의 핵심에 있다. 그러나 정확히 말하면 하나님의 형상을 새기는 것이 금지되었지, 하나님 경험을 표현하는 것이 금지된 것은 아니었다. 성경에는 새긴 형상을 만들지 말라는 계명도 있지만, 출애굽기에서는 마치 동방교회의 성상처럼 이스라엘에게 하나님의 존재에 접근하도록 하는 것처럼 계약의 궤를 짓는 방법에 대한 세밀한 지시사항을 계속 언급한다. 위대한 구약성상학자 오쓰마 킬(Othmar Keel)은 이와 같은 접근 가능한 어떤 것이 없이는 "하나님과 이스라엘(그리고 하나님과 이스라엘 백성 개인) 간에 존재하는 교감은 생각도 할 수 없을 것이다"라고 하였다.[45]

종교 예술 작품이나 성상은 확실히 역사적 예술적 가치를 지닌다. 중세시대의 고딕 양식과 스테인드글라스의 풍부한 표현력은 토마스 아퀴나스와 어거스틴 등과 같은 학자들에 의해서 천국의 문으로 인도하는 영적 안목을 주는 것이라고 찬사를 받아 왔다. 그레고리 대제는 예술 작품을 숭배하는 것과 예술 작품에 표현된 것에서 배울 수 있는 것과는 다르다는 것을 확실히 하였다. 그래서 그는 예술 작품은 글을 모르는 사람들에게는 책과 같은 역할을 한다고 하면서 그 영적 가치를 인정했다. 종교 예술품이나 성상은 성경 이야기를 전달하고 영적 감동을 일으키는 도구로 그리고 성경의 이야기를 기억하게 하는 역할을 할 수 있다.

카타콤의 벽화그림, 고대 그리스도인들의 석관 조각예술과 같이 옛날부터 기독교인들은 성경 이야기를 그림으로 표현해 왔다. 성경에는 평범한 사물을 통하여 하나님의 뜻과 목적을 구현해 주는 힘으로 작용되는 사례가 많다. 유발의 수금과 퉁소,[46] 나봇의 포도원, 삼손의 머리털, 발람의 나귀, 모세의 지팡이, 요셉의 채색 옷, 다윗의 물맷돌, 나만의 강물, 이사야의 굵은 베옷과 신발, 예수님의 포도주, 예수님의 오병이어, 예수님의 떡과 포도주, 등은 기독교 전통 전체의 여정을 빚어냈다. 음악은 성경과 기독교에서 결코 간과할 수 없는 지대한 역할을 해 왔다. 예수님도 거리에서 노는 어린이들의 유희를 관심 있게 보았기 때문에 바리새인들의 비난을 반박하면서 아이들의 춤, 놀이에 관해 이야기하였다(눅 7:32).

기독교 예술은 예술품으로서의 가치 그 이상이다. 기독교 예술품들은 불가분하게 감각적이지만 단순한 이미지나 표상 그 이상이다. 그것으로 감동시키고 그것을 통해 감동받는, 신적 아름다움을 표현하고 그것을 아름답다고 보는 종교적이고 영적인 가치가 있다. 그것은 아름다움과 아름다운 것의 관계, 즉 마치 부르는 자와 부름을 받은 자와의 관계와 같은 그런 것이다. 중세의 한 유명한 학자 위-디오니시우스는 "비유적 상상력"이라는 개념을 사용하여 이러한 경험을 "천국의 문" 앞에 서 있는 경험, 혹은 "우리와 함께하는 천국"의 경험으로 비유했다.[47]

근세로 들어오면서 학자들은 예술을 창조한 예술가의 소명(calling) 혹은 창조성을 중요하게 조명한다. 유한한 사물이나 예술품에서 느끼는 감정과 거기에서 무한성을 찾는 숭고함에는 차이점이 있다. 칸트는 후자와 같은 것을 숭고함을 충분히 이해할 수 있는 '창조성'으로 보았다.[48] 다시 말하면 예술품과 같은 유한한 아름다움은 우리 안에 있는 무한성을 감지할 수 있는 초감각적 기능을 일깨운다는 말이다. 그러한 의미에서 예술품을 만들며 감상하는 것은 우리 안에 있는 영원성, 무한성에 접근하고자 하는 중요한 영적 활동이다.

요한복음 3:16의 "하나님이 세상을 이처럼 사랑하사 독생자를 주셨으니"에서 '세상'이라는 단어는 헬라어 '코스모스'(cosmos)다. 여기서 '코스모스'라는 단어에는 '세상' 또는 '우주'라는 뜻만이 아니라 '꾸

밈' 또는 '장식'이라는 뜻도 있다. 예술은 단순한 물체가 아니라 하나님 자신의 아름다움과 하나님이 지으시고 아끼시는 아름다움을 반사해 주는 아름다운 것들이다. 아름다움을 추구하는 예술은 본질적으로 하나님께 속한 것이며 하나님의 선물이다. 세상의 아름다움의 초월적 차원은 그 아름다움이 하나님의 영광임을 깨닫는 것이다. 하나님의 영광은 하나님의 우리를 향한 사랑을 통하여 표현된다. 그러한 사랑은 하나님께서 그의 영광을 밖으로 비추기 위하여 세상의 문화적 형상을 취하신 미학에서 나타난다.

그러므로 "아름다움은 장식품에 불과하고 없어도 된다는 가설은 영혼에 필요한 것을 제공해 주는 일이 얼마나 중요한지 이해하지 못함을 드러낸다. 영혼은 아름다움 때문에 자란다."[49] 하나님의 미학에 속하는 아름다움을 추구하지 않는 것은 하나님에 대한 모욕이기도 하다. 하지만 하나님의 미학이 세상의 거짓 미학과 크게 다름을 잊지 말아야 한다.

기독교에서 말하는 아름다움은 다른 사람의 발을 씻는 불결함, 나병환자를 만지는 모험, 감옥의 불편함, 돌을 맞는 모욕, 십자가까지도 포함 된다. "초월적 성질의 아름다움은 안에서부터 그것들을 깨뜨려서 하나님의 영광이 우리를 붙잡고 기쁘게 하기 위하여 사용하는 바로 그 형상이다. 그러한 형상의 모든 모델은 예수 그리스도의 궁극적 형상이다."[50]

제 3 부

멘토링 커뮤니케이션

제 7 장　멘토링과 언어
제 8 장　멘토링과 대화
제 9 장　멘토링과 경청
제 10 장　멘토링과 질문
제 11 장　멘토과 그림 언어
제 12 장　멘토링과 이야기

Mentoring for Care of Soul

제 7 장

멘토링과 언어
Mentoring and Language

언어의 길은 삶의 길이다

인간은 대화를 통해 언어를 주고받으며 다른 사람의 의식 내용이나 행위방식을 변화시키며, 자신의 모습도 변화하고 발전해 간다. 인간은 의사소통의 교화성 때문에 교육도 가능해지고, 사회적 삶에서 다른 사람과의 대화를 통해 우리의 행위가 정교하고 섬세해지며, 깊이를 갖게 되면서 정신적 차원을 지닐 수 있게 된다. 우리는 대화 활동을 통해 배우고 영향을 주고받는다. 이런 점에서 대화는 윤리적이고 교육적인 활동이기도 하다. 우리는 언어를 주고받으면서 얼굴의 표정, 몸짓, 행동, 삶의 방식 등을 섬세하고 정교하게 조각해 나간다. 일상의 삶에서 우리는 언어 행위를 교환하면서 서로의 정신과 정서와 행위에 영향을 주고받는다. 때문에 우리의 언어의 길은 우리의 삶의 길을 만든다. 언어는 우리의 삶의 길, 즉 생각, 정서, 느낌의 흐름에 인도하는 길이며, 행동을 위한 길이기도 하다.

공통의 언어로 소통한다는 것은 같은 문법이나 어휘를 사용하고 있다는 것 이상을 의미한다. 이는 곧 공동의 생활 세계를 구축해 가는 일이다. 인간 공동체는 본질적으로 언어 공동체이다. 언어 기제가 문제가 될 때 우리의 삶과 행위는 혼돈에 빠지고, 나아가 우리의 생활 세계 자체가 와해되어 버린다. 언어 없이 정상적인 삶이 영위될 수 없다.

인간의 신경 상태는 언어 능력의 생물학적 기반으로 인과적 영향력을 발휘하지만, 역으로 언어적 활동은 신경 상태의 변화를 가져올 수 있다. 유아기의 언어 습득과 언어적 활동은 신경세포의 재배치, 발달, 연결망의 확대 등에 영향을 준다. 이것은 언어를 배운 아동과 배우지 못한 아동을 비교해 보면 알 수 있다. 가령 언어를 배우지 못하고 인간 사회생활에 적응하지 못하여 다시 정글로 돌아간 늑대 소년의 이야기를 보면 언어의 중요성을 확실히 알 수 알 수 있다.

언어는 우리의 역사를 창조한다

성경처럼 말의 중요성을 가르치는 책도 없을 것이다. 성경에는 말에 대한 중요한 교훈들로 가득하다. "죽고 사는 것이 혀의 권세에 달렸나니 혀를 쓰기 좋아하는 자는 그 열매를 먹으리라"(잠 18:21). "사람은 입에서 나오는 열매로 하여 배가 부르게 되나니 곧 그 입술에서 나는 것으로 하여 만족하게 되느니라"(잠 18:20). "근심이 사람의 마음에 있으면 그것으로 번뇌케 하나 선한 말은 그것을 즐겁게 하느니라"(잠 12:25). "선한 말은 꿀 송이 같아서 마음에 달고 뼈에 양약이 되느니라"(잠 16:24). "네 말로 의롭다 함을 받고 네 말로 정죄함을 받으리라"(마 12:37). "그러므로 생명을 사랑하고 좋은 날 보기를 원하는 자는 혀를 금하여 악한 말을 그치며 그 입술로 궤휼을 말하지 말고 악에서 떠나 선을 행하고 화평을 구하여 좇으라"(벧전 3:10-11).

다윗은 "저희가 칼같이 자기 혀를 연마하며 화살 같이 독한 말로 겨누고"(시 64:3)라며 자기를 향한 독한 말들을 괴로워하였다. 욥도 자기를 정죄하고 비난하는 말을 하는 친구를 향해 "네가 어느 때까지 이런 말을 하겠으며 어느 때까지 네 입의 말이 광풍과 같겠는가"(욥 8:2)라고 하며 아파하였다. 욥을 슬프게 하고 좌절하게 하는 것은 그가 당한 고통 자체보다도 사람들의 말이었다. 모로코 속담에 "말이 입힌 상처는 칼이 입힌 상처보다 더 깊다"라는 말이 있듯이 사람의 입에서 나오는 말이 사람을 행복하게 하는가 하면 사람에게 가장 큰 고통을 주기도 한다.

우리는 인생을 살아오면서 불행했던 순간과 행복했던 순간을 되돌아볼 때가 있다. 우리를 아껴주고 사랑해 주었던 할머니, 어머니, 아내, 친구들을 생각해 볼 때가 많다. 행복과 불행의 이미지를 떠올리는 과정에서 남는 것은 사람들의 언어이다. 사람의 마음이 병들면 여러 가지 크고 작은 병리현상들이 나타난다. 두려움, 불안, 초조, 분노, 우울, 신경과민, 자기 비하, 부끄러움, 열등감, 자기방어, 불신, 죄책감, 결벽증, 무기력증 등이다. 이런 마음의 병들은 '죽음의 언어'의 산물이기도 하다. '죽음의 언어'는 모함, 공격, 정죄, 비판, 원망하는 언어이다.

우리의 말은 사람의 마음을 병들게 할 수도 있고, 병든 마음을 치유할 수도 있는 힘을 가지고 있다. 그래서 성경은 "이것[혀]으로 우리가 주 아버지를 찬송하고 또 이것으로 하나님의 형상대로 지음을 받은 사람을 저주하나니 한 입으로 찬송과 저주가 나는도다 내 형제들아 이것이 마땅치 아니하니라"(약 3:9-10)라고 말한다. 언어의 중요성을 강조하고 있다. 한 입으로 하나님의 형상대로 지음 받은 사람에게 파멸과 고통과 마음을 병들게 하는 죽음의 언어를 내놓기도 하고, 사람을 살리고 치유하는 생명의 언어를 내어놓기도 한다.

우리의 입은 사람을 병들게 하고 고통을 주는 말이 아니라 생명을 살리고, 내면의 상처를 치유하는 치유의 언어가 필요하다. 성경은 "미련한 자의 입은 그의 멸망이 되고 그 입술은 그의 영혼의 그물이 되느니라"(잠 18:7)라고 한다. 나의 말이 나의 멸망을 부르고 나의 영혼을 묶는 그물이 되기도 하기 때문이다. 잠언 12:14에는 "사람은 입의 열매로 인하여 복록을 누리거니와"라고 하였다.

마가복음 11:12-23은 말의 중요성에 대한 실물교육을 담고 있다. 예수님이 제자들과 아침 일찍 예루살렘 성전으로 올라가는 길에 무화과나무에게 다가가서, "이제부터 영원토록 사람이 네게서 열매를 따먹지 못하리니"라고 말한다(막 11:14). 우리는 예수님의 말의 행위에 주목할 필요가 있다. 우리는 보통 예수님이 무화과나무를 향해서 영원토록 열매를 맺지 못할 것이라고 말한 이유는 무화과나무가 열매를 맺지 못했기 때문이라고 생각하는 경향이 있다. 하지만 예수님이 말의 중요성에 대해서 실물교육을 하신 것이다. 열매 맺는 삶에 대한 실물교육이 아니다. 분명히 예수님은 무화과나무가 열매 맺는 때가 아니라는 것을 알았다. "잎사귀 외에 아무것도 없더라 이는 무화과의 때가 아님이라"(막 11:13). 이는 예수님은 무화과나무를 통해 제자들을 향해 무엇인가를 말하고자 의도하신 행위라는 것을 암시한다. 이 일 후에 예수님은 제자들과 예루살렘 성전에 올라갔다 내려오던 길에 무화과나무가 뿌리부터 말라있는 것을 보고 베드로가 말한다. "랍비여 보소서 저주하신 무화과나무가 말랐나이다"(막 11:21). 그때 예수님이 "이 나무는 열매가 없어서 저주받았다. 그러니 너희도 열매 없으면 저주 받는다"라고 말하지 않았다. 왜냐하면 예수님의 목적은 제자들에게 말의 영향력을 실물교육하신 것이기 때문이다(마 11:22-23).

그렇다면 왜 예수님은 말의 중요성을 실물교육 하셨을까? 언어는 우리의 내면의 역사를 만든다. 우리 내면의 역사는 다른 사람들의 역사를 기록하게 한다. 그러므로 언어는 나의 세계를 만들고, 우리 가족의 세계를 만들고, 우리 공동체의 역사를 만든다. 기쁨의 역사, 상처의 역사, 감동의 역사, 눈물의 역사의 모든 뒤안길에는 언어가 자리하고 있다. 언어는 이처럼 우리의 삶에서 결정적인 역할을 한다. 예수님이 언어의 중요성에 대해 실물교육을 한 까닭이 이 때문이다. 개인들의 내면에는 무수히 많은 다른 사람들의 흔적이 남아있다. 무수히 많은 사람들의 몸짓과 그들이 던진 목소리는 이미 사라졌지만, 그 몸짓과 목소리의 메시지는 화석과 같은 흔적으로 남아 있다. 우리 내면에는 과거 사람들의 기억, 현재 대화를 나누는 이웃들과의 교감, 앞으로 등장할 미래 사람들에 대한 기대와 예상들이 큰 망처럼 반영되어 있다.

우리의 마음에는 다른 사람의 말들, 언어의 옷을 입고 건네진 타인의 감정, 정서, 느낌, 태도, 행동들, 의식들이 반영되어 상으로 맺혀 있다. 이런 반영들은 축적되는 과정에서 우리는 자기 자신의 방식으로 조정되고 조합되고 결합되어 우리의 내면을 구성한다. 그리고 이는 다시 다른 사람에게 건네지고 수행할 말과 행동의 밑거름이 된다. 우리가 건네는 말들, 행동들, 표현되는 마음들, 나타나는 정서들은 다른 사람의 의식 속으로 스며들어 그들의 일부를 구성한다. '달은 하나지만 천개의 강에 자신의 모습을 비춘다'(월인천강, 月印天江)는 말처럼, 말하는 사람은 하나이지만 그의 말은 무수히 많은 사람들의 내면에 스며들어 갈 수 있다. 우리의 언어는 나와 너 그리고 우리 사회의 집을 건축하는 행위이다. 건강한 말은 우리를 건강하게 만들고 병든 말은 우리를 병들게 한다.

언어의 대화는 심층적인 협동의 길이다

우리는 말의 질서의 실체를 더욱 정확하게 이해할 필요가 있다. 이 질서는 단순히 의사소통의 공간, 언어 질서, 문법, 구문, 규범 체계만을 의미하는 것이 아니다. 이런 공간이나 체계가 가능하기 위해서는 더 심층적인 의미의 질서나 공간이 구축되어야 한다.

대화와 독백의 핵심적인 차이는 단지 두 사람이 말을 주고받고, 혼자서 이야기 하느냐에 있지 않다. 그 차이는 서로의 마음을 반영하고 반향하려 하느냐의 여부에 있다. 대화하는 자는 상대방의 마음을 헤아리면서 말해야 한다. 상대방과 함께 이야기하더라도 상대방의 마음을 헤아리지 않고 말할 때 이는 실질적으로는 독백이라고도 할 수 있다.

대화는 서로를 마음을 지닌 존재로 간주하지만 독백하는 자는 상대방의 반향을 기대하지 않는 벽으로 간주한다. 진정한 대화는 화자도 청자가 자신의 말을 알아들을 수 있도록 최대한 노력해야 하고, 청자도 최대한 정확히 화자의 의도를 파악하고자 노력해야 한다.

이런 노력의 과정에서 발언의 정황의 상황이나 서로의 행위 등을 단서로 화자는 자신의 말을, 청자는 자신의 해석을 조정하여 의사소통이 성공할 수 있을 것이다. 해석 활동이 화자와 청자로 하여금 서로의 믿음 체계를 투사하고 반영하게 하여 일치시킬 수밖에 없는 이유는 그것이 심층적인 의미에서 협동적인 작업이기 때문이다.

무의식의 언어는 상징 언어이다

우리의 언어 세계는 말의 세계보다 광활한 세계가 있다. 어조와 얼굴 표정과 몸동작 그리고 꿈의 언어 등이다. 우리의 언어나 말은 의식 세계 뿐만 아니라 무의식 세계와도 밀접하게 관련되어 일어난다. 인간의 정신은 의식과 무의식 세계로 구성되어 있다. 일반적으로 우리는 무의식 세계보다 의식의 세계에 더 의존하고 있는 것으로 생각한다.

그러나 한 연구 결과에 따르면 우리는 전체 정신의 90퍼센트를 무의식 상태로 사용하고 단지 10퍼센트만을 의식 상태에서 사용한다. 이처럼 무의식은 우리 정신 세계에서 아주 많은 영역을 지배하고 있을 뿐만 아니라 아주 중요한 역할을 하고 있다. 우리는 하루의 시간 중 약 90퍼센트, 즉 하루 24시간에서 21시간가량을 무의식 상태로 보낸다.[1] 무의식 세계는 우리의 언어 세계와 밀접하게 관련되어 있다. 우리는 무의식적으로 생각하고 느끼고 말하고 행동하는 경우가 많다.

무의식은 꿈을 통해서 상징적인 언어를 가지고 의식과 만나려고 하며 의식을 도와주려고 한다. 꿈은 무의식의 언어이다. 꿈은 헤아릴 수 없는 가치를 가지고 있다. 꿈은 인간의 내적 안내자로서 인간이 가지고 있는 위대한 보물 가운데 하나다. 프로이드는 꿈의 이미지들을 단지 해독되어야 하는 뒤엉킨 암호들이라고 여긴 반면, 융은 꿈은 상징이라는 풍성한 언어를 통해 명백하게 말한다고 믿었다. 인간의 심리는 신체적으로도 여러 가지 다른 방식으로 자신의 의사를 표현하고 있지만 특별히 상징이라고 하는 언어를 모국어로 하고 있다. 융은 상징을 가리켜서 '영혼의 기관'이라고 불렀다.[2] 꿈이란 무의식의 표현으로서 상징의 일부를 이루고 있다.

우리는 꿈을 통해 다니엘이 우리 "마음의 생각들"(단 2:30)이라고 부른 것에는 여러 의미들이 내포되어 있다. 꿈은 광대한 영적 가능성의 근거이자 우리의 언어 세계와 삶에 광활한 의미를 제공해 준다.[3] 무의식의 언어인 꿈은 다음과 같이 3가지 요소와 관련되어 발생한다.

첫째, 꿈은 우리의 몸과 유기체적으로 관계되어 꿈의 언어를 발산한다. 토마스 아퀴나스는 사람이 과식을 하게 되면 간에 나쁜 영향을 주게 되고, 그 결과 뇌에 자극적인 액체(humors)를 보냄으로 나쁜 꿈을 꾸게 된다고 생각하였다.[4] 꿈을 하나의 생리적인 현상으로 이해한 것이다. 우리는 실제적으로 이런 경험을 삶 속에서 하게 된다.

한 조사 연구에서 건강한 사람들을 대상으로 음식과 나쁜 꿈의 관계를 살펴보았다.[5] 그 연구에 의하면, 매운 음식과 꿈의 관계성에 대한 연구에서 매운 음식을 많이 먹은 사람들은 숙면을 취하지 못하였다. 매운 음식은 몸의 온도가 올라가게 하여 숙면을 취하지 못하게 하였다. 특히 잠자기 바로 전에 매운 음식을 먹었을 때는 몸이 활성화되기 시작하면서 나쁜 꿈을 꾸는 경우가 많았다. 질이 좋지 않은 기름진 음식을 많이 섭취한 경우도 숙면을 취하지 못하고 많은 꿈을 꾸는 현상이 발생하였다.

많은 알코올을 섭취하는 경우에는 잠은 쉽게 들지만 오랫동안 숙면을 취하지 못하게 하여 나쁜 꿈을 꾸는 경우도 많았다. 항 우울제와 같은 약을 복용하는 경우도 숙면을 취하지 못하고 꿈을 자주 꾸는 경우가 많았다. 우리가 늦은 밤에 과식을 하고 자게 되면 숙면을 취하지 못하고 꿈을 더 많이 꾸게 되고 꿈을 기억하게 된다. 우리가 육체적으로 피곤하면 잠을 깊게 자지만 몸의 건강이 좋지 않을 때는 숙면을 취하지 못하고 꿈을 더 많이 꾸게 된다. 이러한 예는 우리의 몸의 상태와 꿈은 밀접하게 관련되어 있다는 것을 보여 준다. 우리의 무의식은 꿈의 언어를 통해 우리의 몸의 상태를 알려 주기도 한다. 무의식의 언어인 꿈은 우리를 지키는 파수꾼이다.

둘째, 우리의 꿈은 하나님과의 대화의 통로이기도 하다. 성경에서 꿈은 요셉과 박사들에게 아기 예수의 생명의 위협을 알리는 급박한 일을 위해서는 직설법적 형태로 나타나기도 하지만 간접적인 형태로 나타나기도 한다. 바울은 꿈속에서 자신을 부르는 마게도니아인을 만나고 선교 여행의 행로를 바꾸게 된다. 이 일은 기독교가 유럽으로 먼저 전파되게 되는 중요한 계기가 되었다. 꿈은 하나님께서 인간에게 자신의 뜻을 알리는 방법들 중의 하나로 나타나고 있다.

대표적인 예가 솔로몬이 꿈속에서 하나님과 대화한 경우다. 솔로몬이 "기브온에서 밤에 여호와께서 솔로몬의 꿈에 나타나시니라 하나님이 이르시되 내가 네게 무엇을 줄꼬 너는 구하라"(왕상 3:5)라는 경우이다. 솔로몬은 의식의 세계가 아닌 무의식의 세계를 통해 하나님과 소통하였다. 성경에서 꿈은 인간을 돌보시는 하나님의 은혜의 방편으로 등장한다.

　꿈은 기독교 역사에서도 중요한 관심의 대상이었다. 초대 교회 교부들과 기독교 역사에 중요한 영향을 끼친 학자들도 꿈에 많은 관심을 가지고 영적 삶을 위한 중요한 방편으로 여겼다. 제3세기 알렉산드리아의 오리겐(Origen)은 성경적 관찰을 통해서 꿈을 하나님의 계시의 한 방편으로 보았다. 북아프리카의 유명한 사상가 터툴리안(Tertullian)은 꿈을 매우 중요하게 여겼다. 그는 그의 책『아니마』(The Anima)에서 꿈에 대해 기록하고 있다. 그는 아이들이 꿈을 꿀 때 눈동자가 빠르게 움직이는 것을 관찰해 냈다. 현대 과학자들에 의해 최근에야 발견된 것을 터툴리안은 이미 3세기에 관심을 가지고 관찰하여 기록하였다. 터툴리안은 꿈은 하나님께서 사람에게 자신의 뜻을 알리는 가장 평범한 방법이라고 여겼다.

　기독교 역사에서 콘스탄틴 대제가 기독교를 공인한 313년은 매우 중요한 해이다. 콘스탄틴 대제가 312년, 기독교가 공인되기 한 해 전, 어느 날 한 비전을 본다. 하늘에 헬라어로 카이(X: Chi)와 로(P: Rho)라는 글자였다. 그는 그 의미가 무엇인지 알 수가 없었다. 밤에 꿈에서 그는 그리스도가 그 상징을 손에 들고 있는 것을 본다. 이 경험으로 인해 그는 기독교로 회심하였고, 300여 년 간의 그리스도인들을 향한 긴 박해를 끝냈다.

　셋째, 우리의 꿈은 우리의 의식 세계와의 교류를 통하여 자기 언어를 발산시킨다. 꿈은 무의식으로부터 온 메시지이다. 프로이드는 무의식은 의식 세계가 거부한 것들을 받아들이는 통으로 보았지만 융은 무의식 세계가 의식 세계로부터 거절된 것들을 받아들이는 기능도 하지만 매우 긍정적인 역할도 하는 것으로 보았다. 융은 먼저 무의식은 치료의 기능을 수행하는 것으로 보았다. 즉, 불안과 불행을 제거하기 위해서 그리고 보다 나은 삶에 이르기 위해서 무엇을 행해야 하는지를 말하는 역할이 있다고 보았다. 융은 무의식의 중요한 기능 가운데 하나는 편향적인 의식 세계를 균형 있게 만드는 것으로 보았다.

예를 들면, 어떤 사람의 의식이 내향적이라면, 그 사람의 무의식은 외향적이다. 만약 어떤 사람의 의식이 감정적인 유형이라면 무의식은 대단히 사고적일 것이다. 우리의 정신은 균형을 이루기 위한 작동 시스템을 가지고 있다. 이는 우리가 식생활에서 지나치게 채소만 섭취할 때 고기를 먹고 싶은 것은 몸이 지방과 단백질이 필요하다고 말하는 것과 같다.

몸이 균형 있는 영양소가 필요하다고 자기의 언어를 발산하는 것처럼 정신 세계도 균형을 이루기 위한 작동 시스템이 작동된다. 일반화 시킬 수는 없지만, 일상생활 속에서 의식을 밖으로 잘 발산하는 외향적인 사람은 잠 속에서 꿈을 덜 꿀 수 있다. 왜냐하면 이런 사람의 무의식은 내향적이기 때문이다. 물론 내향적인 사람이라 할지라도 일상생활 속에서 의식을 많이 쓰게 되면 잠 속에서 꿈을 덜 꾸게 될 수 있다.

우리의 무의식은 거부된 정서들과 욕구들을 수용하는 역할을 한다. 우리의 꿈은 무의식의 거부된 정서들과 욕구들의 언어들을 발산하는 역할을 한다. 그러나 꿈들은 그보다 훨씬 더 광활한 역할을 하는 세계이다. 우리의 무의식은 우리의 마음의 문제, 정서불안, 인간관계 갈등, 경제문제 등 헤아릴 수 없는 원인들을 말해 주는 언어를 가지고 있다. 무의식은 먼저는 우리 안에 잘못된 것들을 치료하는 것뿐만 아니라 우리의 안녕을 목표로 한다. 무의식이 목표로 하는 것은 우리의 인격 발달이다. 무의식은 만약 우리가 겸손히 귀 기울인다면 우리의 꿈을 통해 소중한 언어를 선사해 줄 것이다.[6]

멘토링 과정에서 무의식의 언어를 이해하고 무의식의 언어인 꿈을 이야기하는 것은 멘토와 멘티의 삶과 발달을 위해서 중요한 요소가 될 수 있다. 무의식의 언어인 꿈을 우리가 진지하게 여기며 관심을 가진다면 말할 수 없는 지혜와 보화를 발견할 수 있다.

몸도 자기 언어를 가지고 있다

우리의 언어는 단지 의식 세계와만 관련된 것도 아니다. 우리는 삶 속에서 몸의 언어의 중요성을 알아야 한다. 알프레드 코르지프스키(Alfred Korzybski)는 몸의 언어의 한 예로서 '손가락으로 가리키기'를 들고 있다.

> 그 차이는 너무나 미묘하기 때문에 말로 표현될 수 없다. 따라서 우리는 이 차이를 나타낼 수 있는 다른 방법을 필요로

> 한다. 우리는 이 미묘한 차이를 손가락으로 대상을 가리키면
> 서 다른 손으로 입을 막아 내적 침묵뿐 아니라 외적 침묵을
> 보여 줌으로써 표현할 수 있다.[7]

　이처럼 우리는 말로 표현할 수 없는 것을 몸으로 표현하기도 하고, 때로는 말을 통해 의사를 표현하기보다는 몸을 통해 자기의 뜻을 표현하기도 한다. 우리의 말의 언어가 같은 언어일지라도 수많은 의미들로 표현되고 전달되듯이 몸의 언어도 다양한 의미를 가진다. 코르지프스키가 예로든 가리키는 손가락은 말로 표현할 수 없는 것에 대한 두려움의 뜻일 수 있다. 이 동작은 부모가 자녀를 대하는 것처럼 사람들을 권위로 다루려고 하는 태도를 나타낼 수 있다. 이처럼 몸의 언어의 의미는 사람에 따라 다를 수 있고 문화에 따라 다를 수 있다.

　예를 들면, 2차 세계대전 때에 V자 손가락 표시가 승리를 위한 기원을 의미했다. 하지만 베트남 전쟁 중에는 V자 손가락 표시는 평화를 나타냈다. 한국에서는 무릎을 꿇는 행위는 보편적으로 잘못을 뉘우치거나 사과하는 의미이다. 또한 무릎을 꿇는 행위는 상대방에게 경외심을 표하는 몸의 언어이기도 하다. 몸의 언어는 어떠한 말의 언어보다 강력한 언어로 작용하기도 한다.

　성경에는 몸의 언어가 축복과 관련되어 나타나기도 한다. 구약성경에서 축복한다는 동사의 본래 의미는 '무릎을 꿇다'이다.[8] 역대하 6:13에 보면, "솔로몬이…이스라엘의 회중 앞에서 무릎을 꿇고 하

늘을 향하여 손을 펴고"라고 되어 있다. 여기서 '무릎을 꿇다'의 히브리어 단어는 '바라크'이다. 성경에서 '바라크'는 복의 의미로도 쓰이고 있다. 성경에서 말하는 진정한 복은 '하나님 앞에서 무릎을 꿇는다' 또는 '하나님께 가까이 나아간다'는 의미이다. 이 단어가 하나님과 관련되어 사용될 때에는 '무릎을 꿇고 찬양을 드리다'는 의미이다. 기도할 때 무릎을 꿇는 행위나 눈을 감는 것은 만국 공용어이다.

예수님도 몸의 언어인 안수를 통하여 몸의 언어를 사용하셨다. 특별히 아이들을 축복하면서 말의 언어뿐만 아니라 몸의 언어를 사용하셨다. "사람들이 예수께서 만져 주심을 바라고 어린 아이들을 데리고 오매 제자들이 꾸짖거늘 예수께서 보시고 노하시어 이르시되 어린 아이들이 내게 오는 것을 용납하고 금하지 말라 하나님의 나라가 이런 자의 것이니라…그 어린 아이들을 안고 그들 위에 안수하시고 축복하시니라"(막 13-14, 16). 몸의 언어인 안수는 예수님이 아이들을 축복하시는 매우 중요한 방법이었다.

예수님은 사랑을 전하고자 하실 때 몸의 언어를 사용하였다. 예수님은 어린 아이들에게만 몸의 언어를 사용하였던 것이 아니다. 몸의 언어는 성인들에게도 필요하다는 것을 보여 준다. 예수님 시대에 나병환자는 율법에 의하여 다른 사람에게 접근할 수 없었다. 하지만 예수님은 그 환자를 안수하여 치유하신다. "한 나병환자가 예수께 와서 꿇어 엎드려 간구하여 이르되 원하시면 저를 깨끗하게 하실 수 있나이다 예수께서 불쌍히 여기사 손을 내밀어 그에게 대시며 이르시되 내가 원하노니 깨끗함을 받으라 하시니 곧 나병이 그 사람에게서 떠나가고 깨끗하여 진지라"(막 1:40-42). 당시 나병환자를 터치하는 것은 상상 할 수 없는 일이었다.

나병환자는 사회에서 격리되었을 뿐만 아니라 돌을 던질 정도의 거리에 들어서면 돌을 들어 그들을 쫓아내었다. 예수님은 말의 언어로 얼마든지 그 나병환자를 치유하신 후에 그를 터치하실 수도 있었다. 하지만 그 나병환자의 깊은 내적 갈망을 아신 예수님은 영적인 말씀을 하시기 전에 손을 내밀어 그를 만지셨다.

예수님은 말의 언어보다 몸의 언어를 먼저 사용하신 것이다. 예수님의 이러한 행위는 여러 의미를 시사해 준다. 격리되어 터치가 없기 때문에 고통당하는 사람에게는 몸의 언어인 터치가 필요하다는 것을 시사해 준다고도 할 수 있다. 사랑은 때로는 전통과 법을 초월한다는 것을 보여 준다. 몸의 언어를 통해 사랑의 특성을 시사해 준다고도 할 수 있다. 사랑은 특수한 행위를 하게 하는 특성이 있다. 굶주리고 있는 사람에게 격려의 언어는 오히려 상처를 줄 수 있다. 이러한 사람에게 사랑은 물질의 언어인 밥을 사주는 것이다.

몸의 언어가 얼마나 중요하게 역할을 하는지를 보여 주는 사례가 있다. 대학에서 스피치를 가르치는 한 그리스도인 교수가 첫 강의 때 학생들에게 자기 자신을 소개하는 시간을 주었다. 교수는 학생들에게 그 시간에 '내가 나를 좋아하는 이유'와 '내가 나를 좋아하지 않는 이유'에 대하여 이야기 하도록 했다.

그때 도로시라는 한 학생이 교실 맨 뒤에 웅크리고 앉아 있었다. 길고 빨간 머리가 얼굴을 덮었고, 아무도 그의 얼굴을 자세히 볼 수 없었다. 도로시가 자기 자신을 소개할 차례가 왔을 때 침묵만이 흐를 뿐이었다. 자기 차례라는 것을 알지 못하는 듯싶었다. 교수는 고개를 숙이고 있는 도로시에게 다가가서 "자신을 소개하고, 내가 나를 좋아하는 이유와 내가 나를 싫어하는 이유를 말해 보지"라고 말했지만 침묵만이 흐를 뿐이었다.

드디어 도로시는 깊은 한숨을 내어 쉬고는 일어섰다. 머리카락을 뒤로 넘기고 일어서자 그의 얼굴이 드러났다. 머리로 얼굴 한쪽을 가리고 있던 얼굴의 일그러진 반점은 그의 머리카락처럼 빨간 색이었다. 그때 도로시는 이렇게 말했다. "내가 싫어하는 나는 당신이 보고 있는 이것입니다." 이 그리스도인 교수는 이제껏 한 번도 하지 않았던 일을 했다. 도로시에게 고개를 숙이고 그를 안아 주었다. 교수는 도로시의 얼굴에 또렷이 나있는 붉은 반점에 입을 맞추었다. 그리고 나서 "이제 됐어. 하나님도 나도 너를 아름답게 생각해"라고 말했다.

도로시는 거의 20분이나 울음을 그치지 않고 울었다. 도로시는 그의 눈가에 흐르는 눈물을 씻으면서 말했다. "나는 누군가가 나를 안아 주면서 방금 교수님이 하신 말을 해 주길 원했어요. 내 부모님은 왜 나에게 그런 말을 하지 않죠? 엄마도 내 얼굴을 터치하지 않았어요." 분명 도로시는 예수님이 만난 그 시대의 나병환자였다. 몸의 터치는 이처럼 귀한 역할을 한다.

뉴욕대학교의 돌로레스 크리커(Dolores Krieger) 박사는 안수가 어떤 결과를 가져오는가를 연구하였다. 이 연구에서 안수는 안수하는 사람과 안수 받는 사람 모두 생리학적인 유익이 있다는 것을 밝혀냈다. 우리 몸에는 적혈구 색소의 일종인 헤모글로빈이라는 물질이 있다. 산소는 이 물질에 의해 세포조직으로 운반된다. 크래커 박사는 안수를 하는 동안에 안수를 하는 사람과 안수를 받는 사람이 모두 헤모글로빈의 수치가 증가하게 된다고 하였다. 헤모글로빈의 치수 증가는 인체에 활력을 불어 넣어 주고 인체 조직은 더 많은 산소를 받아들이게 한다. 산소가 증가하게 되면 우리의 인체에 에너지가 증가하게 되고 병에 걸렸을 때도 긍정적인 효과를 준다.[9]

몸의 언어는 우리의 건강과도 관련되어 있다. 과학자들은 몸의 터치의 중요성에 대한 연구 결과를 내 놓았다. UCLA의 연구에 의하면, 우리는 위로의 말이 필요한 존재이기도 하지만 몸의 언어인 터치도 필요로 한다고 하였다. 이 연구 결과에 의하면, 남편이 아내를 여러 번 포옹을 해 주면 남편과 아내의 수명이 거의 2년이 늘어난다고 한다.[10] 마이애미대학교 의과대학 부속 '터치 연구소'(Touch Institute)의 연구 결과도 비슷한 상황을 보여 준다. 부모의 터치를 받지 못하고 자란 청소년들의 뼈 성장은 적당한 육체적 터치를 받고 자란 아이들의 50퍼센트 정도밖에 되지 않는다.[11] 여자들의 수명이 남자들보다 평균적으로 7년 정도가 더 길다고 한다.

우리는 그 이유를 유전학적으로만 생각하는 경향이 있지만 여자들이 남자들보다 더 장수하는 비결이 더 많은 접촉에 있다는 것이 밝혀졌다. 여자들이 훨씬 더 많은 접촉을 하면서 살아가는 것을 우리는 볼 수 있다.

미국의 한 대학에서는 양로원에 거주하는 70세 이상의 노인 42명을 대상으로, 나이가 들면서 생기는 청각장애, 건망증, 식습관 등을 관찰하였다. 연구 결과에 의하면, 다른 사람들과의 접촉이 적은 노인에게 청각장애나 건망증 같은 고령화 증세가 두드러지게 나타났다. 대신 마사지나 포옹, 사람들과 손잡기 등 피부접촉을 지속한 노인은 증세가 호전되거나 중단되었다.

몸의 언어는 우리의 질환과도 관련되어 있다. 예를 들면, 신경증적으로 손을 떠는 증상이 신체적인 기능장애와는 전혀 관계가 없는 것으로 밝혀지기도 한다. 이러한 환자를 최면 상태로 들어가게 하고 심리적인 상태를 조사해 보면, 때로는 이 환자의 손과 팔로 범했던 죄를 하나님이 처벌하고 있다고 말했다. 즉, 그 환자의 경련은 일종의 공개적인 고백 행위였다. 다른 환자는 최면 상태가 아닌 상태에서 그들이 범해 온 잘못을 알리고 싶다고 말했다. 이러한 사례는 신경증적 증상이 지역사회의 인정을 받지 못하는 일종의 사적인 종교의식으로도 볼 수 있다.[12] 몸의 언어는 질병의 언어로 표출되는 경우가 많다. 아무것도 먹지 않으려고 하는 신경증적 식욕감퇴 현상은 사람들과의 관계에서 당하는 불공평한 처사에 대한 분노를 표출하고 있는 경우가 많다. 부부관계에서 아내의 감기는 바이러스의 감염 때문이기도 하지만 때로 남편에게 관심과 사랑을 요구하는 몸의 언어일수도 있다. 비만, 마름, 알코올 중독, 마약 중독 등도 일종의 비언어적인 몸의 언어로서 자신의 불만스러운 상황에 대한 불만과 분노의 표출일 수 있다.

어린 아이는 부모의 말의 언어를 먹고 자라기보다는 몸의 언어를 먹고 자란다. 어린 시절에 몸의 언어가 결핍되면 그의 삶은 수많은 문제가 발생하게 된다. 어린 아이의 경우 부모가 안아 주는 따뜻한 포옹 경험이 없을 때 일종의 애정 결핍에 빠져서 끊임없이 자신을 안아줄 품을 갈구하게 된다. 어린 시절에 어머니로부터 몸의 언어로 사랑을 받지 못하고 자란 사람들은 질병에 노출될 확률이 훨씬 많다.

과학자들이 1945년 한 보육시설에서 유아들을 대상으로 연구를 시행하였다. 그 시설에서 아이들에게 기본적인 필요는 모두 채워 주었다. 즉 배고플 때 먹여 주고 때마다 기저귀도 갈아 주었다. 하지만 보모의 숫자가 모자랐기 때문에 아이들을 안아 주고 말을 걸어 줄 수는 없었다. 그런데 시간이 지나자 자주 안아 주지 못했던 아이들이 안아 주었던 아기들보다 질병에 걸리는 비율이나 사망률이 훨씬 높게 나타났다. 또한 안아 주는 것이 결핍된 아이들의 심리적 발달 수준도 다른 아이들에 비해 더디거나 정체되었다.[13]

몸의 언어는 이처럼 우리의 삶에서 중요한 역할을 한다. 또한 우리가 인지해야 할 것은 몸도 자기 언어를 가지고 있다는 것이다. 몸도 자기의 방식으로 의사를 표현한다. 그 대표적인 예가 질병이기도 하다. 우리의 질병은 단순히 신체적인 현상만이 아니고 몸이 존중받지 못할 때 자기 권리를 밝히고 있는 것으로도 보아야 한다.[14] 몸은 단지 정신의 종이 아니다. 몸도 정신에게 영향을 준다. 우리의 언어는 단지 이성과 감정의 산물만은 아니다. 우리 몸에 환경호르몬이

들어오면 자기 권리를 통증의 언어로 발산한다.

　수년 전에 환경호르몬의 위험성을 들은 적이 있다. 지인의 딸은 평소에 한 번도 월경통을 호소한 적이 없었다. 그런데 여행 중에 라면을 끓여서 플라스틱 용기에 담아 몇 번 먹은 적이 있었는데, 여행 후에 어느 날 갑자기 심한 월경통을 호소하여 구급차까지 부른 적이 있다.

　우리 몸은 환경호르몬을 좋아하지 않고 냉동식품을 즐기지 않는다. 우리는 대화의 과정에서 단지 말의 언어만 사용하지 않고 수많은 몸의 언어를 사용한다. 고개를 끄덕이고, 눈을 맞추고, 미소 짓고, 악수하고, 쓰다듬고, 등을 두드리는 것들은 모두 중요한 몸의 언어이다.

　훌륭한 멘토는 몸으로 발산되는 몸의 언어를 읽어 내고 해석할 수 있는 자질이 있어야 한다. 멘토는 멘티의 몸의 언어도 경청할 수 있어야 한다. 멘토가 멘티의 몸의 언어를 듣지 못하면 공감적 경청을 할 수 없다. 때문에 공감적 경청을 위해서는 의식의 언어에만 집중해서는 안 되고 몸의 언어도 들을 수 있어야 한다. 몸은 언제나 조용히 말하고 있기 때문이다. 멘토는 그런 몸이 하는 말도 들을 수 있도록 귀를 조율해야 한다.

환경도 언어이다

　의사소통의 요소는 우리의 정신과 몸만이 아니라 환경도 하나의 중요한 요소이다. 멘토링에서는 환경도 중요한 언어이다. 환경이 말보다 더 강력한 힘을 발휘하기도 한다. 과학적 관점에서 보면, 하나님은 인간의 뇌의 감정을 관장하는 부분을 이른바 개방 순환형(open loop)으로 작동하도록 설계하셨다. 하지만 순환계와 같은 폐쇄 순환형(closed-loop)은 자율적으로 조정되기 때문에 주변 사람의 순환계에서 일어나는 일이 우리의 체계에 영향을 주지 않는다. 그러나 감정의 체계는 그렇게 작동하지 않는다. 이 시스템은 건강을 유지하기 위해 주로 외적인 출처에 의존하는 개방 순환형 체계이다.

　예를 들면, 미국의료협회 조사에 따르면 심장병 병동에 근무하는 간호사들의 분위기가 '우울한' 경우에는 그렇지 않은 병동에 비해 환자의 사망률이 네 배나 높게 나타났다.[15] 우리의 감정체계와 환경은 밀접한 관계에 있다는 것을 보여 주는 예이다. 우리의 감정은 거의 환경의 지배를 받는다는 것을 예시해 준다. 우리의 감정체계는 우리가 속해있는 구성원들의 영향을 받는다. 때문에 멘티는 멘토를 선택할 때 이 점을 중요한 기준으로 삼을 필요가 있다. 우리의 감정체계는 우리가 만나는 사람의 영향을 받기 때문이다.

　환경은 성장이나 쇠퇴에 주요하게 영향을 미치는 중요한 요인이다. 그러므로 멘토가 멘티에게 무엇을 말하고 행하는가는 중요하다. 좋은 멘토는 멘토링 관계 안에서 멘티에게 안정, 신뢰, 정직, 자유, 창의성, 성숙, 기쁨 등을 제공하는 것이 멘티의 감정체계에 중요한 영향을 미친다는 것을 안다. 달리 서술하면, 멘토가 제공하는 이러한 멘토링 환경은 멘티의 인격형성에 긍정적으로 혹은 부정적으로 영향을 미칠 수 있다. 다니엘 골만에 의하면 우리의 정서적 안정과 성숙은 다른 사람들과의 관계에 달려 있다.[16] 건강한 멘토링 관계를 위해서는 건강한 정서적 환경과 분위기를 조성하는 것이 중요하다.

제 8 장

멘토링과 대화
Mentoring and Dialogue

대화는 '나'와 '너'의 만남이다

멘토링에서 가장 중요한 부분은 대화이다. 대화는 영혼의 만남을 경험할 수 있는 가장 심오한 형식이다. 이 선물은 헤아릴 수 없는 가치를 가지고 있다. 우리의 삶의 여정에서 누군가와 진정한 대화를 할 수 있다는 것은 가장 부요하고 귀한 축복을 누리는 것이다. 대화는 단순히 이야기를 나누는 것이나 충고하기나 의사소통보다 풍성한 것이다. 대화 안에서 우리는 다른 사람을 대상이 아닌 인격으로 만난다.

마르틴 부버(Martin Buber)는 대화를 '나-그것'의 만남과 대조되는 '나-너' 만남으로 정의하였다. 진정한 대화 안에서 우리는 서로를 '너', 곧 사랑하고 존경하고 알아 갈 만한 가치가 있는 사람으로 만난다. 대화의 전제 조건은 존경이다. 존경심을 품는 데는 다른 사람을 그리스도의 눈으로 보는 것보다 더 좋은 방법이 없다. 멘토는 멘티를 그리스도의 눈으로 볼 때 멘티의 가치와 존엄성을 볼 수 있다. 멘토는 또한 멘티의 현재 모습뿐 아니라 앞으로 이루어질 모습도 보아야 한다. 멘토가 진심으로 멘티를 그리스도의 눈으로 볼 때 멘티 속에서 그리스도를 보게 된다. 일생 동안 캘커타 길거리의 가장 낮은 자들을 섬겼던 테레사 수녀가 발견했던 진리다. 테레사는 자기가 만나는 사람을 보며 예수님을 보았다고 한다. 멘토가 테레사와 같은 눈을 가질 때 진정한 대화와 대화의 힘을 경험할 수 있다.

대화에도 색깔이 있다

멘토링은 대부분 대화에 의존하기 때문에 효과적인 대화의 원리와 특성을 이해하는 것이 중요하다. 인간관계 연구에 공헌을 한 존 가트맨(John Gotmann)은 대화에는 3가지 종류가 있다는 사실을 발견하였다.[1] 먼저, 서로 원수 되는 대화이다. 상대가 말한 것에 대해서 즉각적으로 반박하거나 비웃는 대화이다. 특히 비난과 경멸이 동반된 대화는 서로 원수 되는 대화의 대표적인 예이다. 이런 대화는 인격적으로 뭔가 하자가 있다는 메시지를 주게 되어 사람들로 하여금 분노를 일으키게 한다. 다음은 서로 멀어지는 대화이다. 상대의 말에 상관이 없는 다른 말로 화제를 바꾸거나 딴소리를 할 때 발생한다. 마지막으로 서로 다가가는 대화이다. 이런 대화의 특성은 상대의 상황에 초점을 맞추고 이야기를 잘 들어주며 그 감정을 받아 주는 대화이다. 서로 다가가는 대화는 창조적이고 치유적인 힘을 발휘하는 대화이다. 이처럼 대화에도 색깔이 있다. 서로 다가가는 창조적인 대화를 하기 위해서는 대화의 원리와 지혜가 필요하다.

주인공을 알아야 한다

멘토는 멘티 중심으로 대화해야 한다. 멘토링 대화에서 멘티가 평소 관심이 있고 듣고 싶어 하는 이야기를 들려주어야 한다. 가능한 멘티의 관심사를 빨리 알아내는 것이 중요하다. 왜냐하면 강력한 관심사야말로 대화를 지속시키는 비옥한 대지이기 때문이다. 멘티가 원하는 것이 무엇인지를 정확하게 파악하기 위해서는 시기적절하게 질문을 던지고, 멘티의 행동을 주의 깊게 관찰하며, 멘티의 말을 귀담아 들어야 한다. 무엇보다도 중요한 것은 멘토가 스스로 멘티를 이해하려고 노력하는 자세가 있어야 한다.

멘토는 자기의 관심 주제로부터 대화를 시작하지 말고 멘티가 가장 듣고 싶어 하는 주제를 선택해서 해야 한다. 먼저 멘티의 이야기로 시작하는 것이 좋다. 예를 들면, '내가', '나를', '나의 것' 같은 멘토 중심적인 단어들은 사용하지 않는 것이 좋다. 대신에 '형제님', '자매님', '친구' 등과 같이 멘티 중심적인 단어들을 주로 사용해야 한다. 그리고 멘티로 하여금 스스로에 대한 이야기를 하도록 질문을 하는 것이 좋다. 멘티가 끝까지 자기 이야기를 계속할 수 있도록 최대한 배려해 주어야 한다. 멘토는 멘티의 말을 귀담아 들어주어야 한다. 대화 과정에서 멘티와 눈을 맞추어야 한다. 몸의 자세는 멘티 쪽으로 상체를 약간 내밀고 열심히 듣는 자세를 취해야 한다. 멘티의 화제를 바꾸거나 중간에 끼어들지 말아야 한다. 멘토 중심적인 표현을 쓰지 말고 멘티 중심적인 표현을 해야 한다. 멘토링 대화에서 주인공은 멘토가 아니라 멘티이다.

20퍼센트 이상 말하면 안 된다

멘티가 멘토보다 더 많이 말하도록 해야 한다. 짧은 말이 감동시킨다. 멘토는 자신의 의견이나 생각을 한꺼번에 다하려고 하지 말고 나누어서 해야 한다. 아무리 좋은 내용의 말일지라도 너무 길게 하면 멘티를 지루하게 할 뿐만 아니라 전달하고자 하는 뜻을 멘티가 놓치기 쉽다. 멘토는 대화에서 20퍼센트 정도 말하고 멘티가 80퍼센트 정도 말하게 하는 것이 좋다. 사람은 본질적으로 말하는 것은 좋아하지만 듣는 것에는 익숙하지 않는 습관이 있다.

본회퍼가 가장 큰 봉사는 상대방의 말을 진지하게 들어 주는 경청이라고 했듯이 멘토는 말을 많이 하지 말고 많이 들어 주는 자세를 가져야 한다. 특별히 대화 과정에서 공감하는 말을 하면서 너무 장황하게 하지 말고 간단 간단하게 해야 한다. 멘토가 말을 많이 하고 싶은 유혹을 받을 때가 멘티의 말에 동의하고 공감하는 경우일 때이다. 때문에 멘토는 이때에 주의해야 한다. 멘토는 대화의 과정에서 간단하게 말하는 습관을 길어야 한다.

남녀의 차이도 있다

대화에서 남자들과 여자들의 대화 목적이 다를 수 있다. 남자들은 효율적인 면을 강조하는 경향이 있기 때문에 대화에서도 요점만을 말하고 듣기를 원하는 경우가 있다. 하지만 여자들은 이야기 그 자체를 말하는 것에 의미를 두는 경향이 있다. 여자들은 느낌, 감정, 관련된 문제들을 이야기하려는 경향이 있을 뿐만 아니라 어떤 사실보다는 표현 그 자체에 의미를 두는 경향이 있다.

그러므로 대화 과정에서 '요점만 말하면 좋겠습니다' 등의 말은 특별히 여자들에게 부정적인 결과를 초래할 수 있다. 물론 남자들과의 대화에서도 좋은 표현 방법은 아니다.

안경과 필터도 있다

대화에서 사람은 자기의 안경과 고유 필터를 통해 모든 것을 파악하기 때문에 사실이 편견과 왜곡된 이해가 발생할 수 있다. 또한 대화 과정에서 모두 다 말할 수 없기 때문에 많은 정보가 생략된다.

어떤 이야기나 경험은 많은 정보를 포함하고 있지만 말을 통해 전달하는 정보에는 한계가 있기 때문에 대화에서 정보가 생략되는 경우가 많다. 때문에 상대에게 제대로 전달되지 않는 대화나 상대가 이해하기 어려운 대화도 있을 수 있다. 대화는 계속 진행되고 있지만 온전히 이해되지 않은 채로 겉만 도는 대화가 될 수도 있다. 또한 서로 가지고 있는 필터가 다르기 때문에 정보는 왜곡될 수 있다.

　우리는 각자 자신만의 필터를 통해 세상을 본다. 극단적으로 표현될 때가 있다. 예를 들면, "당신이 내 생일을 잊어버리시다니 더 이상 나를 좋아하지 않는군요." 여기서 '생일을 잊은 것'은 단순히 망각해서 기억하지 못하는 경우일 수 있는데 '나를 좋아하지 않는다'라는 필터를 통해서 상황을 파악하는 경우다.

　대화의 과정에서 듣는 사람은 말하는 사람의 의도를 정확하게 파악하지 못하는 경우가 많다. 사람은 자기의 심리상태와 주관적인 견해와 이해와 편견을 가지고 말하는 경우가 있을 수 있기 때문이다. 대화 과정에서 외국어처럼 듣지 못하는 말과 이야기가 있다. 때문에 듣는 사람은 자기가 들은 것이 맞는지 혹은 이해한 것이 맞는지 확인하는 질문을 할 필요가 있다.

칭찬은 대화의 소중한 요소다

멘토는 모든 인간이 본질적으로 다른 사람으로부터 대접받고 싶은 소망과 인정받고 싶은 욕구가 있다는 것을 알아야 한다. 멘토는 멘티의 자긍심을 격려하는 말을 해야 한다. 멘티와 좋은 관계를 유지하기 위해서는 멘토가 멘티를 아주 소중하고 귀한 사람으로 생각하고 있다는 것을 느끼도록 해야 한다. 멘토가 멘티를 소중하게 대하면 대할수록 신뢰가 형성되고, 그 신뢰는 멘토링 관계를 확고하게 한다. 멘토는 할 수만 있다면 항상 멘티를 칭찬하기 위해 노력해야 한다. 멘티가 부족해 보이고 마음에 안 드는 경우라도 적어도 한두 번 이상은 칭찬해 줄 때 더욱 효과적인 대화가 될 수 있다. 하지만 입술로만 형식적으로 칭찬하는 것은 피해야 한다. 칭찬에는 진심이 담겨 있어야 한다. 칭찬은 구체적이어야 한다. 멘티의 자세, 태도, 행위 등의 변화와 성장을 보인 부분에 대해 구체적으로 칭찬해야 한다.

음성은 말의 미학이다

음성은 중저음이 좋다. 아무리 좋은 말이라도 목소리가 강하면 멘티가 부담을 느낄 수 있고 거부감을 가질 수 있다. 사람의 목소리에는 사람의 경륜과 인품이 녹아 있다. 부드럽고 따뜻한 음성은 사람의 마음을 편안하게 만든다. 미국 UCLA의 명예교수 알버트 메라 비언(Albert Mehrabian)은 그 책, 『조용한 메시지』(Silent Messages)에서 사람이 대화할 때 호감을 느끼는 비율에서 말의 내용은 7퍼센트, 목소리의 톤과 색조 등이 38퍼센트, 표정이 35퍼센트, 태도나 자세가 20퍼센트를 차지한다고 하였다.[2] 다시 말하면, 대화 과정에서 상대방으로부터 받는 이미지는 시각이 55퍼센트, 청각이 38퍼센트, 언어는 7퍼센트라는 것을 연구를 통해 밝혀냈다. 대화 과정에서 말의 내용은 7퍼센트 밖에 영향을 미치지 않는다는 말이다. 나머지 93퍼센트는 비언어적 요소인 음성과 표정과 몸짓이었다. 대화에서 음성은 이처럼 중요한 역할을 한다.[3]

음성은 말의 미학이다. 대화에서 말의 음성은 대화의 분위기를 부드럽게 하고 상대방의 마음을 편안하게 한다. 말의 음성은 정확하게 하고 편안하고 자연스럽게 해야 한다. 부드럽고 따뜻한 음성은 말의 중요한 요소다.[4]

불필요한 논쟁은 피해야 한다

멘토는 열린 마음과 너그러운 자세를 가지고 멘티의 말에 동의할 때는 확실하게 의사표시를 해야 한다. 멘티와 의견이 다르더라도 꼭 필요한 경우가 아니면 말해서는 안 된다. 멘토는 멘티의 결점이 보일지라도 조언하거나 비판하는 말을 하는 것을 피해야 한다. 멘티의 의견에 대하여 쉽게 반론을 제기하거나 비판해서는 안 된다. 누구나 결점이나 잘못에 대하여 다른 관점을 가질 수 있다는 것을 인정해야 한다. 대화 과정에서 멘토가 자신의 생각이 잘못되었거나 잘못 이해를 하고 있다고 인지되면 이를 바로 인정해야 한다.

멘토는 멘티와의 관계는 논쟁하기 위해서 만난 것이 아니라 경험과 지혜가 부족할지라도 도와주고 격려하기 위한 관계라는 것을 기억해야 한다. 멘토가 멘티를 도와준다는 생각으로 논쟁 속으로 빠져들어가서는 안 된다. 논쟁을 좋아하는 사람에게는 특별히 지혜롭게 잘 대처해야 하며 논쟁하려 하지 말고 공감을 표시해 주는 것이 좋다. 이유는 인간은 누구나 자기 말이 옳다고 이야기해 주는 사람에게 호감을 갖기 때문이다. 인간은 누구나 자기 말에 토를 달거나 동의하지 않는 사람을 싫어하는 본성이 있기 때문이다.

'나-메시지'를 사용해야 한다

대화는 말하고 듣는 행위이다. 좋은 대화는 말을 잘하는 것과 잘 듣는 것에 비례한다. 멘토가 멘티의 어떤 문제에 대해 이야기 할 때와 멘토가 자신의 느낌이나 생각을 멘티에게 말할 때는 '너-메시지'(You-message)보다는 '나-메시지'(I-message)를 사용해야 한다. 나-메시지는 멘티의 자존심을 상하게 하지 않으면서 멘토의 생각이나 느낌을 전달하는 효과적인 방법이다. 나-메시지의 기본 원리는 상대방의 행동자체를 문제 삼거나, 그에 따른 책임을 상대방에게 떠넘기는 대신에, 상대방의 행동에 대한 나의 반응을 판단이나 평가 없이 알려 줌으로써 반응에 대한 책임을 내가 지는 것이다.

그러나 비록 나-메시지가 효과적인 의사소통의 방법이지만 적절하게 잘 사용되지 않으면 도움이 되지 못한다. 아무리 좋은 말이라도 목소리, 표정, 자세 등이 나-메시지에 조화되어 전달되지 않으면 실효를 거두기 어렵다. 나-메시지는 진실 되고 진지한 자세와 함께할 때 더 큰 효력을 발휘할 수 있다.

좋은 환경과 준비는 창의성을 낳는다

대화의 환경도 중요하다. 편안한 환경과 분위기를 조성하고 여유로운 기분으로 대화하는 것이 좋다. 편안한 가운데 오고 가는 대화는 따뜻하고 창의적이기 때문이다. 멘토는 멘티와 약속된 멘토링 시간이 시작되기 전에 주변을 정리하고 멘토 자신의 개인적인 문제들을 미리 처리해 놓는 것이 좋다. 급하게 처리해야 할 일 등이 남아 있으면 그 일 때문에 멘토는 의식하지는 못하지만 멘티와의 대화에 전념하기 쉽지 않을 수 있다.

그러면 멘티는 그것을 바로 알아차리게 된다. 자신이 환영 받지 않는다는 느낌을 받으면 마음의 문도 열기 쉽지 않다. 전화기와 핸드폰 소리를 꺼놓는 것이 좋다. 불안하고 소란스런 환경에서는 대화가 깊어질 수 없다. 흥분하고 격정적인 자리에선 좋은 대화가 이루어지기 어렵다.

　멘토링 대화에서 원활하고 효과적인 대화를 위해서는 멘토가 좋은 이야기들과 멘티에게 도움이 될 수 있는 자료를 확보하고 있을 때 보다 효과적인 대화를 할 수 있다. 책을 통해서 다른 사람의 말, 아름다운 삶의 이야기, 구체적인 사실이나 역사적인 기록, 통계 수치 같은 것들을 적절히 활용하면 좋다.

제 9 장

멘토링과 경청
Mentoring and Listening

멘토링의 성패는 경청을 잘하느냐 못하느냐에 달려 있다고 해도 과언이 아니다. 경청은 단순히 '듣는 것'(hearing)는 차원 이상을 의미한다. 듣는 것은 귀로 듣는 육체적 행동을 의미하지만, 경청(listening)은 상대방에게 전인적으로 참여하는 행위를 수반한다. 이는 마치 즐거워하는 자들과 함께 즐거워하고 슬퍼하는 자들과 함께 슬퍼하는 것(롬 12:15)과 같다. 때문에 멘토링에서 경청이란 멘토가 멘티의 언어의 표현만 귀담아 듣는 것이 아니라 얼굴 표정, 몸짓, 행동 등 비언어적 요소까지 파악하여 듣는 것이다. 다시 말하면, 경청은 멘티가 말한 내용과 감정에 대해 공감할 뿐만 아니라 멘티의 비언어적 행동에까지 주의를 집중하여 적극적으로 듣는 행동이라고 할 수 있다.

공감의 능력을 길러야 한다

　멘토링에서 공감의 중요성은 아무리 강조해도 지나치지 않다. 멘토가 되지 않고도 공감은 할 수 있으나, 공감을 하지 않고는 멘토링을 할 수 없다. 어떤 의미에서 멘토링 과정에서 공감하는 능력은 멘토링의 성공과 실패를 좌우할 만큼 중요한 요소다. 공감은 멘토의 눈으로가 아니라 멘티의 눈으로 멘티를 보는 능력이다. 공감하지 않으면 건강한 관계를 유지할 수 없다. 공감하지 않고도 재미있는 대화를 할 수 있지만, 공감하지 않으면 결코 사람의 마음속에 들어갈 수 없다. 공감은 서로의 마음까지 주고받을 수 있고 닫힌 마음을 열 수 있는 열쇠이다.

　그렇다면 어떻게 해야 공감하는 일을 더 잘할 수 있을까? 먼저, 의식적으로 신중하게 멘티의 입장이 되어야 한다. 멘티의 나이, 자라온 집안 환경, 교육 정도, 직업 등을 잘 생각해 보아야 한다. 멘티의 꿈은 무엇인가? 멘티의 생애 가운데 특별히 받은 상처는 무엇인가? 멘티의 재정 상태는 어떤 상황인가?

　이 첫째 단계의 목적은 멘토가 머리와 가슴이 멘티의 세계로 들어가 그들의 관점으로 보는 것이다. 둘째 단계의 목적은 멘토가 멘티의 입장에서 그들의 감정을 상상해 보는 것이다. 셋째 단계의 목적은 멘토의 감정에서 벗어나 객관적이 되어야 한다. '내가 그들이라면 어떤 느낌일까'하는 것은 투영에 불과하다. 멘티는 그의 삶의 어떤 국면에서 멘토와 완전히 다른 감정적 경험을 하고 있는지도 모르기 때문이다. 때문에 멘티의 상황에 대한 멘토 자신의 느낌은 지워 버리고, 멘티의 감정적 경험을 판단하지 말아야 한다. 멘티의 감정을 이해하기 위해서 솔직하게 물어보는 것이 좋다. 마지막으로 멘티와 공감하려고 노력하면서 하나님께 그들을 정확히 이해하도록 도와 달라고 기도한다.

다름에 대한 인식은 공감의 출발점이다

공감의 출발은 멘토는 멘티에 대해서 '알지 못한다'는 자세로부터 시작한다. 멘토의 '알지 못한다'는 자세는 멘티에 대한 멘토의 풍부하고 진지한 호기심을 전달하는 자세를 의미한다. 멘토의 행동과 태도는 멘티와 멘티의 문제 그리고 멘티의 변화에 대한 멘토의 선입관과 의견을 반영하기보다는 이야기된 것들에 대해 더 알고자 하는 멘토의 호기심을 표현한다. 따라서 멘토는 항상 멘티로부터 '듣고자 하는 자세'를 취해야 한다.

멘티와 연결되기 위하여 멘토는 서로가 얼마나 특이하고 고유하며 유일한가를 알아야 한다. 멘토는 멘티나 멘티의 이야기와 자신의 비슷한 경험을 혼동하지 말아야 한다. 멘토가 멘티와 같은 신앙과 문화 배경 등을 공유하고 있더라도 멘토는 멘티에 대해 알고 있다고 가정을 해서는 안 된다. 일란성 쌍둥이라도 서로 같지 않다. 멘토가 자기 자신의 고유성을 인정하며 멘티의 경험은 모른다고 여길 때 멘티의 유일성에 멘토가 개방할 수 있고 거기에서 멘티를 만날 수 있다.

공감적 경청을 해야 한다

대부분의 사람들의 대화는 이해하기 위해 듣는 것이 아니라 대답하기 위해 듣는다. 멘토링에서 다른 사람의 기준 틀 안에서 듣는 것이 멘토로서 이해하고 영향을 미치기 위한 중요한 열쇠이다. 멘토가 설득력 있게 말하려고 노력하는 중에 범할 수 있는 가장 큰 실수는 멘토의 생각과 감정 표현을 최고 우선순위에 두는 것이다. 하지만 멘티가 진정으로 원하는 것은 멘토가 들어주고 존중하고 이해해 주는 것이다. 멘티가 자신이 이해 받고 있음을 아는 순간 멘토의 관점을 이해하려는 마음이 더 커진다. 대화 과정에서 멘티가 멘토에게 이해 받고 있다고 느낄 때 마음을 여는 경우가 많다. 마음이 열릴 때 멘티는 멘토의 정보를 받아들이고 영향을 받는다.

우리는 대화 과정에서 보편적으로 어떤 사람이 전달하고자 하는 것과 다른 사람들이 듣는 것 사이에는 피할 수 없는 편견의 필터가 있다. 또한 인간은 대화의 과정에서 선택적 듣기(selective hearing)를 한다. 자기가 듣고 싶은 것만 듣는 경향이 있다. 때문에 선택적 듣기는 빼기도 하고, 더하기도 하고, 생략하기도 하고, 말하지 않는 것을 듣기도 하고, 말한 것을 듣지 않기도 한다. 때문에 선택적 듣기는 멘토링 과정에서 반드시 주의해야 할 사항이다.

멘토링 할 때 멘토의 말을 잘 들어 주는 일이 중요하다. 상대가 하는 말을 잘 들어라. 그가 직접 말하지 않는 부분까지도 이해하도록 하라. 그가 한 말 속에 담긴 슬픔, 기쁨, 상처, 분노, 그리고 사랑을 느껴라. 그러고는 그 사람의 머릿속에 있는 것뿐 아니라 마음속에 있는 것이 무엇인지 이해하려고 하라. 자신이 무엇을 표현하고 있는지 그 사람이 깨닫지 못할지라도, 당신은 그 사람의 진의를 파악할 수 있는 특권을 누리고 있음을 알라. 멘티는 직접 만나 대화를 나눌 때 자신이 진정으로 느끼는 감정을 드러낸다. 멘토링 할 때 중요한 것은 듣는 기술이다.[1]

멘토는 멘티에게 받은 메시지의 세 가지 면을 반영할 수 있어야 한다. 메시지의 내용, 메시지의 배후에 있는 생각, 메시지 배후에 있는 느낌이다. 그렇다면 어떻게 하면 공감적 경청을 할 수 있을까? 공감적 경청을 위한 중요한 요소 중 하나는 인간의 다양한 언어들을 들을 수 있는 능력이다. 인간의 언어는 단지 말의 언어만 있는 것이 아니라 무의식의 언어와 몸의 언어도 있기 때문이다. 공감적 경청은 하나의 예술로서 다음과 같은 실천과 인내심이 필요하다.

첫째, 멘토 자신의 느낌을 관리하는 것이 필요하다. 그것은 멘티의 경험을 멘토가 이해하지 못한다는 것을 깨닫는 데서 온다. 멘티의 경험과 이야기가 멘토의 경험과 이야기와 비슷하더라도 결코 같은 것은 아니다. 둘째, 멘티의 말의 소리뿐 아니라 내면의 소리를 들을 수 있어야 한다. 멘티의 내면의 소리인 무의식의 언어도 들을 수 있어야 한다. 멘티의 내면의 언어를 들을 수 있어야 멘토는 바르게 듣고 멘티에게 말할 수 있다. 셋째, 멘티의 경험과 이야기는 관계 안에서 형성되기 때문에 멘티의 환경의 언어를 들을 수 있어야 한다. 넷째, 온몸으로 들어야 한다. 멘티의 말, 느낌, 몸의 언어, 무의식의 언어뿐만 아니라 멘토의 반응에 대한 멘티의 반응까지도 경청할 수 있어야 한다. 넷째, 멘티의 말을 멘토가 제대로 이해했는지를 멘티에게 확인하는 것이 필요하다. 그렇게 함으로 멘토 자신이 멘티와 다르기 때문에 만들어진 왜곡이나 곡해를 멘티가 정정할 수 있다.

내면의 언어를 들어야 한다

멘토링 관계에서 멘토가 가장 쉽게 범할 수 있는 실수 중에 하나가 멘티의 말 속에 숨겨져 있는 내면의 소리를 듣지 못하는 것이다. 다시 서술하면, 멘토는 멘티의 무의식적 언어를 듣지 못하고 의식적 언어로만 듣는 경우가 허다하다. 특별히 멘토링 대화에서 멘티의 언어와 이야기의 내용이 부정적이거나 비판적일 때 그의 언어와 이야기는 대부분 무의식적 언어이다. 물론 멘티의 무의식적 언어와 이야기가 긍정적인 언어로 표현될 수 있다. 멘토는 멘티의 무의식적 언어와 이야기를 윤리적인 판단을 하거나 부정적인 생각이 든다면 잘못된 경청을 하는 것이다. 멘토의 이런 무의식적 언어들은 이해와 치유가 필요함을 역설적으로 말하고 있기 때문이다. 중요한 것은 멘토는 멘티의 무의식적 언어가 부정적인 언어로 표현될 때 논쟁하거나 멘티를 분별 있게 만들려고 시도해서는 안 된다. 왜냐하면 이런 언어는 논리적인 문제가 아니라 심리적인 문제이기 때문이다. 게다가 멘티의 이런 무의식적 언어는 자연스런 정신의 과정일 뿐만 아니라 자기 치유의 과정이기 때문에 단지 그것을 인식하도록만 도와주면 된다. 부정적으로 표현되는 멘티의 무의식의 언어에 내재되어 있는 내면의 언어를 경청할 수 있어야 한다.

환경의 언어를 들어야 한다

공감적 경청을 위해서는 공감적 관계에 대한 이해가 있어야 한다. 즉 멘티의 총체적 환경을 이해하지 않고는 공감적 경청을 할 수 없다. 블링크(A.J. van den Blink)는 수정 사항을 제공한다. 그는 공감적 관계는 항상 우리 안에 있고 우리가 그 안에 있는 총체적 환경의 상황에서 생겨난다고 말한다. 멘토와 멘티 모두는 자신 안에 있는 상황 속에서 산다. 우리의 삶의 상황은 우리의 관계, 일, 사회 계층, 성별, 인종, 성적 정체감을 포함한다. 그것은 우리의 역사와 문화와 언어를 포함한다. 그것은 직장 환경과 자연 환경과 우리의 공동체적 그리고 영적 경험을 포함한다. 그것은 세계가 우리에게 미치는 영향을 포함한다. 멘토가 종종 멘티의 총체적 환경을 고려하지 못함으로

써 실수를 범한다. 블링크는 그가 원하는 공감적 경청에 대해 다음과 같이 말한다.

> 내가 원하고 필요한 것은 누군가가 시간을 내서 내 경험의 모양과 내가 겪어온 삶의 유형과 내가 분투하고 있는 것을 식별하는 수고를 해 주는 것이며 내가 그것을 더 잘 이해하도록 도와주는 것이다. 그것이 얼마나 어렵고 고통스러운 것이든 상관없이 나의 삶이나 나의 안건 혹은 나의 문제를 존중하고 돌보는 일종의 탐구에 누군가가 참여해 주는 수고 때문에 나는 인간으로 인정됨을 느낀다. 나는 힘을 부여받고 나 자신을 더 잘 이해하기 시작하며 나 자신에 대하여 내가 전에 보지 못했거나 파악하지 못했던 것을 볼 수 있고 파악할 수 있게 된다.[2]

그는 공감적으로 관계하는 것은 다른 이를 연구하는 하나의 유형이라고 말한다. 또한 그것은 불가피하게도 우리 자신을 연구하는 하나의 유형이다. 모든 것이 포함되는 것을 허용하고 존중으로 그리고 추정과 진단과 판단을 보류하고 중단하는 마음의 틀로만 그것은 이루어질 수 있다. 다른 이를 알아 가는 과정은 복잡하다. 다른 이를 알아 가는 경험은 하나의 신비와 은혜이다.

자세도 경청이다

제라드 이간(Gerard Egan)은 자세도 중요한 경청의 요소가 될 수 있다는 지혜를 제공해 준다. 인간은 사람에게 존중을 표현하는 다양한 비언어적 자세를 제안하였다.[3]

- 첫째, 펴진 어깨(squared shoulders)는 멘토가 정신을 집중하고 있고 모든 주의를 모으고 있다는 것을 보여 주는 방식으로 멘티를 대면해야 한다.
- 둘째, 멘티를 향해 열려진 자세(open stance)는 마치 "나는 당신이 말하기 원하는 것이 무엇이든 수용하기 위해 여기 있습니다. 당신은 나에게 가까이 할 수 있습니다"라고 말하는 것 같이 팔과 손과 어깨를 편하게 해야 한다.
- 셋째, 약간 앞으로 상체를 굽히는 것(lean forward slightly)은 멘티가 멘토에게 말하고 있는 것에 대한 관심을 표현하는 자세이다.
- 넷째, 음질과 음색(vocal quality)이 거슬리거나 듣기가 어렵지 않도록 멘토의 말은 크기와 세기를 유지해야 한다. 항상 멘토의 목소리가 분노와 초조함보다는 부드러움과 긍휼이 여김을 반영하도록 해야 한다.
- 다섯째, 멘티와 눈 맞춤(eye contact)을 하되, 특별히 말할 때 주의해서 보아야 한다. 불편할 정도로 예리하게 보지 말아야 하지만 멘토가 열중하면서 멘티가 말하는 것에 대한 관심을 드러내야 한다.
- 여섯째, 관계 중심적 자세(relational posture)는 멘티가 가장 편

안하게 수용되는 방식으로 멘토의 몸, 머리, 얼굴의 움직임을 조정해야 한다. 멘토의 자세가 경직되어서도 안 되지만 너무 느슨해져도 안 된다. 멘토의 이러한 자세들은 멘티의 말을 경청하는 중요한 요소이다.

온몸으로 들어야 한다

진정한 경청은 온몸으로 듣는다. 첫째, 입으로 듣기이다. 즉 감탄사, 동의, 공감 등이다. 둘째, 눈으로 듣기다. 거울같이 그 사람의 감정에 맞는 표정을 짓는 것이다. 셋째, 손으로 듣기. 손이 백 마디 말보다 나은 경우가 많다. 손으로 상대방의 말에 대해 인정하고 공감하는 것을 표현하는 것이다. 넷째, 몸으로 듣기다. 몸은 중요한 의사표현의 방법임을 알아야 한다. 몸의 자세도 중요하다. 멘티의 말에 기뻐하며 가볍게 박수를 치는 것도 필요하다.

하나님의 파토스에 참여하는 것이다

멘토의 공감적 경청은 하나님의 파토스(pathos)에 참여하는 자비로운 행위이다. 하나님의 파토스는 하나님의 인간에 대한 공감적 자비의 정신이다. 파토스의 하나님은 인간이 하나님께 나아가는 것이 아니라 하나님이 인간에게 먼저 다가오는 하나님의 공감적 사랑을 담고 있다. 인간을 향해 이러한 하나님의 다가오심은 인간에 대한 무한한 관심으로 요약할 수 있다. 하나님의 파토스는 하나님과 인간의 인격적 관계를 형성하는 중요한 하나님의 속성이다. 인간을 향한 이러한 하나님의 공감성은 연속적일 뿐 아니라 인간을 향한 하나님의 자비하심이다.

예수님의 가르침과 행적은 하나님의 자비하심을 가르치며 참여하는 삶이었다. "너희 아버지의 자비로우심 같이 너희도 자비로운 자가 되라"(눅 6:36). 예수님의 삶은 유리하며 방황하는 자, 소외된 자, 아픈 자 등에게 하나님의 파토스로 다가가셨다. 그들의 언어에 공감하였다. 그들의 눈물에 공감하셨다. 공감적 경청을 하였다. 예수님은 자비로움으로 안식일에 손 마른 자를 치유하셨고 이러한 행동을 다른 것들보다 우선시했다.

멘토가 예수님처럼 자비로운 마음과 열린 마음으로 멘티에게 경청하는 것은 하나님의 자비하심에 참여하는 것이다. 멘토의 공감적 경청은 하나님의 자비로운 사역에 동참하는 것이다.

제 10 장

멘토링과 질문
Mentoring and Question

인간의 본성을 알아야 한다

 멘토는 멘토링 과정에서 적절한 질문을 함으로써 멘티를 이끄는 법을 알아야 한다. 멘토가 배워야 할 중요한 사항 중 하나는 '좋은 질문'이다. 멘토는 좋은 답변을 해야 한다고만 생각해서는 안 된다. 훌륭한 멘토는 멘티의 이야기를 잘 듣고 조언하고 답변하기보다는 질문을 적절히 잘 이용할 줄 알아야 한다.
 멘토링에서 멘토가 의미 있는 질문과 좋은 질문을 하려면 무엇보다도 인간의 본성을 잘 알아야 한다. 1937년에 출간되자마자 1,500만부가 팔렸던 『카네기 인간관계론』(*How to Win Friends and Influence People*)이 지금까지도 유용하게 쓰이는 이유는 인간 본성에 대한 이해를 가지고 있기 때문이다. 카네기는 이 책에서 사람은 다른 사람이 알아주고 인정해 주기를 갈망하는 마음의 본성을 기술하고 있다. 즉, 모든 인간은 이해해 주기를 바라고 인정해 주기를 바란다. 멘토링 관계에서 멘토는 의미 있는 질문을 하기 위해 노력해야 한다. 여기서 의미 있는 질문이란 질문을 통해서 질문을 받는 사람들의 마음을 이해해 주고 인정해 주는 질문이다. 약점을 건드리는 질문은 피해야 한다. 질문은 친절한 마음, 따뜻한 사랑, 함께해 주는 염려, 인정어린 관심이 담긴 질문이어야 한다.

멘토링에서 좋은 질문은 멘티에게 초점을 둔다. 많은 사람들이 다른 사람들을 자연스럽게 알아 가는 질문을 해나가는 방법을 모른다. 그래서 많은 대화들이 잡담에 그치고 마는 경우가 많다. 멘토는 대화를 이끌어가는 질문을 할 수 있는 기술을 가지고 있어야 한다. 여기서 중요한 것은 대화의 초점을 멘티에게 두어야 한다는 것이다. 질문을 통해서 멘토는 멘티가 이야기를 더 많이 하도록 해야 한다.

존 맥스웰(John Maxwell)은 좋은 인간관계를 맺기 위한 비결은 "다른 사람에게 좋은 질문을 던지는 것"이라고 말하고, 좋은 질문의 목록을 여섯 가지로 제안하였다.[1]

첫째. 당신의 꿈은 무엇인가?
사람들의 지성을 이해하려면 그들이 이미 이룩한 일을 보면 되고, 마음을 이해하려면 그들이 앞으로 꿈꾸는 일을 보면 된다.

둘째. 당신은 무엇 때문에 우는가?
사람들이 어디서 아픔을 느끼는지, 무엇 때문에 상처를 받는지 알 때 그들의 마음을 이해할 수밖에 없다.

셋째. 당신은 무엇 때문에 노래하는가?

사람들에게 기쁨을 주는 일이 무엇인지 알 때, 그들이 어디서 힘을 얻는지 알게 된다.

넷째. 당신의 가치관은 무엇인가?

다른 사람들의 가치관을 알게 될 때, 그들의 마음 가장 깊은 곳까지 들어가게 된다.

다섯째. 당신의 장점은 무엇인가?

일단 자신의 장점들을 인식하는 법을 알면 자신이 무엇을 자랑스러워하는지 알게 된다.

여섯째. 당신의 기질은 어떤가?

사람들의 성격 특성을 알게 될 때, 그들이 지닌 독특한 마음의 회로를 알게 된다.

이 여섯 가지 질문들은 멘토가 멘티에게 반드시 해야 하는 질문들은 아니지만 효과를 거둘 수 있는 다양한 질문들을 생각해내는 데 도움이 되는 질문들이다. 가장 좋은 질문은 멘티로 하여금 기꺼이 자신의 마음을 나누도록 하는 질문이다. 멘티의 말에 멘토의 이런 말들은 그들의 마음을 열게 하는 데 효과를 보인다.

멘토는 멘티에게 조언하기보다는 질문을 잘할 수 있어야 한다. 하지만 질문을 할 때 여러 번 생각해 보고 질문하는 습관을 길러야 한다.

당신이 해야 할 질문을 할 때 생각하고 또 생각하고 또 생각해라. 사람들이 조언을 구할 때, 당신의 마음속에 있는 것을 그대로 내뱉지 않도록 주의하라. 상대가 스스로 생각하고 배우도록 질문을 하라. 당신이 직접 교훈을 주려고 하기보다는 적절한 질문을 제시함으로써 상대가 또 다른 면을 볼 수 있도록 도와라. 질문하는 내용은 언제나 상대적이므로, 멘티에게 그 질문을 던졌을 때 그는 자신의 생각에 따라 어떤 행동을 할지 선택할 수 있다. 단순한 조언은 생각하는 폭을 좁게 하고 선택의 가능성을 차단할 수 있다. 멘티와 얼마나 멋있는 관계를 맺을 수 있는지는 당신이 생각하는 좋은 답변보다 당신이 던지는 질문에 달려 있다.[2]

멘토가 하는 질문은 어떤 조언이나 해답보다 더 값진 것이다. 만나기 전에 멘토는 자신에게 있는 지혜를 최대한 동원해서 질문을 준비할 필요가 있다. 멘토만이 질문을 하는 것이 아니라 멘티도 자유롭게 질문할 수 있도록 허용해야 한다. 피하고 싶은 질문을 멘티가 할 때도 멘토는 그 질문을 회피하지 않는 것이 좋다. 이때에는 멘티의 질문을 무시하거나 회피하려 하지 말고 지혜롭게 멘티에게 역으로 질문하는 것이 좋다. 예를 들면, "그것은 훌륭한 질문이군요. 자네는 그것에 대해 어떻게 생각하는가?" 멘토는 멘티의 질문을 통해 지혜로운 질문을 만들어 내는 것은 멘토링에서 중요한 요소이다.

초점 질문은 대화를 심화한다

멘토링 대화에서 질문이 애매하고 추상적이면 매우 지루해 질 수 있다. 하지만 좋은 질문은 부드럽지만 정곡을 찌르는 질문이다. 대화의 주제에 더욱 접근하게 만드는 질문이 좋은 질문이다. 좋은 질문은 대화의 주제나 문제에 초점을 맞추는 질문이다. 좋은 말과 질문을 위해서는 초점이 중요한 역할을 한다.

예를 들면, 30분 정도의 말의 분량을 요약하여 5분 안에 초점을 맞추어 말할 수 없는 사람은 30분을 주어도 제대로 말할 수 없다. 초점이 없는 질문은 대화의 내용을 흐리게 한다. 초점 질문은 핵심을 놓치지 않은 질문이다. 초점 질문은 대화의 내용이 주제에서 벗어나지 않게 한다. 대화에서 본질을 벗어나 부차적인 질문을 함으로 주제의 초점을 잃어버리기 쉽다. 초점 질문은 질문의 본질을 놓치지 않도록 해 준다. 멘토링 대화에서 질문의 궁극적 본질과 목적은 멘티의 관심을 파악하는 것뿐만 아니라 멘티로 하여금 잘 말하도록 하는 데도 목적이 있다. 멘토링 대화에서 초점은 항상 멘티에게 두어야 한다.

그러므로 멘토가 멘티에게 '어떻게요'와 같은 질문은 잘못된 질문이다. 질문의 본질의 초점에서 벗어난 것이다. 왜냐하면 이런 질문은 멘티가 알고 있으리라는 생각에서 비롯된 질문이기 때문이다. 또한 '어떻게요'라는 질문은 문제의 핵심이 멘토 자신이 아니라 멘티에게 있음을 전제로 한 질문이다. 바른 질문은 '어떻게요'가 아니라

'왜 그렇죠?' 혹은 '무엇이 중요합니까?'가 되어야 한다.[3] 어떤 일을 왜 해야 하는지에 대해 알아야 그 일이 왜 중요한지를 깨닫게 되고, 왜 선택해야 하는지의 동기가 분명해지기 때문이다. 초점 질문은 대화의 내용과 주제를 명확히 하고 대화의 본질을 잃어버리지 않도록 해 준다.

창조 질문은 통찰력을 강화한다

창조 질문은 멘티로 하여금 통찰력을 발휘하도록 하는 질문이다. 창조 질문은 멘티의 참신한 생각을 자극하고, 새로운 통찰력으로 인도하며, 혁신적인 가능성을 찾아내도록 도전한다. 창조 질문이 좋은 이유는 멘티가 그 전에는 생각해 보지 않았던 가능성을 탐색하게 만들고, 새로운 방식으로 문제를 재구성하거나 바라보게 하기 때문이다. 창조 질문은 멘티로 하여금 깊이 묵상하게 하고 생각을 하도록 자극을 한다. 창조성과 잠재력을 강화시키는 창조 질문의 예들은 다음과 같다.

- 진정한 사랑은 무엇이라고 생각합니까? 당신에게는 사랑이란 어떤 것입니까?
- 좋은 남편은 어떤 사람이라고 생각합니까? 어떻게 하면 당신은 좋은 남편이 될 수 있을까요?
- 좋은 아버지는 어떤 모습일까요? 어떻게 하면 당신은 좋은 아

버지가 될 수 있을까요?
- 사람이 좋은 환경을 가지고 있다는 말은 무슨 의미일까요? 당신의 환경을 호전시킬 수 있는 것들은 무엇이 있을까요?
- 사람이 성공했다는 말의 의미는 무엇일까요? 당신에게 성공이란 어떤 것입니까?
- 진정한 가르침은 무엇인가요? 당신에게 가르침이란 어떤 것입니까?
- 배움이 우리에게 어떤 이득을 가져다주나요? 당신에게 배움은 어떤 역할을 하나요?
- 성숙한 영성생활에는 어떤 것들이 포함될까요? 당신의 성숙한 영성생활을 위해서 가장 먼저 해야 할 것은 무엇이라고 생각하십니까?
- 사람들은 주로 무엇에 관하여 칭찬을 하나요? 당신이 사람들에게 칭찬을 받는 것들은 어떤 것들입니까?

기적 질문은 상상력을 촉진한다

단기 정신치료법의 창시자인 스티브 드 쉐이지(Steve de Shazer)는 해결 중심 치료에서 '기적 질문'을 제시하였다. 쉐이지의 기적 질문은 멘토링 대화에서 질문기법으로 활용될 수 있다. 기적 질문은 "오늘밤 잠자리에 들어 내일 아침이 오기 전에 기적이 일어났다고 가정해보라. 눈을 떠 보니 당신이 고민하던 문제가 해결되었고 당신이 바라는 모든 것이 이루어졌다. 어떻게 달라졌을까?"[4] 이 강력한 질문은 멘티로 하여금 상상하게 하고, 어떻게 달라질 수 있을지 그려보게 만든다. 멘티로 하여금 상상하게 하고, 어떻게 변화될 수 있을지 그려보게 만든다. 가능성을 생각하게 하고 멘티가 실행할 수 있는 구체적인 목표를 세우는 데 기반이 될 수 있다.

많은 사람들이 자신의 문제를 해결하는 방법을 그 문제가 만들어진 원인 안에서만 찾으려고 애를 쓴다. 그럼으로써 오히려 해결책을 찾지 못하는 경우가 많다. "문제를 만든 같은 방법으로는 그것을 해결할 수 없다"[5]는 아인슈타인의 말은 창조적인 생각의 중요성을 말한다. 기적 질문은 바로 이 원리에 바탕을 두고 있다. 기적 질문은 바로 고정관념의 틀을 깨뜨리는 것이다. 고정된 생각에서는 창조적인 발상이 나올 수 없다. 문제해결(problem solving)에서 가장 강조하는 것이 "고정관념을 깨뜨려라"(think outside the box)이다. 기적 질문은 바로 이런 식으로 문제 속에서 해결책을 찾으려는 고정관념을 깨뜨리는 것이다. 기적 질문은 멘티의 고정된 생각과 감정의 변화에 자극을 줄 수 있다. 그것은 창의성과 희망과 행동의 가능성을 불러일으킬 수 있다. 기적 질문은 멘티에게 희망을 향한 상상력을 불러일으킨다. 기적 질문은 삶의 변화를 자극할 수 있는 작고 구체적인 행동을 하도록 멘티를 초대한다.

멘토링 관계가 진행됨에 따라 멘티의 관심사와 목표를 선명하게 하고 취해야 할 행동 단계에 초점을 두게 된다. 멘토링 질문의 본질은 '좋은 질문하기'이지만 진행과정에서 멘티가 '현재 어떤 상태인가'에서 '어떻게 하면 정해진 목표에 더 가까워질 수 있는가'로 그 초점이 이동되어야 한다. 멘티의 장점과 변화할 수 있는 구체적 행동에 초점을 맞추는 질문을 하는 것이 중요하다. 기적 질문의 원리를 바탕으로 멘티의 행동을 촉진하기 위해 물을 수 있는 질문들로는 다음과 같은 것들이 있다.

- 당신의 강점은 무엇이라고 생각합니까? 그렇게 생각하게 된 이유는 무엇입니까?
- 당신의 삶에서 성공적이었던 일은 무엇입니까? 그것을 다시 시도해 볼 만한 것은 무엇입니까?
- 당신의 인생의 중요한 목표는 무엇입니까? 그렇게 생각하게 된 이유는 무엇입니까?
- 당신은 발전의 가능성을 언제 발견합니까? 발전을 위해 이제 무엇을 하실 생각입니까? 그것을 언제 하실 생각입니까?
- 당신이 가족과 있을 때 가장 행복한 순간은 언제입니까? 그 이유는 무엇입니까?
- 당신이 다른 일을 하고 있다면 어떤 일일까요? 그 일을 하고 있는 이유는 무엇입니까?
- 당신이 성공했다는 것을 어떻게 알 수 있을까요? 당신에게 무슨 일들이 있을지 말해 보시겠습니까?

예외 질문은 생각의 발상을 전환한다

현재의 문제나 단점에 초점을 맞추지 않고 성장과 변화를 향하여 나아가도록 시도하는 다른 하나의 방법은 예외 질문하기이다. 자신의 부족함이나 단점 혹은 부정적인 면에만 초점을 맞추고 있는 멘티를 무장해제 시키는 매우 효과적인 방법이다. 어느 누구든지 어떤 문제나 단점이 그의 삶에 항상 영향을 미치는 것만은 아니다. 멘티에게 그 문제가 없을 때 혹은 단점이 단점으로 작용하지 않을 때는 언제인가를 생각해 보게 하는 것이다. 즉 생각의 발상을 바꾸게 하는 것이다. 이 질문의 목적은 소망하던 목표를 성취한 기억을 상기시킴으로 그 때의 활동들을 재활성화시킴으로 긍정적인 면과 장점을 강화시키는 데 있다. 예외 질문의 몇 가지 예를 들어보자.

- 지각하는 것 때문에 직장에서 스트레스를 받는다고 하셨는데, 일찍 출근을 할 때는 당신에게 주로 무슨 일이 있을 때인가요?
- 자녀와의 관계 때문에 스트레스를 많이 받는다고 하셨는데, 스트레스를 받지 않을 때 당신과 자녀가 주로 무엇을 하고 있나요?
- 잠을 깊이 잘 수 없다고 하셨는데, 숙면을 취하는 날 낮에는 주로 무슨 일이 있나요?
- 분노를 잘 참지 못하는 것 때문에 아내가 힘들어 한다고 하셨는데, 당신이 아내에게 화를 내지 않을 때는 주로 아내와 무엇을 하고 있나요?

- 우울한 기분 때문에 힘들다고 하셨는데, 우울하지 않을 때는 주로 무엇을 하나요?

척도 질문은 변화를 진단한다

척도 질문은 변화와 성장의 과정을 진단하고 평가하여 다음 단계로 나아갈 수 있도록 촉진하는 질문이다. 어떤 문제나 목표에 숫자를 사용하여 멘티가 자신의 변화나 성장의 과정에서 현재 위치를 진단 평가하고 그 다음에는 어떻게 해야 하는지를 스스로 모색하도록 돕는 질문법이다. 0에서 10까지의 등급으로 평가하는 숫자를 사용하여 멘토는 멘티의 문제나 목표 그 자체에 대해 이야기하지 않고 해결과 발전을 추구하는 질문이다. 척도 질문은 멘티의 행동을 평가하고 결과를 예측하며 동기를 강화하기 위해 사용되는 질문이다. 멘토링 관계에서 멘티는 종종 앞으로의 진보가 알려질 수 있는 마음의 상태를 밝히도록 질문 받는다. 문제에 대해 묘사하는 것을 확장시키도록 묻지 않으면서 멘토는 멘티가 그 목표에 대하여 어디쯤에 있는지 그가 평가하도록 묻는다.

- 0에서 10까지의 등급으로 평가하여 상황이 가장 좋지 않을 때를 0으로 하고 기적이 일어난 다음 날을 10으로 놓을 때, 오늘은 10에 얼마나 가깝습니까?

- 당신이 가장 불행하다고 느낄 때를 0으로 놓고, 가장 행복하다고 느낄 때를 10으로 놓는다면, 지금의 상태를 숫자로 몇이라고 말할 수 있을까요?
- 당신 스스로 평가해 볼 때 가장 실패했을 때를 0으로 놓고, 가장 성공했을 때를 10으로 놓는다면, 당신은 지금 어느 정도 성공했다고 할 수 있을까요?

척도 질문은 또한 멘티와 멘토가 작고 현실적이며 성취할 수 있는 목표를 식별하도록 돕는 데 사용된다. 예를 들어, 멘티가 첫 번째 척도 질문에서 3이라는 숫자로 응답했다면 멘토는 다음과 같이 물을 수 있다.

- 그 등급으로 평가하여 현재 3에 있다면 당신이 4에 있을 때 무슨 일이 일어나고 당신은 (그리고 다른 사람들은) 무엇을 하고 있을까요?
- 당신이 지금 3만큼만 행복하다면 4만큼 행복해지면 어떤 일이 일어날까요? 그리고 당신의 가족들은 무엇을 하고 있을까요?
- 당신이 현재 3만큼만 성공했다면 4만큼 성공하면 무엇이 달라져 있을까요? 당신은 어떤 모습이고 다른 사람들은 무엇을 하고 있을까요?

척도 질문은 또한 멘토링 시간에 멘티와 멘토 간에 협상해온 그 목표를 성취하는 데 있어서 멘티의 의지를 평가하는 데 사용된다.

- 약간 다르게 살펴봅시다. 0에서 10까지의 등급으로 평가하여 당신이 이 목표를 성취하기 위하여(혹은 문제를 해결하기 위하여) 거의 어떤 것이든 하는 것을 10으로 하고 당신이 거의 포기하고 아무것도 하지 않는 것을 0으로 놓을 때 당신은 지금 어디쯤 있는지 말해 주시겠습니까?"
- 다르게 말해 봅시다. 0에서 10까지의 등급으로 평가하여 당신이 가장 행복해지기 위하여(혹은 당신이 가장 성공하기 위하여) 거의 어떤 것이든 하는 것을 10으로 하고 당신이 거의 포기하고 아무것도 하지 않는 것을 0으로 놓을 때 당신은 지금 어디에 있는지 말해 주시겠습니까?

물론 위의 질문에서처럼 멘티가 지금 3에 와있다고 하면 4가 되기 위해서는 무엇을 하고 있을지를 추가적으로 질문해 갈 수 있다.

과제 질문은 행동을 촉진시킨다

과제 질문은 결과에 기초한 질문이 아니라 행동해 보도록 제안하는 질문이다. 현재 상태를 진단하고 평가하여 다음 단계로 나아가게 하는 데 있어서 척도 질문이 멘티 자신의 주체성을 이끌어내는 특성이 있다면, 과제 질문은 거기에 멘토의 지혜를 더하는 특성이 있다. 척도 질문이 현재를 평가하여 미래를 촉발하는데 있다면 과제 질문은 보다 변화와 성장이라는 목표에 더 나아가도록 구체적인 행동을 촉발하는 질문이다. 구체적인 실천 과제를 생각해 보게 하는 질문이다. 몇 가지 예를 들어 보면 다음과 같다.

- 어떻게 하면 아내와 더 좋은 관계를 만들 수 있는지에 대해 당신이 경험하려면, 지금부터 다음 만남 때까지 무엇을 할 수 있습니까?
- 당신은 아내에게 다정한 말을 하는 것이 어렵다고 말씀하셨습니다. 다음 주에는 아내에게 다정한 표현을 하기 위해 무엇을 할 수 있는지 목록을 만들어 봅시다.
- 당신은 행복한 결혼생활을 하기 원하지만 그것이 어떻게 이루어지는지 잘 모르겠다고 하였습니다. 다음 주에는 시간을 내서 당신에게는 행복한 결혼생활의 조건이 무엇일지 생각해 보면 어떨까요?
- 당신은 스트레스 때문에 힘들다고 하셨습니다. 다음 주에 올 때는 당신이 스트레스를 줄이는 방법에는 어떤 것들이 있는지 목록을 만들어 봅시다.
- 스트레스를 줄일 수 있는 방법들의 목록을 만드셨습니다. 다음 주에는 그 중에 어떤 것이 가장 효과가 있는지 살펴보시기를 바랍니다.

이런 질문들은 자기 성찰, 일기쓰기, 사색, 묵상, 책읽기, 친구와의 대화를 이끌어 낼 수 있는 질문들이다. 또한 과제 질문은 멘티가 문제에서 빠져나와 구체적인 행동으로 들어갈 수 있도록 인도한다. 때론 변화와 성장을 지연하는 가장 큰 요인은 변화와 성장을 지연시키는 문제에만 빠져 있고 무언가를 다르게 하기 위한 구체적인 행동을 하지 않는 것일 수도 있다. 그런 의미에서 구체적 행동을 촉발하는 멘토의 과제 질문은 매우 유익하다.

간접 질문을 해야 한다

직접적 질문은 멘토가 멘티에게 직선적으로 답변을 요구하는 질문 형태이다. 이러한 질문 형태는 멘티로 하여금 심문을 당하는 느낌을 갖게 할 수 있다. 직접적인 질문은 멘토가 멘티에게 직선적이고 도전적이 되기 쉽기 때문에 멘티로 하여금 불쾌감을 유발할 수 있다. 직접적 질문과 간접적 질문의 예를 비교해 보자.

- 직접질문: 당신은 당신의 아들에게 소리를 치셨는지요?
- 간접 질문: 당신의 아들이 그런 일을 당하고 어떻게 느꼈을 거라고 생각하십니까?
- 직접질문: 직장 동료들이 당신을 따돌릴 때 느낌이 어떠했나요?
- 간접 질문: 직장 동료들이 당신을 따돌릴 때 무척 서운하셨을

텐데요. 그때 그들에게 당신이 어떻게 느꼈는지 말할 수 있었다면 뭐라고 할 수 있었을까요?

- 직접질문: 당신이 계속 실패하는 것은 무엇 때문이라고 생각하나요?
- 간접 질문: 당신이 성공하고 싶다고 하였습니다. 성공을 방해하는 요인이 어디에 있다고 생각하십니까?

더 좋은 질문은 멘티가 처한 상황을 반영하여 답변하도록 하는 질문이다. 간접 질문은 멘티가 불안함이나 갈등을 느끼지 않으면서도 자신의 감정과 생각을 솔직하고 여과 없이 대답할 수 있도록 편안한 멘토링 대화 환경을 만든다.

양자택일 질문은 피해야 한다

멘토가 멘티에게 둘 중의 하나를 선택하도록 하는 양자택일적 질문은 효과적인 질문이 아니다. 멘토가 멘티에게 흑백논리적 질문을 하게 되면 멘티는 자신의 이야기를 드러내지 않고 마치 시험 보는 것과 같은 느낌을 가질 수 있다. 게다가 이러한 질문은 위험하고 멘티의 진실을 왜곡하기 쉽다. 멘토는 멘티의 생각과 감정은 참으로 다양하고 복잡하다는 것을 잊지 말아야 한다. 예를 들면, 사귀는 남자를 좋아하나요? 싫어하나요? 그를 사랑합니까? 미워합니까? 이와 같은 양자택일적 질문은 멘티의 복잡하고 다양한 감정이나 상태를 무시하는 질문이 되기 쉽기 때문에 이러한 질문은 멘토링 과정에서 피해야 한다.

확인 질문을 피해서는 안 된다

멘토는 멘티가 사용하는 언어를 멘토 자신의 관점에서 이해하기 쉽다. 만약 멘티가 어떤 특정한 단어나 개념을 반복적으로 사용하거나 중요하게 사용할 때는 그 의미를 멘티의 관점에서 이해할 수 있도록 그 단어나 개념의 의미에 대해서 확인 질문을 하는 것이 꼭 필요하다.

멘토는 멘토링 과정에서 멘티의 말을 잘 이해하지 못하였을 경우 이해한 것처럼 표현하거나 그냥 넘어가서는 안 된다. 멘티가 하는 말들은 의미가 있기 때문에 잘 이해가 가지 않는 말을 했을 때는 "잘 이해가 되지 않습니다." "그 말이…한 의미인가요?" 또는 "구체적으로 말하면 어떤 뜻인가요?" "그 부분에 대해서 좀 더 구체적으로 말씀해 주시겠어요?"라고 질문하여 확인해야 한다. 멘토가 놓친 말에 문제의 열쇠가 숨어 있을 수도 있기 때문이다. 게다가 멘토가 멘티의 말을 잘못 이해하거나 오해하게 될 때 멘토링을 그르칠 수 있기 때문이다.

제 11 장

멘토링과 그림 언어
Mentoring and Picture Language

그림 언어는 언어의 예술이다

언어는 인간관계를 형성하기도 하고 파괴하기도 한다. 그것은 단순하게 어떤 의미만을 전달하는 것이 아니라 듣는 이에게 강력한 이미지를 함께 전달할 수 있기 때문이다. 멘토는 사람을 세우는 화법을 사용할 줄 알아야 한다. 이러한 화법 중의 하나가 그림 언어이다. 그림 언어는 직설적인 언어가 아니라 은유적이고 직유적인 언어이다. 예를 들면, "멘토는 '호수'와도 같은 사람이다." 여기에서 '호수'는 그림 언어이다. 호수는 모든 것을 품고 수많은 생명들이 자라게 하는 기능을 하듯이, 멘토는 사람을 품고 성장하도록 돕는 역할을 할 수 있어야 한다.

그림 언어는 시각 언어이다. 시인들은 그림 언어의 예술사들이기도 하다. 시인들의 언어가 우리에게 깊은 감동으로 다가오는 것은 그림 언어에 능통하기 때문이다. 이혜인 수녀는 그림 언어의 예술사이다. 그녀의 시, "무지개 빛깔의 새해 엽서"이다.

무지개 빛깔의 새해 엽서

빨강!
그 눈부신 열정의 빛깔로 새해에는
나의 가족, 친지, 이웃들을 더욱 진심으로 사랑하고
하느님과 자연과 주변의 사물, 생명 있는 모든 것을
사랑하겠습니다.
결점이 많아 마음에 안 드는 나 자신을 올바로 사랑
하는 법을 배우렵니다.

주황!
그 타오르는 환희의 빛깔로
내게 오는 시간들을 성실하게 관리하고
내가 맡은 일들에는 인내와 정성과 책임을 다해
알찬 열매 맺도록 힘쓰겠습니다.

노랑!
그 부드러운 평화의 빛깔로
누구에게나 밝고 따스한 말씨 친절하고 온유한
말씨를 씀으로써 듣는 이를 행복하게 하는 지혜로운

매일을 가꾸어 가겠습니다.

초록!
그 싱그러운 생명의 빛깔로
크고 작은 어려움이 힘들게 하더라도 절망의 늪으로
빠지지 않고 초록빛 물감을 풀어 희망을 짜는 희망의
사람이 되겠습니다.

파랑!
그 열려 있는 바다 빛으로
더욱 푸른 꿈과 소망을 키우고 이상을 넓혀 가며
도전을 두려워하지 않는 용기로 삶의 바다를 힘차게
항해하는 부지런한 순례자가 되겠습니다.

남색!
그 마르지 않는 잉크 빛으로 가슴깊이 묻어 둔
사랑의 말을 꺼내 편지를 쓰고, 일기를 쓰고,
시를 쓰고, 그림을 그리며 사색의 뜰을 풍요롭게
가꾸는 창조적인 기쁨을 누리겠습니다.

보라!
그 은은한 신비의 빛깔로 잃어버렸던 기도의 말을

다시 찾아 고운 설빔으로 차려 입고 하루의 일과를
깊이 반성할 줄 알며 감사로 마무리하는 사람이
되겠습니다.

그림 언어는 이처럼 우리의 표현을 풍성하게 하고 우리의 마음을 움직이는 역할을 하기도 한다. 성경에도 그림 언어가 가득하다. "네 집 내실에 있는 네 아내는 결실한 포도나무 같으며 네 상에 둘린 자식은 어린 감람나무 같으리로다." 이러한 그림 언어들을 생각하고 있으면 영감이 떠오른다. 그림 언어는 삶을 이미지화 하는 언어이다.

야곱은 그의 세 아들에게 축복할 때, 참으로 아름다운 그림 언어를 사용한다. 야곱이 사용한 그림 언어는 자녀들에게 축복할 때 매우 유용한 소통의 도구가 된다. 야곱은 그의 아들들을 축복하면서 각각 다른 그림 언어를 사용한다. 유다에게는 '사자 새끼'란 그림 언어를 사용한다. "유다는 사자 새끼다. 내 아들아, 네가 사냥한 먹이 위로 일어섰구나. 그가 웅크리니 사자 같으며 그가 암사자처럼 엎드리니 누가 감히 그를 일으켜 세우랴"(창 49:9). 성경에서 사자는 강한 힘을 나타내고, 고대 근동에서는 고귀한 왕족 신분을 상징했다.[1] 납달리에게는 '암사슴'이라는 그림 언어를 사용한다. "납달리는 놓인 암사슴이라 아름다운 소리를 발하는도다"(창 49:21). '암사슴'은 우아함과 아름다움을 나타낸다.

여기서 야곱이 납달리에게 온순한 동물 '암사슴'이란 그림 언어를 사용한 것은 납달리의 아름다운 예술적인 특성을 나타낸다. 납달리는 아름다운 언어를 사용할 수 있는 예술가였다. 요셉에게는 '샘 곁의 무성한 가지'란 그림 언어를 사용한다. "요셉은 무성한 가지 곧 샘 곁의 무성한 가지라 그 가지가 담을 넘었도다"(창 49:22). 이 그림 언어는 가족들에게 피난처를 제공한 요셉이 하나님을 신뢰하였는가를 보여 주는 언어이다.

야곱의 그림 언어는 시편 1:3절과 비슷하다. 이 구절은 예수님을 그리는데 처음으로 사용되었다. "그는 시냇가에 심은 나무가 철을 따라 열매를 맺으며 그 잎사귀가 마르지 아니함 같으니 그가 하는 모든 일이 다 형통하리로다"(시 1:3). 야곱은 그림 언어를 통해 자녀들의 소중한 가치를 생생하게 드러낸다. "사실 구약성경에는 그림 언어가 많이 나타나 있다. 그림 언어는 상대방의 고귀한 가치를 드러내는데 사용된다."[2]

야고보서에는 세 가지 종류의 그림 언어가 나온다. 첫째, 우리의 말의 절제의 필요성을 위해서 '재갈'이라는 그림 언어를 사용한다(약 3:3). 둘째, 우리의 관계에서 말이 중요한 역할을 하고, 우리의 입으로 하는 말이 사람들과의 관계를 좌우한다는 것을 강조하기 위해 '작은 키'란 그림 언어를 사용하였다(약 3:4). 셋째, 우리의 말의 중요성을 설명하기 위해 '혀'란 그림 언어를 사용하고 있다(약 3:5-6). "혀는 우리 몸의 작은 지체 가운데 하나일 뿐이다. 그러나 혀는 너무나 커다란 능력을 가지고 있다. 보라! 아무리 숲이 크다 해도 작은 불로써 다 태워버릴 수도 있지 않는가? 혀는 바로 그런 불이요 불의의 세계이다. 혀는 우리의 지체 가운데서 우리의 온 몸을 더럽힐 수 있고, 인생의 바퀴를 불태울 수도 있고…"(약 3:5-6). 우리의 말이 사람의 삶을 통째로 태워버릴 수도 있다는 것이다. 말의 힘이 얼마나 중요한지를 그림 언어를 통해 보여 주고 있다.

그림 언어는 이미지 언어이다

멘토링에서 그림 언어는 중요한 역할을 할 수 있다. 멘토링의 중요한 목적 중의 하나가 사람을 세우는 일이다. 사람을 세우는 데 강력한 기능을 발휘하는 그림 언어를 포기하는 것은 매우 효과적인 도구 하나를 사장시키는 것이다. 멘토의 그림 언어는 '흐르는 강물'과도 같다. 굽이굽이 수 천리 길을 달리며 생명을 피워 내는 강물처럼, 멘토는 그림 언어를 통해 멘티를 세우고 용기를 줄 수 있다. '흐르는 물'은 때로는 인간들의 이기심에 의해 더렵혀진 강물을 정화해 내는 그런 젖줄이다. 그림 언어는 사람들을 정화하고 생명의 언어로 작용할 수 있다.

이제 일상의 언어로는 만족하지 못하는 시대이다. 우리의 주변이 모두 이미지화되어 있기 때문이다. 말에도 이미지가 필요하다. 멘토는 그림 언어를 효과적으로 사용하는 훈련을 할 필요가 있다. 게리 스몰리와 존 트렌트(Gary Smalley & John Trent)는 솔로몬의 아가서에 나타난 그림 언어를 통하여 사람들의 높은 가치를 전달하는 네 가지 열쇠를 제안한다.[3]

먼저 그림 언어는 우리 주위에서 흔히 볼 수 있는 대상을 사용하는 것이 좋다. 이러한 그림 언어는 솔로몬의 아가서에 가득하다. 그는 일상적인 대상을 이용해서 사랑하는 사람의 신체적인 아름다움과 성품을 그려 냈다. 솔로몬은 신부의 눈을 비둘기의 눈이라고 그린다. 비둘기는 우리의 일상생활에서 흔히 볼 수 있는 대상이다. 솔로몬은 이러한 그림 언어를 사용해서 효과적인 커뮤니케이션을 하였다. 우리가 흔히 하는 말의 언어는 일차원적이라고 한다면, 그림 언어는 다차원적인 기능을 가진다.

그림 언어는 칭찬 언어이다

다음은 그림 언어에서 대상을 선택해서 칭찬할 때 상대방의 장점과 연결시켜 감정을 담아 사용할 때 효과적이다. 솔로몬은 어떤 대상을 선택해서 신부의 아름다움을 칭찬한다. 이때 솔로몬은 신부의 특징을 드러내는 감정적인 표현을 그림 언어에 담고 있다.

솔로몬은 그의 신부를 향해서 이렇게 말한다. "네 목은 무기를 두려고 건축한 다윗의 망대 곧 방패 천 개, 용사의 모든 방패가 달린 망대 같고"(아 4:4). 솔로몬은 그의 신부의 목을 다윗의 망대와 비교해서 말한다. 솔로몬은 망대를 평화와 완전의 의미를 나타내는 상징과 함께 신부를 향한 그의 사랑을 나타내는 상징으로 사용하였다. 다윗의 망대는 예루살렘 성에서 가장 높게 서 있었다. 농부가 성 밖에서 일을 하다가 고개를 들면 힘차게 서 있는 이 망대를 볼 수 있었다. 전쟁이 없을 때는 이 망대 위에는 다윗의 용사들의 전쟁 방패가 걸려 있었다. 다윗의 용사들은 성을 지키는 호위병들이었고 다윗 군대의 선봉장들이었다. 그러나 농부는 이 성 위에 있는 망대 위에서 다윗의 용사들의 방패가 사라지면 성안으로 대피했다. 솔로몬은 망대라는 그림 언어를 사용하여 첫날밤의 신부가 불안해하고 부끄러워할 때 안심하도록 배려하였다. 또한 구약성경 시대에 그 사람의 목은 그 사람의 용모와 태도를 나타내는 것이었다. 솔로몬은 그의 신부를 고요함과 안정감을 주는 애인으로 칭송하였다.

그림 언어는 치유 언어이다

또한 그림 언어는 상대방의 방어 본능을 푸는데 효과적일 뿐만 아니라 변화와 치유의 기능도 할 수 있다. 술람미 여인이 솔로몬을 처음 만났을 때 "나를 쳐다보지 마세요. 나는 햇빛에 그을려 검기 때문입니다"라고 말하였다(아1:6). 하지만 술람미 여인은 솔로몬과 얼마를 지내고 나서 스스로 이렇게 표현한다. "나는 샤론의 수선화요 계곡의 백합화구나"(아 2:1). 이는 커다란 변화이다. 어떻게 이런 일이 발생하였는가?

솔로몬은 술람미 여인에게 그림 언어를 사용하여 이렇게 말한다. "네 두 뺨은 땋은 머리털로, 네 목은 구슬 꿰미로 아름답구나"(아 1:10).

"나의 사랑하는 자는 내게 엔게디 포도원의 고벨화 송이로구나"(아 1:14). 만약 솔로몬이 술람미 여인을 향해 "당신은 아주 아름다운 여인입니다"라고 직설적인 표현을 했다면 오히려 그녀의 불안감은 더 깊어졌을 것이다. 왜냐하면 그녀는 외적으로 보면 아름다운 여인이 아니었기 때문이다. 자신을 불안해하고 있는 사람은 다른 사람의 칭찬을 그대로 받아들이려 하지 않는다. 칭찬을 그대로 수용하지 않는 경향이 있다. 솔로몬의 그림 언어는 사랑하는 신부의 방어 본능을 완화시켰다. 솔로몬의 이런 언어는 신부의 언어와 고백의 변화를 이끌어 내기까지 했다(아 2:1).

그림 언어는 창조 언어이다

마지막으로 그림 언어는 상대방의 잠재력을 이끌어 내는 데 효과적이다. 예수님은 시몬이라는 이름을 베드로로 바꾸셨다. 베드로는 헬라어에서 '바위'를 뜻한다. 베드로는 원래 바위와 같은 사람이 아니었다. 베드로는 예수님의 고난의 현장에서 바위와 같이 강하고 담대하지 못했다. 예수님을 세 번이나 부인하고 저주까지 하였다. 그러나 예수님의 부활 후에 베드로는 드디어 바위와 같은 사람이 되었다. 예수님은 나약한 베드로였지만 그림 언어를 통해 베드로의 미래를 그려 주셨던 것이다.

한 소년의 이야기다. 가정이 불안하여 학교를 그만 두려하고 삶을 포기하려고 하는 아들에게 아버지는 "아니야, 너는 해낼 수 있어. 너는 지브롤타의 바위야. 나는 네가 끝내 해낼 수 있으리라고 믿는다"라고 말해 주었다. 그러나 그는 당시에 자신을 바위라고 느낄 조건도 아니었고 여지도 없었다. 하지만 그런 가운데서도 아버지가 자기를 바위라고 그려 주시는 그림은 무척 도움이 되었다. 뭔가 해볼 수 있다는 희망을 가지게 되었다고 하였다.[4] 이처럼 그림 언어를 사용해서 사람의 잠재력을 묘사해 주면 한때는 자신의 잠재 능력을 인정하지 않았지만 희망과 용기를 가지게 할 수 있다.

아마도 베드로는 자신이 실수하고 예수님을 배반하는 가운데에서도 예수님의 그림 언어인 '베드로'를 가슴에 품고 있었을 것이다. 그림 언어는 마치 우리의 어머니와 같은 특성이 있다. 그림 언어는 자녀를 사랑으로 품어서 길러 내는 '어머니'와 같은 역할을 한다. 그림 언어는 어머니처럼 우리를 품어 주기도 하고 우리에게 용기를 주는 언어로 작용하기 때문이다.

그림 하나는 천 마디 말보다 낫다는 말과 백문이 불여일견이라는 말이 있듯이, 그림 언어는 비록 언어이지만 상대방으로 하여금 어떤 것을 마음에서 보도록 하는 기능을 하기 때문에 큰 위력을 발휘할 수 있다. 그림 언어는 전달하고자 하는 메시지를 더욱더 풍성하게 할 수 있다. 멘토링에서 그림 언어는 멘티를 세우는 데 아주 중요한 역할뿐만 아니라 멘티의 잠재력을 끌어내고 용기와 희망을 주는 기능을 할 수 있다.

제 12 장

멘토링과 이야기
Mentoring and Story

이야기는 효과적인 소통방법이다

사람들은 역사 이야기, 가족 이야기, 부모의 이야기, 친구의 이야기, 사랑의 이야기 등 수많은 이야기를 하면서 살아간다. 인간은 이야기와 함께 살아가는 존재이다. 이야기는 우리와 뗄 수 없는 우리의 동반자이자 친구이다. 이야기는 우리의 일상과 삶에서 큰 역할을 하며 힘을 발휘한다. 중세시대 페르시아의 왕 샤리아르는 왕비의 불륜 장면을 목격한 후에 모든 여자들에 대한 증오를 갖게 된다. 그 후 그는 왕비를 죽이고 밤마다 자신의 처소로 온 여자들을 죽이는 끔찍한 일을 계속하였다.

하지만 유일하게 비참한 죽음을 피한 여성이 있었는데 바로 세헤라자데이다. 그녀가 죽음을 피할 수 있었던 비결은 바로 이야기였다. 그녀는 매일 밤 왕에게 이야기를 들려 주었다. 이야기는 살인도 멈추게 하는 힘이 있다. 이야기의 힘은 우리의 일상 속에서도 발견할 수 있다.

우리가 일상에서 보는 드라마와 영화는 거의 대부분은 이야기를 시각화한 것이다. 우리가 일상에서 접하는 드라마와 영화는 우리에게 어떤 필요한 교훈을 직접 말하는 기법이 아니라 간접적으로 이야기를 통해 말하는 기법을 사용하고 있기 때문에 친근감이 간다. 이야기는 우리로 하여금 집중하게 하는 힘이 있다. 평균 집중 시간이 14분에 불과한 5세 아이들도 이야기를 들을 때에는 상당한 집중력을 보여 준다.

마쉬 캐시디는 이야기하기를 "보편적인 이념, 이미지, 동기, 그리고 감정 등을 보존하거나 전달하거나 전달하는 수단을 제공하는 구두 예술(oral art form)"이라고 정의하였다.[1] 구두 예술인 이야기하기의 역사적 기록 중에서 가장 오래된 것은 기원전 2000-1300년으로 추정되는 이집트의 파피루스에 기록된 것이다.[2] 구약성경에서도 많은 이야기를 발견할 수 있다. 예를 들면, 사사기 6:7의 요담 이야기, 사무엘하 12:1-6의 다윗 왕 이야기 등이다. 물론 구약성경의 많은 부분은 이야기 형식이다. 복음서들의 대부분도 이야기 형식이다.

기독교 전통에서도 이야기는 중요한 역할을 하였다. 이야기는 기독교 메시지를 전달하는 일차적인 수단이었다. 기독교의 뿌리인 유대교가 교리보다는 이야기에 근거하고 있다는 것을 볼 때 더욱 그렇다. 그러나 기독교 전통에서 이야기의 역할이 약화되게 된 중요한 요인 중의 하나는 기독교 메시지가 철학적 신학 또는 교리화되기 시작하면서부터라고 할 수 있다. 다시 서술하면, 플라톤 사상에 영향을 받는 클레멘트 등이 기독교가 유대교의 한 종파로 전락하는 것을 방지하기 위해서 철학과 연대를 함으로써 빚어진 결과이기도 하다. 특별히 기독교는 로고스 교리로부터 시작해서 영혼 불멸설에 이르기까지 플라톤 철학과 결합하였다.[3]

그 이후에도 이야기가 기독교 메시지의 전달 방법으로 완전히 사라진 것은 아니었다. 순교자 시대에는 순교자들에 대한 이야기가 회자되었고, 수도원 시대에는 수도원장(Abba)은 교리에 대하여 신학적으로 설명하기보다는 자신의 경험을 이야기하는 방법으로 기독교 메시지를 가르쳤다. 중세시대에는 성자들에 대한 삶이 이야기 형태로 전해졌으며, 종교개혁 때는 루터의 '탁상담화' 등의 이야기가 맥을 이어 주었다.[4] 그러나 17세기에 스피노자와 소치아주의자들(Socinians)의 사상과 관련되어 성경에 대한 이성적 판단에 의한 검증을 강조하게 된 역사비평 방법이 등장하면서 담화적인 이야기 방법이 약화되었다.[5] 후에 이야기의 중요성을 강조하는 담화신학이 재등장하게 되는데 그 원인을 윌리엄 바우쉬(William J. Bausch)는 두 가지로 설명하였다.[6]

첫째, 담화신학의 기독론은 예수님의 신성보다는 인성에 대해 강조를 하고 있다. 즉, 예수님은 위로부터 신비를 계시하기보다는 일상생활 속에서 신비를 벗겨내는 것을 의미한다. 예수님의 신성을 강조하는 입장에서는 명제, 공식, 신조 등에 강조를 두고 있고, 예수님의 인성을 강조하는 입장에서는 이야기에 대해 강조한다. 예수님의 인성에 대한 강조는 역사적 예수님에 대한 강조와 함께 예수님의 가

르침에서 비유(parable)의 역할에 대한 새로운 이해가 신약성경 구조주의 연구에 의해 시작되었다.[7]

둘째, 담화신학 출현의 원인으로 현대문학의 영향을 들고 있다. 즉 지성에 의해서만이 아니라 이미지, 상징, 꿈 등도 진리가 밝혀지는 수단으로 본 것에서 원인을 들고 있다.

1900년에서 1940년까지의 시기에 종교 교육에서 이야기하기는 종교적인 진리를 표현하고 배우기에 가장 좋은 수단으로 인식되면서 이야기하기에 대한 관심이 증대되었다. 하지만 1940년에서부터 1970년까지는 이야기하기 방법에 대해 회의감을 가지면서 이야기 형태의 교육에서도 교훈적이고 도덕적인 목적들을 위해 쓰여 진 문학 이야기로 바뀌었다. 그러나 1970년경에 종교 교육자들 사이에서 이야기하기에 대한 관심이 새롭게 부각되었다. 최근에는 종교에 대한 학문적인 연구에 있어서 특이한 형태로 발전하게 되었는데 바로 담화신학(narrative theology)이다. 이야기와 이야기하기는 신학뿐만 아니라 교육학과 심리학에서도 관심을 갖기 시작하였다.

담화는 추상적인 개념보다 더 앞선 것일 뿐만 아니라 기독교인들의 삶의 이야기들은 명제적이고 교리적인 신학의 형성보다 앞선 것이다.[8] 이야기의 중요한 기능과 특징은 먼저, 이야기는 직접적으로 의사소통이 될 수 없는 진리를 전달하는 간접적인 의사소통의 중요한 형태이다.[9] 또한 담화는 과거와 현재와 미래를 연결하는 능력을 지니고 있다.[10] 이야기는 상상력을 불러일으키고 사람들로 하여금 미래를 기대하는 것을 도와주며, 실현되지 않은 가능성을 기대하는

것은 이러한 가능성의 실현을 불러일으킨다.[11]

담화의 이런 기능은 인간의 상상력의 범위를 확장할 수 있으며, 새로운 가능성을 향하여 새로운 방향 안에서 행하도록 인간의 창조성을 확장한다.[12] 제임스 리(James M. Lee)는 "이야기는 주로 인지적인 경험인데, 이는 청자를 이야기 안에서 이야기된 사태들 안에 대리적으로 참여하도록 초청한다. 왜냐하면 이야기는 대리적인 경험을 위한 인지적인 초청이며, 언어적인 교육 도구 가운데 가장 효과적인 것 중의 하나이기 때문이다"라고 하였다.[13]

이야기는 상상력을 자극하고 창조성을 격려한다

그렇다면 이야기와 멘토링은 무슨 관계가 있는가? 먼저 이야기는 상상력을 자극하고 창조성을 격려하는 특성이 있기 때문에 멘토링의 목적과 관련이 있다. 이야기를 통해 멘티의 잠재력과 창조적인 삶을 개발하는 데 도움을 줄 수 있다. 다음은 멘토링의 목표와 관련이 있다. 이야기는 삶의 경험으로부터 나오기 때문에 삶의 실제 상황 속에 적용시키는 유익한 수단이 될 수 있기 때문이다. 그리고 이야기는 교훈적이고 감동적인 기능을 가지고 있기 때문에 멘토링에서 효과적인 기능을 할 수 있다. 성경의 감동적인 내용들은 대부분은 이야기 형식을 취하고 있다. 구체적인 예는 예수님의 선한 사마리아인의 비유, 우물가의 사마리아 여인 등이다.

이야기가 멘토링 커뮤니케이션에서 중요한 것은 이야기는 구체적이며, 경험적이며, 개인적이고, 시간적이고, 모든 사람에게 접근이 가능하기 때문일 뿐만 아니라 이야기를 하는 사람과 듣는 사람 모두를 세우는 역할을 하기 때문이다.[14] 또한 다른 사람들과 관계를 맺고 정보를 전달하는 수단으로 이야기를 사용하는 사람들은 그렇지 않은 사람보다 더 큰 신빙성과 자부심을 갖게 되기 때문이다. 하지만 멘토링 과정에서 멘토가 이야기 기법을 사용할 때 멘토는 반드시 희망과 치유의 이야기를 들려주어야 한다.

멘토는 자신의 이야기를 할 때, 어느 정도 자신의 약점도 드러낼 수 있어야 한다. 물론 전부를 다 이야기해서는 안 된다. 멘티가 자신을 멘토와 동일시하고 멘토의 실패뿐 아니라 성공을 통해서도 배울 수 있을 정도만 이야기해야 한다. 그러나 주의해야 할 것은 멘토가 자신의 체험들을 이야기할 때 멘티에게 자기를 과시하려는 유혹을 반드시 피해야 한다.

멘토링

영혼 돌봄을 위한

제 4 부

멘토링의 모델과 실제

제 13 장   영적 강화 모델
제 14 장   신앙 강화 모델
제 15 장   비전 강화 모델
제 16 장   강점 강화 모델

Mentoring for Care of Soul

제 13 장

영적 강화 모델
Spiritual Intensification Model

멘토링과 영적 강화

우리는 통전적인 존재로서 통전적인 관계 안에서 살아갈 때 진정한 성장과 발달을 경험할 수 있다. 우리의 몸이 소중한 하나님의 선물이지만 우리 자신과 다른 사람의 몸에만 집중하면 육감적인 만족에 빠지게 된다. 우리는 우리의 몸뿐만 아니라 정신적 건강도 중요하다. 그러나 정신적 건강이 우리에게 필요한 건강의 전부라는 가정은 오류다. 우리의 성장과 발달에서 몸과 정신의 건강뿐만 아니라 하나님과의 관계 안에서 발생하는 영적인 국면의 중요성도 인식해야 한다.

프로이드는 기독교 신앙의 현상적인 오류에 초점을 두고 비판하였지만 키에르케고르는 기독교 신앙의 본질에 관심을 두었다. 키에르케고르의 관점은 우리에게 중요한 의미를 시사해 준다.[1] 프로이드는 아이를 목욕시킨 물과 함께 아이까지 버리는 오류를 범하였지만 키에르케고르는 목욕물은 버렸지만 아이의 생명을 지키기 위해 한 평생 몸부림쳤기 때문이다. 이러한 키에르케고르의 지혜 때문에 프로이드보다 앞서 살았던 키에르케고르의 사상을 프로이드가 대하였다면 프로이드의 사상은 달라졌을 것이라고 말하는 이들도 있다.

예를 들면, 호바트 모우러(O. Hobart Mowrer)는 "프로이드는 키에르케고르의 초기 작품이 미처 충분히 이해되고 평가받지 못했던 시기에 활동하고 저술했음이 분명하다"고 하였다.[2] 키에르케고르는 서구 정신에서 이성이 언제나 중요한 역할을 하여 심지어 생각이 곧 존재 또는 실재와 동등한 것으로 간주되는 경향에 강한 의구심을 품었다. 그는 무엇을 아는가보다 더 중요한 것은 무엇을 해야 하는가를 고뇌하였던 사상가였다. 키에르케고르는 그의 처남에게 보낸 편지에서 이렇게 고백하였다.

> 내게 진정으로 필요한 것은 내가 무엇을 해야 하는가에 대한 분명한 자각이지, 내가 무엇을 알아야 하는가에 대한 것이 아니네. 적어도 지식이 모든 행위에 선행되어야만 하는 경우만 제외하고는 말이야. 중요한 것은 목적을 발견하는 것, 즉 하나님이 내가 반드시 하기를 원하시는 것이 진실로 무엇인지를 알게 되는 것이지. 다시 말해 증차대한 문제는 진리를 발견하는 것인데, 이 진리는 나 자신을 위한 진리로, 이것을 위해서라면 내가 살 수도 있고 죽을 수도 있는 그런 진리라네… 이런 진리는 한갓 지식에 그치는 것이 아니라, 온전

> 한 인간이 되기 위해 반드시 있어야 하는 진리라네…. 이것이 바로 내가 필요로 하는 것이자 내가 애써 발견하고자 하는 것이라네.[3]

그는 이론과 실천의 통일의 중요성을 간파한 사람이었다. 그는 실천으로 옮겨지지 않는 사유란 의미 없는 것임을 간파하였다. 그는 그가 아는 진리를 모두 실천하지는 못하였지만 참된 목표지점을 향해 달려가려고 노력하였다. 물론 그의 소명은 진리를 증거하는 것이었다. 왜냐하면 그는 "예수 그리스도가 인간을 위한 구속을 가르치신 것이 아니라, 인간을 실제로 구속하셨다"는 사실을 인식하고 있었기 때문이다.[4]

키에르케고르는 기독교적 멘토링을 위한 중요한 지도(map)를 제시해 주고 있다. 그는 인간의 의식 단계를 자아의 심미적 단계, 윤리적 단계, 종교적 단계로 구분하였다. 기독교의 진정한 목적은 '종교 B'가 되어야 한다고 주장하였다. '종교 B'는 예수 그리스도와 우리 사이에 일어나는 인격적인 만남과 반응을 통해 실현되는 아주 독특한 결과를 경험한 단계이다.

멘토링과 관계적인 자아

인간은 본질적으로 관계적인 존재이다. 키에르케고르는 자아에 대해 이렇게 설명하였다. 첫째, 자아는 관계이다. 둘째, 자아는 자기 자신과의 관계이다. 셋째, 자기 자신과의 관계인 자아는 다른 사람 안에서 그리고 이 다른 사람과의 연관된 자신과의 관계를 통해 확립된다. 넷째, 관계로서 자아가 자신과의 관계에서 실패하게 되면, 자연히 다른 사람과의 관계도 실패하게 된다. 그 결과 이중적인 단절의 절망을 경험하게 된다. 다섯째, 자아는 자신을 창조한 하나님 안에서 투명한 상태로 안식할 때에야 비로소 이런 절망의 뿌리가 제거되고 치료되는 것을 경험하게 된다.[5]

키에르케고르가 궁극적으로 추구하고자 했던 것은, 관계적 자아로 창조된 인간이 "자기 자신과 관계를 맺고 기꺼이 자신이 되고자 한다면, 자아는 그 자아를 형성한 능력, 즉 하나님 안에서 투명하게 안식하게 될 것이다."[6] 그러므로 하나님과의 관계 안에서 투명하게 안식하는 "신앙이란 자아가 자기 자신이 되는 것일 뿐 아니라 기꺼이 자기 자신이 되고자 하나님 안에서 투명하게 안식하는 것이다."[7] 키에르케고르의 성찰을 통해 본 멘토링의 목적은 우리가 하나님 안에서 투명하게 안식하지 못할 때 오는 절망의 상태에서 나와 하나님의 사랑에 안식하도록 하는 데 있다. 키에르케고르는 절망의 범주들을 이렇게 설명하였다.

> 나 자신이 되고자 하지만 뜻대로 안 되며, 나 자신을 벗어나고자 하지만 뜻대로 안 되며, 나 자신을 없애 버리려 하지만 뜻대로 안 되기 때문에 자신에게 절망하는 것이다. 이것이 모든 절망의 공식이다. 자신이 되고자 하지만 뜻대로 안 되기 때문에 생겨나는 다른 모든 절망의 형태도 따져 보면 모두 이 공식으로 거슬러 올라간다…. 절망한 나머지 나 자신이 되지 않으려 하고, 나 자신을 제거하고자 하는 것은 결국 나 자신이 되고자 하지만 뜻대로 되지 않는 데서 오는 절망에서 기인한다.[8]

인간 스스로는 어떤 것도 성취하지 못하는 상태, 스스로는 조화로운 내적 통일도 성취하지 못하는 상태를 키에르케고르는 절망이라 불렀다. 그는 "불안정과 내적 투쟁, 부조화, 미지의 어떤 것에 대한 불안…자기 자신에 대한 불안을 은밀하게 품고 있지 않은 인간은 없다. 절망을 경험하지 않은 인간은 아무도 없다"고 하였다.[9] 인간의 실패와 절망은 하나님과의 관계 안에 있지 않을 때는 보편적인 것이다. 인간이 경험하는 보편적인 실패와 절망이 바로 하나님 앞에서 죄라고 보았다. 하나님의 형상으로 창조된 인간은 참된 나 자신으로 살아가려면 반드시 하나님과의 유대 관계 속에서 살아갈 때이다.

기독교 멘토링의 중요한 목적 중의 하나가 영적 강화와 성장이다. 키에르케고르의 성찰은 영적 강화 모델에 유익한 지혜를 준다. 그의 영적 '강화 여정'(journey of intensification)[10]에 대한 성찰은 심미적 단계의 족쇄에서 해방될 수 있도록 하는 데 초점이 맞추어져 있다.

감각-심미적 단계

심미적 단계에 있는 사람들은 욕구와 타고난 본능과 재능에 의존된 상태이다. 이 단계의 사람들은 감각 중심적이요 양자택일적이다. 심미적 단계에서 인간은 내적 긴장과 모순 속에서 유한성의 절망을 경험한다. 이 단계에서 인간은 감각주의와 실용주의를 추구하지만 안식할 수 없다.

심미적 단계에 있는 사람들은 객관적 필연성의 통제에 갇혀 살아가는 사람들이다. 이러한 단계에 있는 사람들은 스스로 자유롭게 살고 있다고 착각하기 쉽다. 이러한 사람들은 절망의 희생자들임에도 불구하고 자신들이 처한 절망적 상태를 깨닫지 못한다. 이러한 실존은 대중의 압력 속에 사로잡혀 있다. 심미적 단계에 있는 사람들의 기본 상황은 자신의 실존적 실재를 망각하고 환경에 적응하는 자아 능력에만 의존한다.[11]

이 단계에 갇혀 있는 사람들은 자아 발달의 기저에 숨겨 있는 부정, 공허, 허무가 드러나는 궁극적 부정(ultimate negation)을 경험하게 된다. 그리고 삶 속에서 죽음의 실체의 일부가 드러나게 될 때 실존적 실재에 대한 망각을 깨뜨리는 결정이 나타나게 된다.[12] 궁극적 부정은 지루함, 죄의식, 절망 등과 같은 자기 방어를 무너뜨리는 형태의 모습들이 나타난다. 이는 마치 돌아온 탕자의 비유에서 작은 아들이 이전의 실존을 기억하며 돼지 여물통을 버리고 고향의 아버지에게로 돌아가려는 모습과 같은 것이다. 이 때 인간은 불안(angst)을 경험하게 된다. 이는 마치 "두려움 이면의 욕구 또는 공감 속의 반감"과 같다.[13] 이는 알코올 중독자가 알코올을 끊고자 하는 행동과 같다. 강화의 여정을 위한 불안을 경험하게 된다. 본능적인 실존을 넘어서서 도약하려는 불안이다. 그러므로 불안을 적이 아닌 친구로 환영하기 위해 감각적이고 욕구적인 자아를 넘어서는 것이 필요하다. 이는 인간의 유한성과 무한성 사이에 있는 근본적인 차이를 인식하기 위해서다.

종교-윤리적 단계

윤리적 단계는 본능적이고 감각적인 것을 추구했던 심미적 단계를 넘어서 질적으로 다른 삶을 살아가기 시작한다. 키에르케고르는 이 단계의 특성에 대해 이렇게 말한다.

> 인간의 삶에는 즉각성이 무르익어서 영혼이 자신을 영적인 존재로 인식하는 보다 더 고차원적인 형태의 삶을 추구하는 때가 찾아온다. 인간은 즉각적인 필요에 좌우되는 영적인 실존에 머물러 있는 한 이 땅의 삶 전체와 조화를 이룬다. 그리

> 고 이제 그의 영이 산만한 상태를 벗어나 변화되어 영 본연
> 의 모습을 추스르게 되면, 그는 자신의 인격을 영원한 존재
> 로 의식하게 될 것이다.[14]

윤리적 단계에서 사람들은 더 높은 윤리적 이상을 향해 나아가는 방향으로 도전을 받게 된다. 이 단계에서는 심미적 단계에서는 분명치 않던 자기의식에 의해 윤리적 엄격성으로의 도약이 일어난다. 보편적 윤리적 선에 집착하게 된다. 이 단계에서 심미적 자아는 제거된 것이 아니라 윤리적 실존에 포함되어 있다. 때문에 윤리적 단계에서 사람들은 현실과 당위 사이의 불일치를 경험하면서 자신들의 한계를 느끼게 된다.

더 이상 숨을 곳이 없는 윤리적 실존은 모든 것을 포기하고 하나님의 자비에 자신을 맡긴다. 하나님 앞에서 윤리적 실존은 도약을 통해 종교 A의 단계에 이르게 된다. 이때 하나님에 대한 관심에 끌리게 된다. 하지만 하나님은 인간의 필요를 도와주기 위해 '거기'에 있는 분으로 한정된다. 키에르케고르는 이러한 현상을 이렇게 말한다.

> 인류 전체를 통틀어 볼 때, 인간 실존은 적당히 반올림하기
> 만 하면 완전한 것처럼 부족한 것이 없는 것처럼 보인다. 그
> 리고 윤리적 영역은 이 실존을 제한하기도 하고 동시에 충일
> 하게도 한다. 하나님은 결국 보이지 않는 소멸점이다. 무력
> 하기 짝이 없는 사고의 작은 일부분에 불과할 뿐이다. 하나

> 님의 능력은 윤리적인 영역 안에만 있고 그 영역은 모든 실
> 존을 충일하게 한다.[15]

　　종교 A 단계에서 종교적인 자아에게 하나님은 관념적인 개념에 가깝다. 이런 종교적인 자아는 하나님의 요구에 부응하는 일에서 무능력을 드러낼 수밖에 없다. 때문에 죄책감은 점증하게 될 뿐만 아니라 하나님과의 절대적인 거리감에 직면하게 된다. 종교적인 자아는 자기 자신 안에서 더욱 내부지향적이다. 이 단계에서 종교적인 자아가 불안을 경험하는 것은 자연 재해, 전쟁, 의술로 치료될 수 없는 질병 등의 위기 상황 때문만은 아니다. 마음의 방황은 인간 실존의 어쩔 수 없는 상황 때문이다. 이러한 인간 실존의 상황에서 불가피하게 잘못된 열정이 생겨나게 된다.

　　잘못된 열정은 잘못된 비전을 만들어 낸다. 잘못된 비전은 인간의 영을 기만한다.[16] 잘못된 열정이 잘못된 비전을 생성하기 때문에 이 윤리적 단계와 종교적 A단계에서는 잘못된 비전을 따라 갈 수밖에 없다. 왜냐하면 이 두 단계에서는 자기 중심적인 심미적인 단계보다는 더 성숙한 열정을 지니고 있지만 객관성에 대한 무지한 추종에 머물러 있기 때문이다.

　　멘토링의 목적 중의 하나는 멘티로 하여금 자기 비전을 발견하고 그것을 강화시키는 것이다. 하지만 키에르케고르의 성찰을 통해 볼 때, 비전은 잘못된 열정의 산물일 수 있다는 것을 시사해 준다. 45세 된 한 그리스도인의 이야기다.[17] 그는 35세의 나이에 모 은행의

은행장이 되었다. 그는 오직 성공을 위해서 모든 것을 이차적인 것으로 여겼다. 그의 열정은 오직 성공에만 집착되었다. 그는 사람들과의 관계나 삶의 의미보다는 성공에 대한 집착에만 몰두하였다. 그는 잠자리에 들면서도 오직 승진만을 생각하였다. 이러한 잘못된 열정과 비전이 가져온 결과는 심각한 것이었다. 하지만 그의 나이 45세가 되자 그의 성공은 더 이상 아무런 의미를 주지 않았다. 그는 더 이상 늙거나 약해지기 전에 스스로 생명을 끊고자 하였다. 높은 산의 계곡이 깊은 것처럼 사람은 성공의 산에 높이 오르면 절망의 계곡을 더 깊이 체험할 수 있다.

문제는 이 젊은 그리스도인이 상담을 받은 적이 있지만 그의 문제는 해결되지 않았다. 왜냐하면 그의 문제는 인간 중심적인 방법으로는 해결될 수 없는 보다 심층적인 문제였기 때문이다. 어느 날 주일 예배에서 성찬식이 행해지는 동안 그는 울고 있었다. 그는 예배를 통해 임하신 그리스도를 만나게 되었다. 그의 성공과 성취의 외적 조건과 상관없이 자신이 살만한 가치가 있는 소중한 존재임을 깨닫게 되었다. 그는 어린 시절에 하나님의 현존을 경험한 적이 있었다.

영적-종교적 단계

종교 A단계에 속한 사람은 비전 직전 단계에 상응하는 열정을 가지고 있다. 인간 실존 상황을 솔직하게 인정하는 것은 참된 신앙을 향해 나아가는 첫걸음이 된다. 하나님이 예수님의 모습으로 이 땅에 왔다는 자각은 종교 A단계에 들어와서야 비로소 그 중요성을 깨닫기 시작한다. 신성과 인성을 지닌 예수님의 절대적 역설은 세 가지 방식을 통해 열정을 고양시키고 그리스도의 비전이 통합적 힘을 발휘하도록 한다. 먼저, 신-인의 역설은 유한한 인간과 무한한 하나님 사이의 실존적 분리를 극복할 수 있도록 해 준다. 다음은 신-인의 역설은 인간 실존 그 자체로는 이분법적인 분리에 빠질 수밖에 없을 뿐만 아니라 절대 진리이신 하나님 앞에서 인간은 늘 오류일 수밖에 없음을 보여 준다. 마지막으로 신-인 역설은 그 역설을 통해 하나님이 인간에게 자신을 계시하시고 은총을 베푸심으로써 인간으로 하여금 하나님과 교제할 수 있도록 변화시켜 주심을 보여 준다.[18]

신-인 예수 그리스도를 통해 하나님의 현존, 자아 평형, 역사적 실제성 사이의 인간의 통전성이 가능해진다. 이러한 통전성을 통하여 새롭게 획득된 열정과 비전은 인간의 자기 파괴적인 삶의 문제점을 분명히 볼 수 있도록 해 주며 종교 B단계에 이르게 된다. 이 단계에 이르게 되면, 자기(the self)가 자아(the ego)의 세계로부터 해방되어 하나님과의 연합 속에 투명하게 기초하게 된다.[19] 이 단계에 이르면 이 세상의 모든 사람과 모든 사건의 특정성에 대해 비소유적 기쁨(non-possessive delight)을 가지고 살아간다. 일상적인 것들이 진리를 담아내는 기회임을 깨닫고 일상적인 것들을 소중히 여기며 일상적인 것에 매혹된다.[20] 이 단계에서는 심미적 세계와 자아의 세계를 비전의 관점에서 새롭게 바라보고 그 위에 새로운 의미를 부여할 수 있게 된다.

앞에서 언급했던 젊은 그리스도인은 상담과 함께 기도를 계속하는 중에 어느 날 매우 강력한 꿈을 꾸게 되었다. 그가 그 꿈을 가리켜 '모세의 타지 않는 불꽃'으로 묘사할 정도로 그것은 강력한 꿈이었다. 그가 본 것은 형용하기 힘든 빛을 의미하는 것이었다. 그는 그 꿈 후에 상담자에게 앞으로는 성찬식에 정기적으로 참여할 것이며 그 성찬의 의미를 실현하는 삶을 살겠다고 하였다.[21]

그는 상담과정을 마친 후에 은행장 자리를 떠나서 금융 자문역을 맡아 파트타임으로 일하기 시작하였다. 그는 대부분의 시간을 무직자와 실직자들을 상담하고 돕는 일에 헌신하였다.[22] 이 젊은 그리스도인을 통해 볼 수 있는 것처럼, 자신을 위해 대신 고통당하시는 그리스도의 비전은 놀라운 변형의 힘을 가지고 있다. 그리스도의 비전은 하나님과 인간 사이의 단절을 극복하게 해줄 뿐만 아니라 우리의 영혼을 생기 나게 하는 힘이다.

루이스는 그의 삶의 여정에서 경험한 영적 삶의 중요성을 친구에게 보낸 한 편지에서 이렇게 쓰고 있다. "내가 세상에서 가장 소중히 여기는 것보다 하나님을 더 사랑하게 되면, 그것을 지금보다 더욱더 사랑할 수 있게 될 것이네. 반면에 하나님을 희생시키고 하나님 대신 세상에서 가장 소중히 여기는 것을 더 사랑할 때는 오히려 그것을 사랑하지 않게 될 것이네. 가장 중요한 것을 우선시하면 차선의 것은 억압되는 것이 아니라 증대되는 것이라네."[23]

루이스의 견해는 하나님과의 친밀한 관계는 심미적이고 윤리적인 삶도 증대시킨다는 것을 역설하고 있다. 이는 영적 생활의 근본 원리와 중심축의 중요성을 말하는 것이다. 인간의 실존적 불안과 절망은 유한한 자기 자신에게 중심축을 둘 때는 불가피하기 때문이다.

멘토링을 통한 영적 강화는 인간의 자아에 의한 것이 아니라 자기와 하나님 사이를 중재하는 변함없고 일관성 있는 그리스도의 비전을 통하여 성취된다. 그것은 자아의 잘못된 열정과 비전에서 해방된 자기를 하나님 안에 기초시키는 것을 통해 가능하다.

제 14 장

신앙 강화 모델
Faith Intensification Model

현대적인 관점과 언어로 신앙의 여정을 제시한 사람들 중에는 칼 융(Karl Jung)과 제임스 파울러(James Fowler)를 들 수 있다. 파울러는 성인이 경험하는 신앙의 여정을 네 개의 영역으로 구분한다.[1] 관습적 신앙, 개별적이고 반성적 신앙, 결합적 신앙, 보편화된 신앙이다. 파울러가 구분한 이러한 단계들은 우리의 삶에서 궁극적 가치와 의미를 구성하는 방식들과 관련된 것이다. 파울러는 그 단계들은 연속적으로 일어나며 한 단계에서 다음 단계로 발전한다고 보았다. 각 단계의 전이과정에서 우리는 의미의 상실은 물론 그동안 우리가 가지고 있던 하나님에 대한 이미지의 상실이 일어나는 등 상당히 고통스러울 수 있다.

융은 이 여정을 개성화(individuation) 과정으로 보고 일생 동안 여러 인격 체계[2]가 점점 더 개성화되어 간다고 한다. 융에게 개성화란 사람들이 자신의 내면에 있는 자기와 이웃과 우주와 밀접한 관계 속에 있다는 사실을 깨닫고 그 깨달음을 통하여 그의 인격이 변화되는 과정이다. 중요한 것은 여러 인격 체계가 각각 분화되어 가면서 그 체계 자체 안에서도 더 복잡하게 분화되어 간다는 것이다. 개성화 과정을 통해 인간은 자아의 의식적 행위의 종류가 크게 늘어난다.[3] 따라서 개성화가 진행됨에 따라 더욱 세련된 돌파구, 즉 더욱 복잡한 상징체계가 필요하다. 또한 건강한 발달을 위해서는 이 여러 인격 체계가 균등하게 개성화될 수 있는 기회가 필요하다. 만일 어떤 하나의 체계가 지나치게 팽창하면 인격은 균형을 잃게 된다. 이러한 의미에서 융의 인격 발달의 여정에서 인격의 통합과 초월의 개념이 중요하게 등장한다.

즉 통합은 인격의 모든 면의 개성화의 과정을 말하는 것이고 이러한 각 과정을 조절하는 기능을 초월이라고 말한다.[4] 융은 인간의 삶을 크게 두 단계로 나누었다. 태어나서부터 서른다섯 무렵까지의 인생의 전반기에는 주로 주어진 환경에 적응하고 정체성을 확립하는 시기로 보았다. 인생의 후반기인 서른다섯 이후에는 주로 내면에 있는 정신적인 요소를 통합시키고 중요하게 여기는 시기로 보았다. 하지만 융은 인격의 여러 체계는 성인기에 들어서면서 세 단계를 거친다고 설명한다. 외향적 가치에 주의를 기울이는 성인 초기, 정신적 가치를 인식하는 중년기, 그리고 영원한 가치를 생각하게 되는 노년기로 나누어서 보았다.

파울러와 융은 성인들의 신앙 여정에서 도움이 될 만한 렌즈를 제시한다. 물론 파울러는 보다 더 인지와 의식의 세계를 통해 그 여정을 다루고 융은 정서와 무의식을 강조한다. 파울러와 융은 신앙의 발달과 개성화가 진정한 자기 정체성에 도달하는 과정에 대한 성찰을 통하여 지혜를 제공한다. 즉 자기 정체성은 전통이나 외부적 환경, 정신 세계인 의식과 무의식, 정신 세계를 넘어선 신비와의 어떤 관계를 형성하는가에 따라 특성과 유형은 달라 질 수 있다. 신앙의 정체성은 전통, 의식, 무의식, 신비성 등과 관련되어 성취된다. 신앙의 정체성은 기본적으로 자기가 속한 전통에 의해 형성된다. 하지만 의식 세계를 통해 외부적 환경에 의해 형성된 신앙은 성찰이 발생한다. 이러한 성찰이 간과 될 때 신앙은 인습적 신앙에 머무른다. 의식적 성찰은 신앙의 지적 깊이를 더해 주지만 체험적 신앙에 대해 부정적이기 쉽다. 의식적 신앙은 무의식의 세계와 신앙의 신비성에도 열린 자세가 필요하다. 그러나 역으로 지나치게 일상의 신비를 간과하고 초월적이고 신비의 형태에만 몰두하여도 바른 신앙의 정체성은 확보되지 않는다.

전통-인습적 단계의 신앙

파울러에 따르면 전통 중심적 신앙을 형성하고 있는 사람들의 특징은 전통적이고 인습적인 방식의 사고와 경험 중심적 신앙을 형성하고 있다. 이러한 사람들은 외부에서 주어진 전통적인 가치와 형식을 권위를 가진 것으로 그대로 받아들인다. 그들은 그들이 속한 그룹의 가치 기준에 민감하며 거기에 순응하려고 노력한다. 즉 그들에게 권위는 그들이 속한 그룹의 전통적 가치에 있으며 그것과 다른 것은 용납되지 않는 것이다. 그들은 살아가면서 경험하게 되는 것들을 비판적인 사고 없이 인습적으로 행하며, 부모나 공동체로부터 받은 가치와 신념에 의존하며 의심 없이 따르는 경향이 있다. 따라서 이 단계에 있는 사람들은 신뢰가 강한 반면 자율성이 약한 면이 있다.[5]

파울러와 같이 융도 외향적인 가치에 직면하는 시기의 사람들을 설명한다. 융은 성인 초기를 '정신의 탄생기'라고 부를 만큼 이 시기에 많은 변화가 있다고 말한다. 세상에서 자신의 위치를 구축해 가면서 개인이 직면하는 직업이나 결혼과 같은 여러 외적인 일과 관련이 있다. 융은 바깥 세계에 순응하는 자아의 모습을 페르조나(persona)라는 용어를 사용하여 설명한다.[6] 사람의 페르조나는 사회 상황과 사회관습의 요구에 응답하기 위하여 쓰는 가면이다. 이것은 사회가 사람에게 부과하는 역할 혹은 사회가 연출하도록 사람에게 기대하는 부분이다. 페르조나는 따라서 공적 자아이며, 사람이 세상에 노출시키는 자신의 일면이며, 사회적 자아다. 이 단계에서 개인이 직면하는 문제가 모두 외향적인 일과 관련된 것은 아니지만 가치 추구 면에서 외향적인 가치 즉 물질적인 만족과 확보가 더 큰 관심사이다. 따라서 "나는 누구인가"라는 질문은 근본적으로 가족, 동료, 문화의 가치에 의해 결정된다.

전통 지향적 신앙을 가진 멘티에게 멘토가 도와주어야 할 핵심 내용은 '본질'과 '전통'의 관계성 대한 이해이다. 야로슬라브 펠리칸(Jaroslav Pelikan)은 "전통은 죽은 자의 살아 있는 믿음이며 전통주의는 살아있는 자의 죽은 믿음이다"라고 하였다.[7] 이처럼 전통은 우리의 신앙에 지혜를 줄 뿐만 아니라 선생과 같은 역할을 한다. 전통은 우리의 신앙 여정에 필요한 많은 영적 지혜와 우수한 방법론까지 전수해 준다. 성경의 진리에서 나온 오랜 영적 전통, 훈련 방법, 지혜들을 결코 간과할 수 없는 보화들이다.

예를 들면, 렉시오 디비나, 묵상기도, 베네딕트의 수도원의 기도와 노동의 조화 등이다. 물론 문제가 많았던 중세의 잘못된 전통들도 있었다. 잘못된 성직자 중심주의, 삼분설과 같은 왜곡된 인간론 등은 반드시 극복되어야 할 문제들이다.

우리의 신앙은 분명히 전통의 영향을 받는다. 우리는 우리가 속한 가정을 통해 태어나고 성장하였듯이 우리의 신앙도 우리가 속한 교회의 전통을 통해 형성되고 성장한다. 하지만 우리가 어느 정도 성장하게 되면 가정에만 갇혀 배우지 않듯이, 하나님은 우리가 속한 전통이 가르쳐 준 진리를 귀하게 여기면서도 다른 사람들의 경험으로부터도 배우기를 원하신다. 분명히 예수님도 전통을 무시하지 않으셨다. 전통적으로 내려오는 율법적 전통을 귀하게 여기셨다. 하지만 전통이 본질을 침해하거나 사람의 생명과 하나님의 사랑의 정신에 부합되지 않을 때는 거부하셨다. 전통의 가치에만 메이게 되면 본질을 놓치게 되는 전통주의에 빠지기 된다.

사울이 대표적인 경우다. 사울은 다메섹에서 예수님의 음성을 듣고 만나기 전에는 유대주의적 전통에 메여 본질을 보지 못하였다. 본질을 보지 못하고 전통주의에 메여 있던 사울은 편견과 공격성의 지배를 받았고 심지어 생명까지도 그 전통에 종속시키려고 하였다. 그러므로 전통이 본질보다 우선할 때는 지혜가 아니라 무기가 되어 버린다.

전통적이고 인습적 단계의 신앙은 자기 주체적인 신앙보다는 교리 중심적 신앙과 자기가 속한 공동체의 신념과 가치에 의존하는 경향이 강한 신앙을 형성한다. 이러한 단계에 있는 사람들은 그들의 신앙 경험을 말로 표현하고 탐구하고 확장시키도록 도와주는 것이 멘토링에서 중요하다. 인습적 신앙의 단계의 사람들은 깊은 자기 주체적 신앙으로 가기 위해서는 신앙을 자기의 것으로 소유할 수 있는 성찰적 탐구가 필요하다. 이러한 사람들에게는 자기가 속한 신앙 공동체의 신념과 가치를 초월하여 영적 체험을 할 수 있는 길을 안내하는 것이 도움이 된다. 기도나 예배 경험을 위한 보완적 방법을 제공해 주는 것이 필요하다.

예를 들면, 멘티가 은사와 방언 등을 소중히 하는 사람이라면 경건서적 읽기나 성경공부 사색적인 방식이나 렉시오 디비나(사실 렉시오 디비나는 모든 사람들에게 유용하다.)와 같은 관상적인 방식이 도움이 될 것이다. 만일 멘티가 사색적이고 형식적인 예배 전통을 중시하는 사람이라면 비형식적인 예배를 경험하도록 돕는 것이 좋다. 다른 전통에 속한 사람들과의 대화 등은 신앙의 도약을 위해 좋은 에너지를 제공해 줄 수 있다. 바울이 영적 체험 후에 신앙의 의식적 성찰뿐 아니라 하나님의 신비를 인정하고 성령의 은사를 따라 산 삶은 중요한 근거가 된다.

의식-성찰적 단계의 신앙

이 단계로의 발전은 자동적으로 일어나지 않으며, 어떤 이들은 이것을 회피하려고 한다. 하지만 만일 우리가 이 변화를 성공적으로 잘 통과하게 되면, 우리는 궁극적 의미와 실재에 대한 이해와 새로운 구조가 떠오르는 것을 보기 시작할 수 있다. 파울러는 이 단계를 집행능력이 있는 자아(executive ego)가 지배하는 개별 성찰적(individuated reflective)단계라고 말한다.[8] 이전에 인습적으로 받아들였던 가치가 증대된 자아의 자율성에 의해 비평적으로 검토되는 과정을 거치게 된다. "나는 누구인가"와 같은 인간의 근본적 질문에 답하기 위해 외부의 권위에 의존하기 보다는 개별화의 과정을 거친다. 이 단계의 장점은 독립성과 개별적 성찰능력이다. 하지만 약점은 개인주의적이다. 어떤 생각이나 사상에 흑백논리에 빠지기 쉽고 종합적 논리가 약하다.

융은 이 단계를 의식적 자아가 지배하는 단계로 본다.[9] 이 단계에서 우리는 명백하게 의식적 자아가 정의한 이념에 의해 움직인다. 이 이념은 우리의 생활방식에 강하게 영향을 미치며 자신이 소속할 공동체를 의도적으로 선택한다. 일단 이 단계에서 견고해지면, 우리는 매우 안전하고 편안하며 충분하다고 느끼게 된다. 우리는 같은 생각을 가진 사람들의 공동체로부터 지지를 이끌어내며 때때로 우리의 가치와 세계관을 나누지 않는 이들을 용납하지 못한다. 이 단계의 절정에서 우리는 현실의 이념적 구성이 모순에 부딪히게 될 때 그리고 우리의 삶에 힘을 주었던 구조들이 그 권위와 힘을 잃어가기 시작할 때 우리는 다른 사람의 도움을 필요로 한다.

우리의 신앙 여정에서 의식은 중요한 역할을 한다. 특별히 의식의 주인공인 이성은 트레이시의 지적과도 같이 타당하게 사용될 경우 초월과 연결되는 중요한 역할을 감당할 수 있다.[10] 우리는 이성의 역할을 결코 부인할 수 없다. 우리의 신앙 여정에서 이성의 중요성을 문제삼는 것은 많은 문제를 야기시킨다. 다만 이성 자체가 지닌 한계를 인정하지 않음으로 인해 다른 요소들을 부인하거나, 또는 존 헐(John Hull)의 지적과도 같이 이성주의 가운데에서도 효능과 편의를 강조하는 '기술적 이성주의'(technical rationality)로 축소된다거나, 이것만이 주된 기능으로 간주될 때 문제가 되는 것이다.[11]

신앙은 그 본질상 지적인 면 외에도, 감정적인 면, 의지적인 면, 공동체적인 면, 관계적인 면, 초월적인 면을 모두 포함한다. 그러나 이성 중심적 신앙 체계는 분명히 신앙의 초월성을 왜곡하거나 외면할 수 있다. 때문에 의식 중심적 신앙은 분명히 한계성이 있다. 신앙의 초월성은 주변적인 가치로 여기는 현상을 초래할 수 있다. 신앙을 이성 중심 터전에 가둘 때 신앙의 이해는 협소화될 수 있고 기독교적 신비와 영적 삶을 왜곡시킬 수 있다.

일생 동안 신학에 관한 많은 집필을 하였던 토마스 아퀴나스는 말년에 하나님의 사랑을 직접 체험했다. 그 순간부터 아퀴나스는 집필을 멈추고 지금까지 자신이 쓴 글들은 모두 '지푸라기'에 지나지 않다고 했다. 하나님에 대해서 말하는 것과 하나님을 경험하는 것은 전혀 다른 차원의 것이다.

　우리의 신앙이 의식 중심적인 사고에 메이게 되면 하나님에 대한 지적 신념을 섬기게 된다. 다시 서술하면, 우리는 하나님을 믿는 것이 아니라 하나님에 대한 우리의 생각을 섬기게 된다. 이것은 바로 영적 신경증, 즉 우리의 정신의 우상 또는 지식의 우상이다. 우리는 일반적으로 우상을 보이는 어떤 형상을 섬기는 것으로 생각한다. 바다, 동물, 바위, 나무 또는 땅을 하나님 대신 예배하거나 이런 대상을 향해 복을 비는 것으로 생각한다. 하지만 우상은 눈에 보이는 물리적인 것뿐만 아니라 정신적인 개념(mental concept)으로도 나타날 수 있다. 모든 물리적인 이미지 배후에는 우리 마음을 꾀는 정신적인 개념들이 들어 있을 것을 안다면, 물리적인 우상보다도 정신적인 우상이 더 파괴적일 수 있다.[12]

　현대적 우상은 주지주의 형태로 나타나기도 한다. 하나님을 인격적으로 섬기기보다는 관념적인 하나님을 섬기는 경우다. 이러한 하나님은 지식의 하나님이요 관념의 하나님일 뿐이다. 이러한 주지주의는 기능론적 무신론 형태로 바로 탈바꿈한다. 기능적 무신론이란 하나님을 우리의 지성으로만 이해하고 우리 자신의 노력에 따른 자발적 성취만이 유일한 희망이라는 확신을 가지고 살아가는 무신론이다.[13] 교리와 은사도 우상으로 변질될 수 있다. 교리를 알고 은사를 가진 사람들이 교만해져 다른 사람들을 무시하거나 오직 하나님만이 받아야 할 영광을 차지하는 경우다.

　의식 중심적 신앙이 형성된 사람들은 하나님에 대한 지적인 이해는 많이 발전했지만 하나님 체험에 대한 관심은 적다. 하나님 체험에 대한 이해와 평가도 지극히 이성적이다. 이러한 단계의 신앙은 논리적이고 윤리적인 신앙을 추구하지만 신앙의 무의식 세계와 신비성에 대해서는 부정적인 경향이 있다. 때문에 이러한 단계의 사람들을 위한 신앙 멘토링은 인간의 정신 세계에 대한 연구를 격려할 필요가 있다. 인간의 정신 세계는 결코 의식의 세계로만 구성되어 있지 않기 때문이다. 이 단계의 신앙은 스콜라 철학 등장 이후로 잊혀진 꿈의 언어에 대한 탐구가 보다 넓은 신앙 체험의 세계로 안내할 수 있다. 또한 이 단계에 있는 사람들은 신앙이 자아의식을 통해 형성된 이념에 기초되어 있기 때문에 그들의 이념적 헌신과 소망을 가지고 종교적 경험을 규정하는 경향이 있다. 멘토는 이 단계에 있는 사람들에게는 렉시오 디비나 혹은 말씀 묵상을 격려할 필요가 있다. 조용한 음악 경청과 숲속의 산책 혹은 일기 쓰기 혹은 꿈 기록하기 등은 이 단계의 사람들에게 좋은 자원이다. 나아가 무의식의 세계에 대한 열린 자세도 필요하다.

무의식-결합적 단계의 신앙

주로 중년기의 사람들이 이 단계의 신앙 특성을 보인다. 이 단계로 넘어갈 때 사람들은 자기가 확고하게 믿고 있던 이전의 이념 구성이 이성과 의식에 치우쳐져 있음에 한계를 느낀다. 이 새로운 자각은 인생의 초반부에 우리가 스스로 방어해 왔던 것들과는 반대되는 무의식적 세계와 만나지 않을 수 없게 된다. 이성의 한계를 느끼기 시작하면서 우리는 의식과 관계를 맺기 시작하는 기억, 꿈, 느낌들에 관심이 끌리기 시작한다.

파울러는 이 단계를 결합적(conjunctive) 신앙의 단계라고 하였다.[14] 이 단계는 이성과 비이성, 현재와 과거, 상징과 이념을 통합한다. 이 단계의 신앙은 이전 단계의 개인화를 취하면서 이제 자신이 가진 가치와 신념의 체계가 가진 제한성을 인식한다. 다른 사람과 대립하여 자신을 규정하는 대신에 자신을 개방한다. 특히 이전 단계에서 자신의 가치와 갈등을 빚었던 다른 사람과 그룹들에 대해 개방성을 갖는다. 심지어 역설적 관점까지도 포옹하려고 한다. 이 단계에 있는 사람은 '아이러니적 표상 능력'을 갖는다. 이 능력은 자신의 입장이나 자신이 속한 전통의 가치가 제한적이라는 사실을 의식하는 것이다. 하지만 위험성은 진리와 현실의 역설적 성격에 대해 냉소적으로 대할 수도 있다는 것이다.

융의 개별화 과정에서 이 단계의 활동은 우리 자신의 한 부분으로서 우리가 많은 에너지를 이것을 억누르는 데 쏟고 있는 우리의 그림자를 끌어안고 동일화하게 된다.[15] 융이 말하는 그림자는 기본적인 또는 정상적인 본능을 포함하고 있으며 생존을 위해 유용한 현실적 통찰과 적절한 반응의 원천이다. 인간의 자아는 그림자가 서로 사이좋게 조화를 이루면 인간은 충만하고 활기를 느낀다. 융에게 그림자 원형은 인간의 인격에 견실하고 입체적인 특성을 부여한다. 그림자는 인간의 생명력, 창조력, 활기, 강인성을 책임지고 있다.[16] 그림자를 거부하면 인격은 평범해진다.

우리는 의식 세계 뿐 아니라 무의식 세계를 가진 존재다. 무의식 세계의 가장 확실한 증거는 우리의 꿈이다. 꿈은 헤아릴 수 없는 가치를 가지고 있는 인간의 내적 안내자로서 중요한 심리적 영적 재료 가운데 하나이다. 특별히 무의식의 언어인 꿈은 우리가 의식하지 못한 정보를 떠올리고, 문제들에 대한 예상하지 못한 해결책을 알리고, 어떤 상황에 대한 새로운 조명을 보여 주거나 혹은 꿈꾸는 자신이 인식하지 못하고 있는 자신의 일부분을 보여줌으로써 꿈은 의식 세계를 보완할 수 있다.[17]

꿈은 인간 자신의 심리적, 사회적 영적 상태를 말해 주는 중요한 통로이다. 꿈은 인간의 실존적 현상이다. 꿈은 인간의 생리적인 차원을 넘어서 발생하는 무의식의 세계와 깊이 관련되어 있다. 꿈은 또한 비물리적 실재 혹은 영적 세계를 경험하는 다양한 형태 중의 하나이기도 하다. 그러나 13세기 이후부터 서양의 이성주의와 물질주의의 영향을 받은 기독교는 점차 꿈의 세계를 무시하기 시작하였고 현대에 와서는 꿈은 오히려 기독교에서 암묵적으로 언급하지 않는 경향이 자리를 잡고 있다. 이러한 이유로 기독교는 꿈을 다루는 것을 그다지 긍정적으로 보지 않는 경향이 있다. 하지만 꿈 해석에 대한 작업은 기독교의 전통에서 벗어나는 것이 아닐 뿐만 아니라 삶의 지혜와 영적인 의미들을 발견해 낼 수 있는 통로이기도 하다.

성경은 요셉의 꿈, 솔로몬의 꿈속의 기도 등과 같은 꿈 이야기로 가득하다. 꿈은 하나님과 인간과의 관계에서 중요한 역할을 하였다. 인간은 꿈을 통해 하나님의 뜻을 깨닫기도 하고 메시지를 듣기도 하였다. 무의식은 하나님께서 우리에게 주신 중요한 선물이다. 빙켈은 "우리가 무의식과의 접촉을 그만둘 때, 우리의 정신은 불구가 되고, 인간 정신 가운데서 가장 중요한 부분을 상실하게 된다"고 역설했다.[18] 무의식의 언어인 꿈을 진지하게 대할 때 우리는 영적 세계를 더 깊이 이해할 수 있다.

무의식 세계에 대한 이해의 중요성만큼이나 무의식의 언어인 꿈에 대해 지나치게 몰두하거나 모든 꿈을 영적인 현상으로 이해하는 것은 더 위험하고 파괴적일 수 있다. 그러므로 멘토는 무의식 세계에 대한 이해뿐만 아니라 꿈에 대한 지나친 영적 해석의 위험성을 분별할 수 있어야 한다. 또한 기본적으로 의식의 언어는 이성적이고 윤리적이지만 무의식의 언어는 상징적일 뿐만 아니라 빛을 보지 못한 그림자 언어이기 때문에 치료를 희망하는 언어로 구성되어 있다는 것을 알아야 한다.

그러므로 무의식의 언어의 직해는 우상숭배이다. 다시 서술하면, 상징의 언어인 무의식의 언어를 직해하는 것은 우상이 파괴적인 기능을 하는 것처럼 언어의 의미를 파괴해 버리기 때문이다. 멘토는 상처가 많은 사람들일수록 무의식 세계에 더 많이 직면할 수 있다는 것도 놓쳐서는 안 된다. 상처가 치료되지 않고 무의식 세계에 쌓이게 되면 무의식을 통해 보상 받으려는 현상이 발생하게 된다. 이런 사람들은 의식의 언어보다는 무의식의 언어가 더 활발하게 작동할 수 있다. 즉, 신앙을 위한 언어에서도 의식적이고 논리적인 언어보다는 무의식적이고 직관적인 언어가 더 강하게 나타나기도 한다. 이때 멘토의 역할은 중요하다. 멘티의 신앙의 언어를 들을 수 있는 자질이 있어야 한다. 무의식의 언어를 의식의 언어로 듣는 것은 오류이기 때문이다.

멘토는 균형감각을 유지하면서 멘토링에서 꿈에 대해 주의를 기울이고 그것을 지도 관계 안에서 자유롭게 의논할 수 있는 것이 중요하다. 하나님은 우리를 다양한 방식으로 우리를 움직이신다. 우리는 하나님의 이러한 다양한 방식에 열려 있고 수용적일 필요가 있으며, 관심이 한쪽에 치우쳐 다른 것들이 가려지게 해서는 안 된다.

이 단계에 있는 사람들은 이전에 그들의 그림자 혹은 수치심을 억압하는 데에 사용되었던 에너지와 사귀며 의식적으로 통합시킬 수 있도록 도와줄 때 신앙 여정에 도움이 될 수 있다. 때문에 이들의 신앙 여정에서는 센터링 침묵기도 또는 집중기도(centering prayer), 꿈 해석 등이 도움이 될 수 있다. 하지만 신앙의 신비성까지 수용할 수 있을 때 보다 더 성숙한 신앙의 세계에 이를 수 있다.

신비-보편적 단계의 신앙

어느 시점에서 우리는 이전의 단계 안에 포함되어 있던 어둠이 창조와 역사와 그리고 개인적 삶의 경험들 안에서의 하나님의 현존에 대한 좀 더 초월적이며 신비적인 인식 앞에 밝혀지기 시작하는 것을 깨닫게 된다.

파울러는 이 단계를 보편적 신앙 그리고 존재의 공익에의 참여로 분류한다.[19] 보편적 신앙은 이전 단계의 역설적인 복합적 관점들이 근거한 초월적 차원을 이해한다. 이 단계에 있는 사람들은 특히 보편적 가치를 추구하기 때문에 그것을 부정하며 일반 사회 공동체의 구성원들을 억압하는 사회구조에 민감하게 반응한다. 보편적 신앙을 지닌 사람들은 존재에 대한 지고한 경외심으로 무장하고 일반 사회 공동체를 위하여 비폭력적 고난 등과 같은 방식으로 기꺼이 자신을 헌신한다. 때문에 현실에 존재하지 않는 보편 공동체의 비전을 말하고 그것의 실현을 위해서 일하기 때문에 권력자들과의 갈등을 초래하기도 한다.

융은 이 단계를 개성화 과정의 정점인 '진정한 자아로 살아가기'로 보았다.[20] 이 과정은 자신의 내면 깊숙이 숨어 있는 진정한 자기에 대한 각성을 통해서 사람들은 영적으로 다시 태어나게 된다. 자신의 내면에 있는 편협한 자아에 매달리지 않고 집단 무의식 속에서 모든 것들을 통합시키는 자기를 따라서 살게 된다.[21]

분명히 우리의 신앙은 신비성을 포함한다. 신앙을 전통과 우리의 몸과 의식과 무의식 세계만이 신앙의 바른 안경이 될 수 없다. 루돌프 오토는 서구 기독교 신학이 계몽주의 시대 이후 거대한 이성주의 혹은 합리주의에 자신을 적용한 결과로 인하여 종교의 본질을 합리화시킴으로써 종교의 생명력을 고갈시켰다고 보았다. 오토에 의

하면 종교는 반이성적이거나 반지성적이어서는 안 되지만 얼마든지 비이성적일 수 있는 인간 경험이라는 것을 밝힘으로써 근대 계몽주의 시대사조가 저지른 합리주의적 오류와 독단에 도전을 하였다. 그는 종교적 경험의 비이성적 차원을 '누미너스'(numinous)라고 부르고 "거룩한 존재 앞에 설 때 자기가 초라하고 보잘 것 없는 피조물임을 느끼는 의식"이라고 하였다.[22] 그가 말한 비이성적 종교 체험인 신비감은 하나님이 인간의 지식으로는 알 수 없는 존재임을 깨달을 때 경험한다.[23]

오토는 종교 체험이 비이성적일 수 있다는 의미는 종교 체험은 역설, 비약, 실존적 결단, 자기초월의 감정, 황홀한 감성, 비매개적인 직관, 비인과적 동시성 체험 등을 동반하기 때문에 종교 체험이 반드시 논리적, 과학적, 인과론적 설명으로 이해되어야 하는 실재의 세계가 아니라는 것을 피력하였다.[24]

신앙의 신비성은 우리의 신앙과 영적 삶을 우리의 전통과 경험과 이성의 울타리 안에 가두어 버리는 과오로부터 보호할 수 있다. 하지만 신비추구가 사회적 자아를 부정하고 기적 찾기를 연상시키는 체험에 대한 욕심에서 공동체적 삶의 사회적 가치를 사라지게 만드는 경향성을 지닐 가능성이 있기 때문에 항상 애정과 긴장이 요하는 장이라고 할 수 있다. 때문에 신비적 요소들을 수용하고 받아들이는 순수 경험에 대한 열망뿐만 아니라 긴장도 있어야 한다. 왜냐하면 신비성 추구의 목적이 하나님을 경험하는 데 있기보다는 그 경험을 통해 공동체적 삶으로 나아가는 데 있기 때문이다. 하나님이 주는 감각적인 것에 몰두하게 되면 영적 탐욕, 영적 탐식, 영적 질투로 인하여 오히려 영적 퇴보를 부를 수 있기 때문이다.

이 단계의 신앙은 전통과 의식과 무의식 세계 뿐 아니라 인간의 정신 세계 너머에 있는 하나님의 신비성까지 껴안은 신앙이다. 하나님의 성육신적 사랑을 경험하는 신앙이다. 온 인류를 향한 사랑, 이타적인 사랑을 실천하는 행동하는 신앙이다. 신앙의 원이 신비성까지 확장되어 진정한 자기 정체성을 경험하게 된다. 일상과 신비가 역설적으로 통합된다. 이들에게는 기도하는 것과 노동하는 것이 동일하게 여겨진다. 예배 시간에 시편을 읽는 것과 집 없는 사람들을 위해 집 지어주기 운동을 하는 것이 동일하게 중요하다. 이 단계에 있는 사람들은 창조와 역사 안에서 하나님의 현존과 차츰 하나가 된다. 침묵기도 혹은 수동적 관상을 통한 기도는 이들의 신앙 여정에서 도움을 주는 중요한 도구이다.

한편 이들을 더욱 성장할 수 있게 하는 것은 이들이 가진 신비-보편적 신앙의 성향을 잘 발휘하도록 격려하는 것이다. 멘토는 이들의 신비적 체험이 공적 영역에서 나타나도록 돕는 것이 필요하다. 예를 들면, 작게는 자기가 속한 공동체를 어떻게 돌보고 변화시킬 수 있는가에 이들이 적극적으로 참여하게 하는 것이다. 또한 전쟁, 기근, 생태, 각종 억압과 차별 등 인류 전체의 공동의 문제들을 고민하고 사회봉사나 개혁 운동에 참여하는 일을 권장하는 것이다.

제 15 장

비전 강화 모델
Vision Intensification Model

비전은 인생의 키다

조지 버나드 쇼(George Bernard Shaw)는 그의 희곡 『지옥에 빠진 돈 주안』(*Don Juan in Hell*)에서 "지옥은 표류하는 것이고 천국은 키를 잡고 조종하는 것이다"라고 하였다. 멘토는 멘티로 하여금 삶의 키를 붙들도록 격려하고 도와야 한다. 멘토링은 멘토가 멘티에게 이 세상에서 천국 방향으로 삶을 조종해가는 방법을 알려 주는 것이다. 천국은 희망의 집이요 비전의 사람들이 모인 곳이다.

단테의 『신곡』에 보면 지옥 입구에 이런 문장이 새겨져 있다고 하였다. "여기에 들어오는 자는 일체의 희망을 버리라." 희망이 없는 곳이 지옥이다. 일체의 비전이 단절된 장소가 바로 지옥이다. 한편 희망의 집이 천국이다. 비전의 사람들이 가는 곳이 천국이다. 멘토는 멘티가 비전을 놓지 않도록 도와야 한다. 왜냐하면 비전은 천국을 여는 키이기 때문이다. 비전은 인생의 키이기 때문이다.

기독교의 복음은 엄밀하게 말하면 천국을 위한 복음이라기보다는 비전을 위한 복음이라고 할 수 있다. 비전에 대해서 성경은 이렇게 말한다. "하나님이 말씀하시기를 말세에 내가 내 영을 모든 육체에 부어 주리니 너희의 자녀들은 예언할 것이요 너희의 젊은이들은 환상을 보고 너희의 늙은이들은 꿈을 꾸리라"(행 2:17). 여기서 '환상'이란 말은 영어로 '비전'(vision)이다. 하나님의 사람은 비전의 사람이다. 우리에게 성령이 임하면 비전의 사람이 된다.

멘토가 멘티에게 비전의 키를 발견하도록 격려하고 도와주는 것은 그 무엇보다도 중요하다. 꿈과 비전은 본래 하늘을 품는 것을 의미하였다. 하늘을 품는 사람이란 땅만 보지 않고 다윗처럼 하늘을 볼 줄 하는 사람이다. 땅이 하늘의 비를 품지 않으면 생명을 잉태할 수 없는 것처럼 비전을 품지 않는 사람은 삶의 생명력을 상실하게 된다. 비전은 우리로 하여금 우리의 일상의 안일로부터 벗어나게 하는 힘이다. 비전은 우리의 삶을 역동적이게 한다. 비전은 우리를 성실하게 하고 전진하게 하고 인내하게 하고 기도하게 하고 생명력 있게 한다.

비전은 현재와 미래의 대화이다

비전은 미래를 위한 창조적인 힘이다. 비전은 창조성을 낳기 때문이다. 비전은 '넘어 움직이는'(moving beyond) 힘과 창조성을 위한 요소이다. 그러나 과거와 현재에 대한 명확한 인식도 비전의 한 과정이다. 비전이 과거와 현재와 관련이 없는 것은 아니다. 과거와 현재는 비전의 자극제일 뿐만 아니라 안경과 같은 역할을 한다. 과거와 현재에 대한 명확한 이해와 인식이 없는 비전은 무모한 열정을 낳는 재료가 될 수 있다. 하지만 비전의 주된 역할은 미래와 관계된 것이다. 때문에 비전은 미래와의 관계뿐만 아니라 과거의 회복과 현재의 변화와도 관계된다. 비전은 과거의 것을 회복하고 현재의 변화를 이끌어내며 미래에 이루어야 할 목표와의 관련 가운데 연속성의 특성이 있다. 즉 비전은 삶의 연속성을 위한 결정적인 요소이다. 비전은 현재와 미래의 창조적인 대화이다. 비전은 현재 눈으로 볼 수 있는 것과 눈에 보이지 않는 미래와의 대화이다. 비전은 이렇게 창조적인 대화를 낳은 힘이다. 다시 서술하면, 비전은 현재의 실재적인 것과 미래의 것을 상상하는 것과의 대화이다. 비전은 현재의 실재적인 것과 미래의 상상적인 것을 구분은 하지만 분리되지 않게 하는 역할을 한다.

비전의 현상보다 본질이 중요하다

비전을 성취하기 위해서는 비전의 동기(why), 비전의 내용(what), 비전의 성취(how)의 요소가 필요하다. 이 세 요소는 유기체적인 구성을 이루어야 한다. 하지만 '내용'(what)과 '성취'(how)는 현상에 불과하다. 본질은 '왜'(why)이다. 현상은 경우에 따라 바뀔 수 있지만 본질은 변하지 않는다. 왜는 비전을 계속 가질 수 있게 해 주는 원동력이다. 어려움이 있을 때마다 중심을 잡아주고, 다시 용기를 내 앞으로 갈 수 있도록 용기를 북돋아주는 것이 본질(why)임으로 이것이 없으면 비전을 이루기 어렵다.

비전의 본질을 구성하는 왜(why)에는 두 가지가 있다. 하나는 우리 자신에게서 나온 것이고 다른 하나는 다른 사람의 영향에 의해 형성된 것이다. 전자는 우리의 내적 동기와 관련되어 발생하고 후자는 외적 동기에 의해서 발생한다. 두 동기 모두 중요하지만 외적 동기는 내적 동기에 비해 힘이 약하다. 비전의 내적 동기가 있을 때 사명감이 더 확실해 진다. 비전이 우리의 생각 속에만 있어서는 이루어 질 수 없기 때문에 비전을 이룰 수 있는 구체적인 방법을 고민하는 일은 아주 중요하다. 하지만 그보다 더 중요한 것은 비전의 동기이다.

비전은 내가 무엇을 성취하고 싶은 것이다. 하지만 비전 넘어 비전도 있어야 한다. 비전 넘어 비전은 공동의 유익을 위한 것이다. 예를 들어, 내가 목사나 교사가 되고 싶은 것은 나의 비전이다. 하지만 내가 목사나 교사가 되고자 하는 비전의 이유는 더 중요하다.

비전은 열정의 재료이다

머리가 좋은 사람이 성공할 확률보다는 열정이 있는 사람이 성공할 확률이 높다. 머리가 좋은 사람은 자기에게 주어진 지식을 잘 이해하고 정리하는 것에서는 뛰어난 능력을 발휘할 수 있지만 열정이 없으면 환경에 잘 적응하는 사람으로 안주하기 쉽다. 하지만 비록 지식은 부족할지라도 비전이 있으면 열정을 갖게 된다. 비전은 열정의 재료이다. 열정의 사람은 현실에 안주하지 않고 적극적인 삶을 살게 한다. 인류를 위해 어떤 것을 남긴 사람들은 대부분 열정의 사람들이었다.

에디슨은 1만 번의 실험 끝에 전기를 발명하였고, 5만 번의 실패를 거듭하면서 축전지를 발명하였다. 이처럼 인류사에 공헌한 사람들은 열정의 자녀들이었다. 로리 존스(Laurie B. Jones)는 자신의 사명을 발견하고 그것을 실행하는 것은 사람이 몰입할 수 있는 가장 활기찬 행동일 것"이라고 하였다.[1]

다른 사람보다 뛰어나다고 해서 고귀한 일을 성취하는 것은 아니다. 진정한 고귀함은 자신의 뛰어남보다 열정에서 비롯되기 때문이다. 열정이 없으면 어떠한 변화도 성취도 불가능하다. 모든 열정이 변화와 성취로 이어지는 것은 아니다. 그러나 모든 변화와 성취는 필연적으로 열정을 요구한다. 비전은 열정의 재료이다.

비전은 장애물까지도 넘어서게 한다

베리 마르타라는 여인은 몹시 가난하였지만 마음에 큰 비전이 있었다. 자기처럼 가난하여 공부를 하지 못하는 아이들을 위해 학교를 세워 진정한 교육을 시켜보겠다는 비전을 가지고 있었다. 그 비전만이 그녀의 유일한 기도 제목이었다. 하지만 아무것도 없는 상태에서 학교를 세운다는 것은 보통 기도제목이 아니었다.

하루는 기도하는 중에 용기가 생겨 그 당시 거부였던 헨리 포드를 찾아갔다. 헨리 포드에게 사정 이야기를 한 다음 학교를 세울 돈을 기부해 달라고 요청했다. 이야기를 자세히 듣던 헨리 포드는 동전 하나를 내밀었다. 거절의 표현이었던 것이다. 그러나 베리 마르타는 실망하지 않았다. 그녀는 기도를 한 후에 헨리 포드가 전해 준 작은 동전을 가지고 씨앗 한 봉지를 샀다. 그것을 빈 공터에 뿌렸다. 몇 해 그렇게 반복하자 씨앗의 양은 점점 불어났다. 마침내 그녀는 건물을 세울 수 있게 되었다. 건물 한 동을 세운 다음 그녀는 다시 헨리 포드를 찾아가 "오셔서 몇 해 전에 주셨던 동전 하나로 이룬 성과를 둘러봐 주십시오." 그 때 헨리 포드는 자기의 귀를 의심했다고 한다. 동전 하나로 건물을 세웠다는 말을 믿을 수가 없어 직접 확인하기 위해 농장에 세워진 건물을 찾아갔다. 그는 그 건물을 직접 보고 큰 감명을 받게 된다. 그리고 학교를 위해서 그 자리에서 100만 달러를 기부하게 된다.

비전을 세우고 나아갈 때 장애물이 생길 수도 있다. 하지만 비전이 확고하면 어려움이 있어도 실망하지 않을 수 있다. 헨리 포드가 처음에 동전 하나를 주었을 때, 베리 마르타는 실망하지 않았다. 가난한 아이들을 위해 학교를 세우겠다는 그녀의 비전은 실망이 들어설 틈을 주지 않았다. 비전은 작은 것을 일구어 크게 만들 수 있는 에너지를 발휘하기 때문이다. 베리 마르타는 작은 동전 속에서도 큰 비전을 보았다. 비록 작은 것이었지만 그 속에 내재되어 있는 가능성과 희망을 보았던 것이다. 바닷물 속에 포함되어 있는 불과 2.8퍼센트의 소금이 바닷물을 썩지 않게 한다. 작은 것에서 희망을 보고 사랑으로 큰일을 이루었던 베리 마르타가 바로 2.8퍼센트의 소금과 같은 사람이다. 그녀를 소금과 같은 사람이 되게 한 원동력은 사랑과 비전이다. 인생을 풍부하고 건강하게 하는 것은 사랑과 비전이다. 우리의 삶에서 가장 큰 비극은 우리가 부족하여 실수하기 때문이 아니라 비전 없이 살아가는 것이다.

비전은 질문을 통해 강화된다

많은 사람들이 간절히 이루고 싶은 비전이 없다고 말한다. 하지만 비전이 없는 사람은 없다. 다만 그 비전을 구체화하지 못하고 있을 뿐이다. 모든 인간은 하나님의 형상으로 창조되었다는 성경의 선언은 하나님의 마음과 사랑이 모든 사람들에게 심겨져 있다는 선언이다. 하나님은 비전의 하나님이다. 모든 사람은 비전의 자녀들이다.

때문에 누구에게나 세포 하나하나까지 살아 숨쉬게 하는 비전이 잠재되어 있다. 우리 안에 잠자고 있는 비전을 깨우는 소중한 방법은 스스로에게 질문해 보는 것이다.

우리 안에 잠재되어 있는 비전을 찾으려면 먼저 내가 누구인지를 알아야 한다. 나를 알기 위한 질문부터 해야 한다. 내가 무엇을 좋아하고, 내가 무엇을 사랑하고, 내가 어떤 일을 할 때 행복하고, 내가 어떤 일을 할 때 즐겁고, 무엇이 나의 가슴을 뛰게 하는지를 알아야 한다. 자신에게 물었을 때 선명하지 않고 여러 가지 답이 나올 수 있다. 가르칠 때도 좋고, 도움이 필요한 현장에 나가 선교를 해도 기쁘고 즐겁고, 고통 받는 사람을 상담할 때도 행복하다면 우선순위를 매겨보는 것도 좋다. 가장 좋아하고 재미있는 일일수록 비전과 관련이 있을 가능성이 크다. 좋아하는 일, 기쁘고 즐거운 일의 비중이 비슷해 순서를 정하기 어려워도 걱정할 필요는 없다. 비전이 반드시 한 가지일 필요는 없다. 좋아하는 일이 여러 가지라면 여러 개의 비전을 가질 수도 있다.

자신에게 묻고 답하면서 좋아하는 일, 즐겁고 재미있는 일, 행복한 일을 찾았다면, 한 걸음 더 나아가 어떤 일이 몇 번을 반복해서 해도 여전히 즐겁고 좋은가를 점검해 보아야 한다. 단순히 좋고 기쁘고 즐겁다는 것만으로는 부족하다. 똑같이 좋아하는 일을 할 때도 강도는 다를 수 있다. 어떤 일을 하면 할수록 더 좋고, 더 기쁘고 즐겁고, 그 일을 생각하면 잠자리에서도 설레게 한다면 그것은 나의 내면에 깊이 잠재해 있는 비전의 세포라고 할 수도 있다. 비전을 발견하기 위한 질문은 '무엇이 나를 진정으로 감동시키는가?' '무엇이 나를 울부짖게 하는가?' '무엇이 나의 삶에 강렬한 기쁨을 가져다주는가?' '무엇이 나의 열정을 불러일으키는가?'

자신의 질문으로도 확신 할 수 없다면 나를 잘 아는 주위 사람들에게 물어보는 것도 도움이 될 수 있다. 평소 가까이서 나를 많이 지켜본 사람일수록 내가 모르는 내 모습을 알 가능성이 크다. 이런 사람들의 말이나 조언이 비전을 찾는 데 도움이 될 수 있다.

비전을 찾기 위해서는 내가 무엇을 좋아하고, 무엇을 하면 기쁘고 즐거운지 물어도 좋지만, 내가 간절히 원하는 비전을 좀 더 확실하게 찾으려면 세 가지 질문 유형을 이용하면 도움이 될 수 있다. 다시 말하면, 좋아하는 것(like)과 잘하는 것(well)과 내가 간절히 하고 싶은 것(want)을 구분해 질문해 보는 것이다. 이 세 가지를 구분해야 비전을 찾는 것뿐만 아니라 비전을 이루는 가장 효과적인 방법도 찾을 수 있다. 먼저 자신이 좋아하는 것은 취미나 열정과 관련이 있다. 가슴을 뛰게 하고 사랑하게 하는 것이다. 다음은 자신이 잘하는 것은 자신의 강점(strength)이다. 이것은 자신의 특기와 관련된다. 마지막으로 자신이 하고 싶은 것은 비전을 이룰 때 분명한 목표를 세우고 도전하게 만드는 원동력으로 작용한다. 자신의 강점인 잘하는 것과 비전을 연결시키면 비전을 성취하기가 상대적으로 쉽다.

비전을 어떻게 발견할 수 있는가

비전을 발견하기 위해서는 다음과 같은 사항을 고려해야 한다.

첫째, 비전은 본질적으로 하나님의 선물이다. 비전은 우리의 세포와도 같다. 우리의 세포를 우리가 만들 수 없듯이 우리의 비전은 근본적으로 하나님께서 우리에게 선물로 주신 것이다. 우리의 비전은 하나님께서 우리에게 주신 잠재력의 산물이다.

둘째, 비전은 하나님의 초자연적 방법으로 주어질 수 있다. 이러한 비전은 하나님에게서 온 미래의 그림이다. 하나님이 누군가에게 초자연적으로 비전을 주시는 사례가 성경에 나온다. 모세가 타는 가시덤불 속에서 하나님의 목소리를 들었을 때 그런 일이 일어났다.

셋째, 세계에 대한 이해가 깊고 넓을수록 비전도 명확해 질 수 있다. 그러므로 세상에서 무슨 일이 일어나고 있는지 알지 못하면 분명한 비전을 가질 수 없을 것이다. 비전의 사람 바울은 아테네에서 기다리면서도 결코 시간을 허비하지 않았다. 그는 지역을 관찰하였을 뿐 아니라 지역 주민들과 이야기를 나누었고 그들이 무엇을 예배하는지를 보았으며, 그들의 문화와 철학과 시를 배웠다. 이런 노력을 통해서 바울은 아테네 사람들에게 어떻게 말해야 하는지 비전을 발견하였다.

넷째, 비전은 관계 안에서 자란다. 이상과 목표, 기억과 희망을 나누는 사람들과의 연합 안에서 자라는 것이다. 비전은 독방에서 홀로 생각하고 묵상하고 기도하는 여정을 통해서도 발견되지만 대화를 통해서 발견되는 경우가 많다. 특별히 열정을 가진 사람, 삶에 대한 민감성이 있는 사람, 격려를 잘하는 사람을 만나는 것 이상으로 비전을 고무시키는 것은 없다.

다섯째, 우리의 비전에 대해 생각하는 데 도움이 되는 책을 읽을 때 비전 형성에 도움이 될 수 있다. 독서는 비전 형성에 중요한 역할을 할 수 있다. 특별히 자기의 사명과 관련된 독서는 비전을 더 구체적으로 확립하는 자료가 될 수 있다.

비전은 문서화해야 한다

1953년 미국의 예일대학교에서 졸업생을 대상으로 "지금 현재 당신은 구체적인 목표를 글로 써서 소지하고 있습니까?"라고 물었다. 미래에 대해 어떠한 비전을 가지고 있느냐는 질문이었다. 응답자 가운데 60퍼센트는 아무 계획 없이 시간이 흘러가는 대로 산다고 하였고, 27퍼센트는 앞으로 어떻게 먹고 살 것인지 경제적인 부분에 대해 계획해 본 적이 있다고 하였다. 10퍼센트는 앞으로 어떤 꿈을 위해 시간을 보낼 것인지를 구체적으로 생각해 본적이 있다고 하였고, 3퍼센트는 그 계획을 직접 기록해 놓은 문서를 가지고 있다고 하였다.

여기서 우리가 발견하는 중요한 교훈은 응답한 내용이 아니라 그렇게 응답한 사람들의 실제 생활이 응답한 내용과 일치하였다는 것이다. 우선 아무 계획도 없이 산다고 응답한 60퍼센트의 사람들은 모두 정부나 민간단체로부터 생활 보조금을 받아가며 생활하는 사람이 되었다. 경제적인 부분을 계획하고 있다고 말한 27퍼센트는 일용직이나 월급에 의존하여 살아가는 봉급자들이었다. 하지만 미래에 대한 구체적인 계획을 갖고 있다고 응답하였던 10퍼센트의 사람들은 전문직에 종사하며 삶의 풍요를 누리며 살았고, 인생의 계획을 문서로 남겨 놓았다고 말한 3퍼센트는 각계각층에서 미국 사회를 이끌어가는 지도층이 되어 있었다. 더욱 놀라운 것은 졸업 당시 인생의 목표를 글로 써서 가지고 있었던 3퍼센트에 해당하는 사람의 재산이 졸업 당시 목표를 글로 써서 가지고 있지 않았던 졸업생 97퍼센트의 재산보다 많은 것으로 조사되었다. 엄밀한 의미에서 이 세상을 움직이는 것은 돈이나 지식이 아니라 비전과 꿈을 가진 사람들이다. 아무리 좋은 지식을 가지고 있다고 하더라도 열정과 비전이 없으면 그 지식은 묻히게 된다.

비전을 어떻게 성취할 수 있는가

1단계: 비전 목적문 작성

좋은 비전 목적문은 다음과 같은 특성이 있다.

① 비전은 삶의 표어와 같다. 비전 목적문은 삶의 의미와 가치를

담아내야 한다.
② 비전은 삶의 위대한 출발점이다. 비전 목적문은 삶을 동기를 담아내야 한다.
③ 비전은 삶의 방향성을 부여한다. 비전 목적문은 삶의 목적을 발견하고 확보하는 내용을 담아내야 한다.
④ 비전은 자기의 얼굴과도 같다. 비전 목적문은 삶의 정체성을 드러낼 수 있어야 한다.
⑤ 목적문은 '내 삶의 목적은…'이라는 문장으로 완성해야 한다.

비전의 목적문은 비전의 동기(why)와 관계된 것이다.

목적문은 비전의 주제와 표어이다.

비전 목적문의 예: 비전 목적문은 삶의 표어와 방향성을 위한 것이기 때문에 이런 특성을 드러내야 한다. 비전 목적문의 예를 들면, '나는 위대한 계명과 위대한 명령에 대한 위대한 교회를 만든다.' 위대한 계명은 하나님을 사랑하고 이웃을 우리 자신처럼 사랑하는 것이다. 위대한 명령은 우리에게 제자 삼으라는 것이다.

2단계: 비전 선언문

좋은 비전 선언문은 다음과 같은 특징이 있다.

① 비전은 목적이 분명 해야 한다. 비전의 현상(what과 how)보다 동기(why)가 더 중요하다.
② 비전은 내가 좋아하는 것(like)과 잘할 수 있는 것(well)과 하고

싶은 것(want)과 일치해야 한다. 즉 자신의 열정과 강점과 가치관이 일치한다.

③ 비전은 내가 성취하고 싶은 것뿐만 아니라 비전 넘어 비전도 있어야 한다. 즉 공동의 유익을 위한 것이어야 한다.

④ 비전은 명확하고 간결해야 한다. 이해하기 쉽고, 기억하기 쉽고, 알리기 쉬워야 한다.

⑤ 비전은 창조적 상상력과 열정을 유발해야 한다. 좋은 비전은 상상력을 불러일으키고, 현재보다 더 나은 무엇을 향해 움직이게 하는 열정을 일으킨다.

⑥ 비전은 아직 나타나지 않는 현실이다. 비전은 현재와 미래와의 대화이다. 좋은 비전은 현실의 변화를 이끌어 낸다.

⑦ 비전의 선언문은 '내 삶의 비전은…'이라는 문장으로 완성해야 한다.

비전 선언문은 비전의 내용(what)과 관계된 것이다.
선언문은 비전의 주제에 대한 설명이다.

비전 선언문의 예: 비전 목적문이 비전의 목적과 동기(why)와 관계되지만 비전 선언문은 비전의 내용(what)과 관계된 것이다. 비전의 목적이 위대한 계명과 위대한 명령에 대한 위대한 교회를 만드는 데 있기 때문에 비전 선언문은 '나는 위대한 계명인 하나님을 사랑하고 이웃을 나 자신처럼 사랑하는 교회와 위대한 명령인 제자 삼는 아름다운 교회를 세우기 위한 꿈을 가지고 필요한 준비를 성실하게 준비한다'와 같이 작성한다.

3단계: 비전 사명문

효과적인 비전 사명문은 다음과 같은 특징이 있다.

① 사명의 동기와 과정과 결과가 모두 진선미에 부합되어야 한다. 사명의 동기와 목적이 모두 선해야 한다.
② 영감을 불러일으키고 자기 동기화를 할 수 있을 뿐 아니라 앞으로 나아가게 하는 열정을 불러일으키는 호소력을 담고 있어야 한다.
③ 가치관, 은사, 재능, 열정과도 일치해야 한다.
④ 추상적이 아니라 구체적이어야 한다. 왜냐하면 실천을 위한 청사진이기 때문이다.
⑤ 실천의 선언이다. 어떻게 할 것인지를 선언하는 것이다.
⑥ 가시적이고 실천 가능한 것으로 작성해야 한다. 내가 이 사명을 이루기 위해서 무엇을 어떻게 할 것인지를 써야 한다. 만약 나의 사명이 청년들에게 영어 성경을 가르치는 것이라면, 이 일을 실천할 수 있는 방법을 기술해야 한다. 실천 할 수 있는 구체적인 방법이 없다면 비전 사명문은 도움이 되지 않을 수 있다.
⑦ 비전 사명문은 행동과 실천 선언문이기 때문에 '내 사명은…하기 위하여 일하는 것' '…을 위해 연구하는 것' '…을 세우는 것'과 같이 행동을 표현하는 방법을 문장으로 표현해야 한다.

비전 사명문은 비전의 성취(how)와 관계된 것이다.
사명문은 비전의 실천을 위한 구체적인 행동지침이다.

비전 사명문의 예: 비전 목적문이 '위대한 계명과 위대한 명령에 대한 위대한 교회를 만든다'이기 때문에 비전 사명문은 이를 기초로 하여 구체적인 실천 내용에 초점을 맞추어야 한다. 사명문은 '나는 위대한 계명과 명령을 이루기 위해 교회를 세워 사람들을 그리스도께로 나오게 하는 전도, 하나님을 경험하는 예배, 가정과 지역사회를 세우는 교제, 성경과 삶의 지혜를 가르치는 교육, 가난한 자와 이웃을 위한 나눔과 섬김의 봉사를 실천 하는데 있다'와 같이 작성한다.

비전은 열정과 재능을 통해 성취된다

우리가 좋아하는 것과 잘할 수 있는 것이 일치하는 경우도 있다. 하지만 문제는 좋아하는 것과 잘하는 것이 다를 때이다. 우리는 좋아하는 것에서 비전을 찾기보다는 잘하는 것에서 비전을 찾으려는 경향이 있다. 왜냐하면 비전의 동기를 행복보다는 성공에 두기 때문이다. 하지만 성공했다고 다 행복한 것은 아니다. 좋아하는 것을 무시하고 잘하는 것을 선택하면 성공할 가능성은 클 수 있지만 성공하고도 불행할 수 있다. 좋아하는 것은 잘하게 될 수 있지만 잘하는데 좋아하지 않는 것은 좋아하지 않기 때문에 잘하지 못하게 될 수도 있다. 그러므로 재능보다 더 중요한 것은 관심과 동기와 열정이다. 물론 비전을 이루려면 재능도 고려해야 한다. 재능이 있으면 그만큼 이루기가 쉽다. 비전은 관심과 재능이 일치할 때 아름답게 성취될 수 있다.

재능이 얼마나 중요한 것인가를 보여 주는 경우가 모차르트와 살리에리이다. 모차르트의 생애를 다룬 영화 '아마데우스'에서 살리에리는 모차르트의 천부적인 재능을 질투하는 인물로 나온다. 자신이 최선을 다해 작곡하였지만 그 악보를 보면서 바로 더 멋지게 편곡하는 모차르트를 보면서 살리에리는 깊은 절망감을 느끼곤 하였다. 아무리 노력하여도 모차르트를 넘어설 수 없다는 것을 깨닫고 자신의 부족한 재능을 한탄한다. 모차르트와 살리에리를 보면 재능이 없는 사람은 재능이 있는 사람을 이길 수 없다고 생각할 수 있다. 하지만 재능은 노력을 이기지 못한다. 노력 왕 에디슨은 헤아릴 수 없는 실패 가운데에서도 인류에 큰 공헌을 남겼다. 비전은 찾으며 노력하는 사람의 것이다.

좋은 비전은 현재형이다

흔히 우리는 비전은 미래의 것이라고 생각한다. 틀린 말이다. 왜냐하면 비전의 직해는 미래이지만 비전의 의역은 미래임과 동시에 현재여야 하기 때문이다. 미래의 비전을 위해 현재의 삶을 혹독하게 해서는 안 된다. 미래의 행복을 위해 현재의 행복을 포기해서는 안 된다. 좋은 비전은 현재를 기쁘게 하고 즐겁게 만든다.

비전에도 종류가 있다. 몇 달 정도 노력하면 이룰 수 있는 비전이 있고, 최소한 몇 년은 노력해야 이룰 수 있는 비전도 있다. 십년 이상 걸리는 비전도 있다. 현재와 미래는 각각 분리되어 있는 것이 아니라 유기체적이다. 좋은 비전은 현재와 미래를 소통하게 하고 대화하게 한다. 우리에게 좋은 비전은 미래뿐만 아니라 현재도 성실하게 하고 보람있게 한다. 행복하게 한다. 만약 비전을 이루기 위해 현재에 포기해야 할 것이 있더라도 즐겁게 포기할 수 있어야 한다. 좋은 비전은 미래에 이룰 단지 어떤 것이 아니라 현재를 보람있게 하고 의미있게 한다. 미래를 이룰 비전이 아니라 현재를 위한 비전일 때 비전을 이룰 가능성도 커진다.

현재형에 뇌의 도움을 더해야 한다

비전을 성취한 사람들은 대부분 생생한 꿈을 꾸는 공통점이 있다. 화가로서 아름다움과 명예를 남긴 피카소는 생생하게 꿈을 꾼 사람 중의 한 사람이었다. 30대 초반에 엄청난 부를 모았기 때문에 그가 화가가 되자마자 승승장구한 줄로 아는 사람들도 있지만 그는 십년 이상의 긴 무명생활이 있었다. 그 기간 동안 그는 끊임없이 아름다움과 명예를 구체적으로 상상하며 꿈을 꾸었다. 그는 "나는 미술사에 한 획을 긋는 화가가 될 것이다"라고 말했다고 한다. 그는 상상한 대로 비전을 이루었다. 상상한대로 모든 것이 이루어지는 것은 결코 아니다. 하지만 우리가 가진 비전은 창조적 상상력을 유발하고 역으로 창조적 상상력은 우리의 비전을 강화시키는 힘이 있다.

우리 뇌는 우리가 생각하는 것보다 단순해서 현실과 상상을 잘 구별하지 못한다고 한다. 우리의 뇌는 우리가 생생하게 상상하면 할수록 우리로 하여금 행동하게 만든다. 그러므로 비전은 실천도 중요하지만 매일 비전을 위해 구체적으로 창조적 상상을 하는 것도 중요하다.

실천이 비전을 이긴다

고상한 비전이 중요한 것이 아니다. 고상한 비전을 경계해야 한다. 다시 서술하면, 실천 없는 고상한 비전은 의미가 없다. 존 노크로스(John Norcross)는 연구를 통하여 성인들 중 절반이 새해에 적어도 한 번 이상 어떤 결심을 하거나 계획을 세우지만 일주일 후에는 거의 사분의 일 가량이 결심이나 계획을 포기한다고 하였다. 한 달 후에는 겨우 55퍼센트만이 그 결심을 지키고 있었고, 6개월 후에는 그 비율이 40퍼센트로 낮아졌다. 노크로스는 "당신이 2년 후에 그들에게 물어보면 그 비율은 19퍼센트 정도 될 것이다"라고 하였다.[2]

비전을 이루려면 실천이 있어야 한다. 마음으로 아무리 간절하게 비전을 생각하고 비전을 이루는 수백 가지 방법을 알고 있더라도 행동하고 실천하지 않으면 소용이 없다. 비전을 세우는 것은 머리만으로도 할 수 있지만 비전을 이루는 것은 행동하는 실천이 있을 때 가능하다. 처음부터 거창한 행동을 꾀할 필요는 없다. 실천의 지속성이 중요하다. 작은 실천이라도 확실하게 그리고 꾸준히 실천할 때 비전에 가까이 다가갈 수 있다.

비전을 발견하고 선언문을 작성하고 실천 계획을 작성하는 것도 중요하지만 지속적으로 행동하고 실천하는 것이 훨씬 더 중요하다. 실천이 없는 비전과 지속성이 없는 비전은 의미가 없다. 비전을 성취하는 것도 실천의 지속성이요 비전을 이기는 것도 실천의 지속성이다. 비전은 실천의 자녀다. 실천이 비전을 이긴다.

제 16 장

강점 강화 모델
Strength Intensification Model

약점과 강점은 긍정적 관계성 안에 있다

보편적으로 '약점'(weakness)은 인간의 '특성의 한 부분'(a part of character)이지만 '잘못'(wrongdoing)은 '행동의 한 부분'(a part of action)이다. 다시 서술하면, 약점은 인간의 유한성과 발달하지 못한 것과 관련된 차원이라면 실수나 잘못은 인간의 욕구나 이기심에서 비롯된 차원이라 할 수 있다. 인간의 성장과 발달을 위한 초점을 약점보다는 강점에 맞추어야 한다는 의미가 인간의 잘못에 대한 비판이나 훈계의 필요성을 간과해도 된다는 것은 아니다.

히브리서 기자는 "내 아들아 주의 징계하심을 경히 여기지 말며 그에게 꾸지람을 받을 때에 낙심하지 말라 주께서 그 사랑하시는 자를 징계하시고 그가 받아들이시는 아들마다 채찍질하심이라 하였으니"(히 12:5-6)라고 하였다. 하나님도 잘못을 징계하시고 훈련하신다. 잘못에 대한 징계나 훈련이 필요 없는 것이 아니다. 잘못에 대한 지혜롭지 못한 징계나 훈련은 바르지 않지만 징계도 사랑의 한 방편이 될 수 있다. 사랑의 얼굴이 반드시 칭찬의 모습으로만 나타난다고 생각하는 것은 잘못된 신념이다.

더 깊은 의미를 고찰해 보면, 유한한 인간의 약점과 강점은 인간의 관계적 특성을 형성해 준다. 이러한 관계적 특성 속에서 인간은 자기의 특성을 깨닫게 되며 성장의 필요성을 깨닫게 된다. 약점과 강점의 상반되는 개념들 사이에 존재하는 관계성의 특징은 참된 '자기'가 되는 데 중요한 의미를 가진다. 다시 서술하면, 이 둘의 관계성은 부정적 관계성이 아니라 긍정적 관계성이다. 왜냐하면 약점은 강점으로의 변화의 가능성과 필요성을 제공하는 국면이기 때문이다.

약점과 강점의 관계성은 상반성과 창조성을 함께 가지고 있다. 이 둘의 관계는 외형적으로는 상반적인 모습으로 나타나지만 내적으로는 오히려 창조적인 관계이다. 예를 들어 설명해 보자. 남자와 여자에게서 처음으로 느끼는 것은 성적 정체성과 역할의 차이에서 오는 상반성이다. 하지만 두 사람 사이에 사랑이라는 관계성이 생기게 될 때 사랑은 두 사람의 차이가 배타적인 것에서 조화적인 것으로 바뀐다. 이처럼 두 사람 사이의 차이에 근거해서 생겨난 관계성이 두 사람 사이를 연결시켜 줌으로써 관계성은 긍정적이 된다. 약점과 강점의 상호성이 긍정적인 관계성 안에서 창조성을 형성하지 못할 때는 부정적인 관계를 낳지만 창조성을 형성할 때는 서로의 특성을 약화시키기보다는 오히려 강화시켜 준다.

인간의 약점과 강점의 관계에서 발생하는 창조성은 자기 자신의 성장의 근거를 자신의 연약성이 아닌 충만하고 완전하신 하나님에게 두게 한다. 인간 성장의 근거성의 투명성을 확보하게 된다. 투명성은 인간의 궁극적 성장은 하나님과의 사랑의 관계 안에 두게 한다. 인간이 자신을 세워 주는 하나님의 능력 안에 투명하게 기초 시킬 때 본질적 성장을 경험하게 된다.

강점이 이기게 한다

빅터 프랭클(Viktor Frankl)은 '의미요법'(logotherapy)을 창안해 낸 사람이다. 그는 독일 나치 수용소에서 옥고를 치르면서, 동료 유대인 두 명이 죽음을 눈앞에 두고 고난 속에서 행동하는 모습을 관찰하였다. 두 사람의 행동을 관찰한 후에 그는 메모를 남겼다. "한 사람은 차가운 감옥의 바닥만을 응시하고 있다. 그런데 또 한 사람은 감옥 저 건너편 하늘을 바라본다." 같은 감옥 안에서도 같은 고통의 시대를 살아가면서도 한 사람의 시선은 차가운 감옥 바닥만 응시하였지만 다른 한 사람은 감옥 저 건너편의 하늘을 바라보았다. 감옥 안에서도 강점을 찾는 사람이 있다. 하나님이 주신 마음으로 가슴에 시를 쓰는 사람이 있다.

하지만 감옥 안에서 자신의 불행한 상황만 보고 절망하는 사람도 있다. 사람들은 같은 자연을 바라보면서도 비극의 말을 쏟아 내는 사람들도 있지만 시를 읊어 내는 사람들도 있다. 어렵고 힘든 상황 가운데서도 자기의 약점에 자기를 내어주는 사람도 있지만 자기의 강점을 고동치게 하는 사람도 있다.

성경에는 외롭고 힘든 광야에서도 자신의 강점을 고동치게 한 사람이 있다. 바로 다윗이다. 많은 사람들에게 사랑받는 시편 23편은 다윗의 삶의 여정에서 황량함을 경험해야 했던 광야에서 하늘만 바라보고 지은 영감의 시이다. 다윗의 광야의 삶을 이기게 한 것은 그의 약점이 아니라 강점이었다. 다윗의 강점은 광야에서도 하나님을 바라보는 것이었다. 그의 강점이 그의 약점을 이기게 하고 외로움을 견디게 하였다. 다윗의 강점은 그의 가슴에 새긴 하나님의 헤세드였다.[1] 하나님의 헤세드가 그의 약점을 극복하게 하였다. 하나님의 헤세드가 그의 어리석음도 승화시켰다. 하나님의 헤세드가 그를 성장시켰다. 그의 마음에 새겨진 하나님의 헤세드가 그를 전진하게 하였다. 다윗의 가장 큰 강점은 온 마음과 몸에 새긴 하나님의 헤세드였다.

강점을 강화해야 성장한다

멘토는 멘티의 잠재력을 발견하여 강화시키도록 도와주어야 한다. 하지만 우리는 보편적으로 사람의 강한 부분은 관심을 두지 않고 약한 부분을 발견하여 보완을 하려는 경향이 많다. 강한 부분에 대한 관심보다는 약한 부분에 초점을 두고 사람을 교육하는 경우가 많다. 그러나 근래 강점에 초점을 맞추는 사고방식이 등장했다. 30

년간 연구 조사하고 200만 명 이상 면담한 후에 갤럽은 다음과 같은 발표를 하였다. "증거는 압도적이다. 당신이 무엇을 하든지 자신의 약점보다는 가장 천부적 재능을 중심으로 삶을 건축해야 보다 성공할 것이다."[2] 강점 강화 멘토링에서 멘티의 강점에 주로 초점을 맞추지만 멘티의 약점이나 삶에서 개선해야 할 것들을 무시하지 않는다.

그러나 강점을 강조하는 것이 보다 두드러지는데, 이는 의심의 여지 없이 강점에 집중한 데 대한 조사 결과가 놀랍기 때문이다. 주로 자신의 강점을 발휘하여 일하는 사람은 더욱 열심히 일하고, 더욱 보람을 느끼며, 현재 직업이나 위치를 떠나려는 경향이 적다. 멘토가 멘티의 강점을 발견하여 유능하게 일할 수 있는 영역에서 일하게 하는 방식은 대단히 중요하다. 교회 공동체 안에서도 각 사람이 유능하게 일 할 수 있는 영역에서 일하게 하는 방식으로 교회 공동체를 세워 가는 방법도 교회 지도자의 중요한 사역이다.

멘티 자신의 강점은 어떻게 발견하고, 멘티의 강점은 어떻게 찾는가? 몇 가지 강점 발견을 위해 설문지를 사용할 수도 있지만, 멘티에게 직접 자신의 강점 목록을 묻는 것이 더 용이 할 수도 있다. 멘티에게 자신을 가장 잘 아는 사람에게 다음과 같은 질문을 해보도록 제안할 필요가 있다. 가족과 친한 친구들이 그의 강점을 그가 알고 있는 것보다 더 잘고 있을 수 있다. 이런 강점 확인은 멘티가 잘하는 것이 무엇인지 진지하게 탐색하는 과정이다. 강점 발견 과정은 다음과 같은 질문을 중심으로 진행하는 것이 좋다.

- 무엇을 가장 잘하는가?
- 다른 누구보다 더 잘하는 것은 무엇인가?
- 나를 가장 잘 아는 사람이 나의 강점을 무엇이라고 말하는가?
- 내 인생에서 특별히 뛰어난 성과를 거둔 일은 무엇이었는가?
- 내 인생에서 하나님이 복 주신 부분은 무엇인가?

우리는 보편적으로 우리의 강점보다는 약점을 보완해야 성공할 수 있다는 것이 기존의 사고였다. 때문에 약점보다는 강점에 집중하는 것에 의문을 제기할 수도 있다. 어떤 사람들은 자신의 강점에 초점을 두는 것은 지나치게 성취 중심적이라고 생각할 수도 있다. 그러나 강점에 집중하는 것을 하나님이 우리 각자에게 주신 재능과 역량을 발견하고 인정하는 하나의 방법으로 보는 것이 더 좋다.

강점은 성장의 마중물이다

사람들은 약점에 초점을 맞출 때 사실의 일부에만 초점을 맞추어서 전체를 왜곡하는 성향이 있다. 이러한 현상은 사람들이 너무 선택적으로 반응하여 좋은 것이나 강점을 상당 부분 잃어버리게 된다. 심지어 약점이 강점에 비해 아주 사소한 문제일 경우에도 그런 경향이 있다. 아무것도 쓰여 지지 않은 하얀 종이 중앙에 점이 찍혀 있으면 대부분의 사람들은 검은 점을 본다. 사람들의 이러한 현상은 이러한 시각으로 점을 선택하여 눈에 보이는 상황을 추상화하거나 왜곡하는 경우가 있다. 종이 전체와 점이라는 단순한 도식으로 우리의 삶을 설명하는 것은 너무나 단순한 도식이 될 수 있지만 많은 사람들이 살아가는 방식이기도 하다. 하지만 이러한 방식은 우리를 성숙시키는 방식이 아니라 우리의 약점을 중심으로 보는 방식이기 때문에 성장을 가로막을 수 있다. 이러한 현상은 우리의 삶에 플러스적 요소가 아니라 마이너스로 작용할 수 있다.

부부심리학 연구로 세계적 권위를 인정받고 있는 워싱턴대학교의 존 고트만 박사는 이렇게 말했다. "성공적인 결혼생활을 만드는 비결은 놀라울 정도로 간단하다. 행복한 결혼생활을 하고 있는 부부는 특별히 머리가 좋은 것도 아니고, 유복한 것도 아니며, 심리학에 통달한 사람도 아니다. 행복한 부부는 일상생활에서 상대방의 마이너스적인 면보다는 플러스적인 면을 중시하려고 노력한다. 이것을 나는 정서적 지수(emotional intelligence)에 의한 결혼생활이라고 부르고 있다."[3] 행복한 결혼생활의 비결은 서로 마이너스 적인 면보다는 플러스적인 면에 더 초점을 두는 것이다. 행복한 부부는 상대방의 약점보다는 강점을 중시한다. 서로 성숙하게 하고 서로 성장하게 하는 비결은 상대방의 약점보다는 강점에 초점을 둘 때 발생한다.

우리의 성장에 중요한 역할을 하는 요소들도 대부분 강점과 관련된 것들이다. 보편적으로 우리의 삶에 영향을 끼치는 요소는 성실성, 노력, 정직성, 유머 등과 같은 개인 능력이 약 20퍼센트, 사람과의 관계, 우정, 사랑, 존중 받음 등과 같은 대인 관계가 약 20퍼센트,

학위, 정보 등과 같은 지식이 20퍼센트, 주어진 일과 임무에 최선을 다해 시간을 활용하는 것과 같은 업무 능력이 15퍼센트, 주위 사람에게 비공식적으로 보상하는 것과 같은 보상 능력이 5퍼센트이다.[4] 이러한 요소들은 우리의 삶에서 개발해야 할 요소들이기도 하지만 깊이 생각해 보면 우리를 보다 더 성장하게 하는 강점들이라고도 할 수 있다. 다시 서술하면, 우리의 성장을 이끄는 요소들은 대부분 우리의 강점들이다.

강점을 무효화해서는 안 된다

무효화(invalidation)는 정보를 무시하는 것이 아니라 사실을 거부하는 것이다.[5] 사실을 사실대로 보지 않는 것이다. 예를 들어 설명하면, 한 여성이 교회에서 꽃꽂이를 멋있게 하고 있을 때 누군가가 칭찬을 하면 그녀는 "이것은 제가 한 것이 아니라 하나님께서 하신 것이다"라고 말하는 경우이다. 이런 태도는 사실을 무효화하는 것이다. 이것은 사실이 아니기 때문이다. 하나님은 그 꽃들을 사지도 않으셨고, 꽃을 아름답고 균형 있게 꽂지도 않으셨기 때문이다. 물론 이러한 태도는 겸손의 자세에서 나올 수도 있다. 하지만 이것은 본질적으로 사실을 왜곡하는 것이다.

우리의 삶 속에서 사실을 무효화시키는 경우가 많다. 그리스도인들이 이럴 가능성이 더 있다. 모든 것을 하나님과만 관련시켜 말해야만 좋은 신앙이라고 여기게 하는 교육을 받는 측면이 있기 때문이다. 한 그리스도인이 다른 그리스인에게 감사를 표할 때, "저에게 감사하지 말고 하나님께 감사하세요"라고 말하는 것은 겸손이 아니다. 이것은 잘못된 태도이다. 이런 태도는 역으로 자신이 실패하면 하나님의 도움이 없었기 때문이라는 것과 같다. 이와 같은 태도는 사실을 무효화시킴으로써 자기 자신을 무효화시키는 것이다.

사실을 무효화시키는 것은 여러 부분에서 발생할 수 있다. 우리는 우리 자신의 강점도 무효화시킬 수 있다. 자신의 강점을 무효화시키는 사람은 자신의 약점도 무효화시킬 수 있다. 자신의 강점을 정직하게 인정하는 사람은 성장을 경험할 수 있지만 무효화시키는 사람은 성장의 기회를 잃게 된다. 자신의 강점을 무효화시키는 사람은 자신의 약점도 왜곡시킬 수 있다. 이런 사람은 치료를 경험할 수 없다. 그러므로 자신의 강점을 바르게 보는 사람이 자신의 약점도 바르게 직면할 수 있다.

상담과 심리치료는 기본적으로 치료 모델이다. 상담과 심리치료는 약점과 부정적인 것에 초점을 맞춘다. 상담이나 심리치료는 건강한 부분보다는 병에 초점을 둔다. 병을 치료해야 건강을 회복할 수 있기 때문이다. 하지만 멘토링은 기본적으로 성장 모델이다. 멘토링의 목적은 성장이다. 건강한 부분을 강화할 때 성장이 일어난다. 때문에 멘토링의 다른 이름은 강점 강화 모델이다.

강점을 어떻게 강화할 수 있는가

강점을 강화하기 위하여 강점 진술문을 쓰게 한다. 강점 진술문은 자기가 가진 강점에 대해 쓰는 것이다. 예를 들면, "나는 사람들의 문제를 해결해 주고 그들이 행복해 하는 모습을 볼 때 힘이 난다." "나는 청소년들에게 음악을 가르치고 그들이 변화되는 것을 볼 때 보람을 느낀다." "나는 다른 사람이 내게 자신의 어려움을 털어놓고 내가 잘 들어 준다고 할 때 만족과 자긍심을 느낀다" 등으로 작성할 수 있다. 강점 진술문을 기초로 네 가지 강점 강화 전략들을 시행한다.[6] 이러한 전략의 단계들을 통하여 사람들의 강점을 강화시킬 수 있다.

첫째, 강점에 초점(focus)을 맞추는 단계이다. 강점 진술문에 진술한 강점이 어떻게 언제 당신에게 도움을 주는지 발견하는 단계이다. 이것을 위해서 멘토는 멘티에게 다음 네 가지 질문을 하고 답하게 한다.

① 당신의 삶에서 언제 이 강점을 사용하고 무슨 활동을 할 때 입니까?
② 이 강점을 얼마나 자주 사용하나요?
③ 이 강점이 당신의 삶에 언제 그리고 어떻게 도움을 주었나요?
④ 이 강점에 대하여 어떤 피드백을 받았는지요?

둘째, 놓친 기회를 찾아내는(release) 단계이다. 누구든지 삶 속에서 자신의 강점을 사용할 수 있었던 기회를 놓쳤던 경우들이 있다. 그런 상황이나 경우들을 찾아보게 하는 것이다. 다음 다섯 가지 질문들은 강점 사용의 기회를 놓쳤던 때를 살펴보게 하는 데 도움이 된다.

① 어떤 새로운 상황이 당신의 강점을 더 잘 사용할 수 있게 할 수 있는가?
② 이 상황이 가능하도록 당신의 일과를 바꿀 수 있는가? 그렇다면 누구와 의논해야 하는가?
③ 이 강점을 촉진하기 위해서 당신이 시도할 수 있는 새로운 체계나 기술들로는 어떤 것이 있는가?
④ 이 강점을 얼마나 사용했는지를 어떻게 측정할 수 있는가?
⑤ 현재 삶에서 힘든 부분들이 있는가? 있으면 그것은 무엇이며, 이것을 극복하기 위해서 당신의 강점을 어떻게 사용할 수 있는가?

셋째, 교육(education) 받기 단계이다. 강점을 강화시키기 위해 새로운 교육을 받거나 기회를 제공 받는 단계이다. 강점은 아주 자연스럽게 습득된 것이다. 하지만 집중해서 개발하면 그것은 엄청난 영향력을 발휘한다. 멘티가 가진 같은 강점을 더 잘 발휘할 수 있도록 도울 수 있는 사람이 있으면 그에게 배우도록 돕는다. 이것은 멘티의 자신감을 북돋우고 좋은 이미지를 얻게 할 수 있다. 다음의 네 가지 질문이 도움이 될 수 있다.

① 이 강점을 영향력 있게 사용하기 위하여 새롭게 배울 수 있는 구체적인 기술들은 무엇이 있는가?
② 이 구체적인 기술들을 배우기 위해 어떤 것을 할 수 있는가? 이를 위해 읽을 책이나 훈련받을 수 있는 코스 등이 있는가?
③ 누구에게 이런 기술들을 배울 수 있는가?
④ 당신의 강점을 더 효과적으로 사용하는 방법에 대한 이야기를 나눌 수 있는 사람이 누구인가?

넷째, 확장(expand) 하기 단계이다. 강점을 중심으로 자신의 삶을 세우는 단계이다. 자신의 강점을 확장하는 가장 일반적인 방법은 자신의 강점을 가지고 발견한 것들을 삶의 현장에서 동료들과 조심스럽게 자랑하지 않는 방식으로 나누는 것이다. 동료들로부터 격려 받고 인정받을 때 그 강점은 더 강화 될 수 있다. 멘토는 멘티의 강점을 확장하기 위하여 두 가지 질문을 할 수 있다.
① 당신의 강점을 어떻게 다른 사람들과 가장 잘 나눌 수 있는가? 언제 그것을 할 수 있는가?
② 이 강점을 더 잘 사용하기 위하여 당신의 역할을 어떻게 확장시킬 수 있는가?

영국의 축구스타 데이비드 베컴(David Beckham)은 그림 같은 프리킥을 차는 것으로 유명하다. 영국 사람들뿐만 아니라 전 세계의 축구팬들은 베컴과 그의 멋진 중거리 프리킥과 동일시한다. 그것은 그의 한 가지 강점이다. 베컴도 중요한 경기의 승부차기에서 실축하기도 하였다. 하지만 사람들이 베컴을 기억할 때 가장 크게 작용하는 것은 그의 강점인 그림 같은 프리킥이다. 그의 강점이 그의 이미지에 가장 결정적인 역할을 하였다. "누구든지 잘하는 것 한 가지씩은 가지고 있다"는 격언이 있다. 강점에 초점을 두는 것은 약점을 간과하는 것이 아니라 강점을 격려하고 고귀하게 가치화하는 것이다. 강점과 약점을 이분법적으로 대비시켜 강점에 초점을 두고 약점의 보완의 필요성을 간과하는 것이 아니라 강점의 가치를 인정하는 데 있다.

영성은 강점을 강화한다

하나님의 형상으로 창조된 인간은 영성, 이성, 감성, 몸이 모두 온전한 존재로 창조되었다. 인간의 이러한 요소들은 존재론적 의미와 기능론적 특성을 가지고 있다. 인간의 영성, 이성, 감성, 몸은 타락 후에 존재론적 국면은 그대로 있지만 기능론적 국면에 문제가 발생하였다. 이는 마치 아버지와 자녀의 관계의 존재론적인 국면은 어떠한 상황 안에서도 상실될 수 없지만 아버지와 자녀와의 관계의 기능론적 국면인 아버지됨이나 자녀됨은 문제가 발생할 수도 있고 상실할 수도 있는 것과 같다. 특별히 인간의 영성은 타락 후에 기능론적 국면을 상실하게 된다. 하나님과의 관계 안에서 발생하는 생명력을 상실하게 된다. 인간의 영성은 하나님과의 관계 안에 있을 때 기능적 생명력을 회복하게 된다.

하나님의 형상인 인간의 기능적 생명력은 하나님 안에 있을 때 회복하게 된다. 인간이 하나님과의 관계 안에 있을 때 인간은 하나님의 본성에 의해 그 삶을 유지하게 된다. 인간의 창조성은 창조주의 본성 속에 있을 때 바르게 기능하게 된다. 그러므로 하나님과의 관계를 통해 회복되는 영성은 인간에게 본질적인 것이다. 인간의 영성은 하나님의 영의 창조성을 반영하는 매개체인 동시에 역동성을 그 속에서 드러내는 국면이기도 하다.

인간의 영성은 하나님의 창조성의 핵심 매개체이기 때문에 하나님에 의해 회복된 영성은 하나님, 이웃, 세상을 향한 관계의 깊이와 넓이가 점점 깊어가고 확장되어 나아가게 하는 본질적인 힘이다. 인간의 영성, 이성, 감성은 유한과 무한의 양극성 사이에 있다. 즉 유한은 제한적 요소인 반면 무한은 팽창적인 요소이다. 이러한 요소들이 무한을 향해 나아가려는 특성이 있기 때문에 끝없이 팽창해 나아가다가 자기에게로 돌아오지 못하는 절망을 경험할 수 없다. 무한의 절망을 경험한다. 하지만 유한은 제한적 요소이기 때문에 팽창적인 요소를 억압함으로써 일종의 무기력과 좌절을 초래하게 된다. 유한의 절망을 경험한다. 인간의 이러한 절망은 자기 자신에 의해 극복될 수 없는 본질적인 특성을 보여 준다. 인간의 절망은 궁극적으로 하나님을 향하게 하고 하나님 안에서만 극복될 수 있다.

다시 서술하면, 인간의 절망은 하나님의 사랑인 은혜와 신앙의 도약을 통해서 극복될 수 있다. 신앙은 인간을 향한 하나님의 사랑과 하나님을 향한 인간의 열정의 연합이다. 신앙의 도약은 마치 "이성의 능력으로는 아무리 예수 그리스도의 본성을 이해하려고 해도 되지 않기에 모든 것을 통달하시는 하나님의 능력을 인정하고 받아들이는 자세가 필요하다. 성령의 능력에 의해 인간 이성이 변형됨으로써 비로소 그리스도의 본성을 이해할 수 있게 된다."[7] 인간은 신앙 안에서 자기를 하나님 안에 기초시킬 때만이 유한과 무한의 절망을 극복할 수 있다. 인간의 실존 속에서 하나님의 창조성과 능력을 전달해 주는 것은 신앙의 열정, 즉 영성이다.

신앙의 열정인 영성의 힘은 우리의 삶을 더욱 아름답게 하고 강화시킨다. 레오나도 보프(Leonardo Boff)는 어느 날 그를 숙연하게 한 한 부인과의 만남을 소개한다. 그가 만난 부인에게는 15살 된 아들 하나가 있었는데 도시의 쓰레기 집하장에서 두 사람이 살아가는 데 필요한 물품들을 수집하며 살아가고 있었다. 그녀의 남편은 경찰에 의하여 살해당하였다. 그 여인은 말할 수 없는 고통으로 경직되어 웅크리고 있었고 울지도 못할 정도가 되었다. 보프는 그녀에게 물었다. "그 지경에도 하나님을 믿을 수 있다는 말입니까?" 보프는 그 때 그가 보고 들었던 것에 대하여 다음과 같이 적었다.

> 그 안에서 하나님의 부드러움을 느꼈기 때문에 결코 잊을 수 없는 그 눈으로 그녀는 나를 바라보았다. '저요?' '어떻게 제가 하나님을 믿지 않을 수 있단 말입니까? 하나님이 제 아

> 버지가 아니었던가요? 하나님을 믿지 않는다면, 제가 그의
> 손에 있음을 느낄 수 없다면, 그 누구에게 제가 의지할 수 있
> 겠습니까?[8]

보프는 이 만남에 대하여 이렇게 말하였다.

> 마르크스는 잘못 생각하였다. 이러한 극단적 상황에서 신앙
> 은 마약이 아니다. 그것은 오히려 빛을 발하는 해방이다. 어
> 두움을 몰아내는 빛이고 죽음을 넘어서는 삶이다.[9]

하나님의 생명력인 영성은 인간의 유한의 절망을 넘어서 신비를 경험하게 한다. 영성은 하나님의 사랑을 경험하게 하는 가장 중요한 힘이기 때문이다. 세상은 이 부인에게서 가장 소중한 것을 빼앗아 갔다. 그러나 죽음도 그녀가 지닌 이 신비스런 사랑의 힘을 빼앗을 수 없었다.

프로이드의 영향을 강하게 받은 사람들은 사람의 영적 차원을 무시하며 모든 신앙을 신경증적으로 내린 결정, 환상, 어린 시절의 소망의 투사, 환각적 정신이상 등으로 이해하려는 경향이 있다.[10] 그러나 이러한 사람들은 신앙의 본질을 너무도 단순하게 보았을 뿐만 아니라 신앙의 잘못된 현상에 지나치게 몰두하여 결론을 내리는 경향이 있다. 그러나 바울 사도, 어거스틴, 아빌라의 테레사, 십자가의 요한, 블레즈 파스칼, 조너선 에즈워즈, 데이비드 리빙스턴, 레오 톨스

토이, 루이스 등과 같은 사람들에게 영적 체험은 그들의 삶을 근본적으로 바꾸어 놓는 역할을 하였다. 현대에도 영적 세계관이 사람들에게 중요한 요소라는 것이 임상적으로 증명되고 있다.

미국 정신의학지에 실린 연구 결과를 보면, 각 실험 대상자는 "마약, 알코올, 담배를 갑자기 끊는 생활양식의 근본적인 변화를 포함하여 자아의 기능이 현저히 향상되었음을 보여 주었다. 즉 순결이나 충실한 결혼을 요구하는 엄격한 성 규범을 받아들였고, 충동 조절 능력이 개선되었으며, 학습능력이 증진되었고, 자아상이 향상 되었으며 내면의 감정에 더욱 관심을 가지게 되었고, 친밀하고 만족스러운 관계를 만드는 능력도 생겼다. 자녀의 다소 갑작스럽고 강렬한 종교적 관심에 대해 대부분의 부모들은 처음에 우려를 표명했지만, 학생들은 부모와의 의사소통이 개선되었고, '실존적 절망'이 줄어듦에 따라 정서가 긍정적으로 변화되었으며, 흘러가는 세월에 대한 염려와 죽음에 대한 불안감이 줄었다."[11]

영성의 회복으로 인한 영적 세계관으로의 변화는 사람의 가치관과 자아상과 기질 뿐만 아니라 생산성까지도 변혁을 일으킨다. 대표적인 경우가 루이스(C. S. Lewis)이다. 31세에 있었던 루이스의 세계관의 변화는 그의 삶에 대변혁을 일으켰다. "그의 정신에 목적과 의미를 불어넣었으며, 그의 생산성을 극적으로 증대시켰다. 이 변화로 그의 가치관과 자아상 및 다른 사람들과의 관계가 근본적으로 변했다. 이 경험은 루이스를 이전의 삶에서 완전히 돌아서게 했을 뿐 아니라 밖으로 향하게-자기 자신에게 초점을 맞춘 상태에서 벗어나 다른 사람들에게 초점을 맞추는 방향으로-하였다. 그의 기질도 변했다. 회심 전과 후의 그를 아는 사람들은 그가 내적 고요함과 평온함으로 더 안정되었다고 말한다. 낙천적인 명랑함이 그의 염세주의와 절망을 대체하였다. 죽기 전 마지막 며칠 동안 루이스와 함께 있었던 사람들은 그의 '명랑함'과 '평온함'에 대해 말했다."[12]

루이스에게 영적 세계관은 이처럼 놀라운 변혁을 일으켰다. 영성의 회복으로 인한 영적 세계관은 그의 기질과 생산성까지 대변혁을 일으켰다. 영성은 우리의 삶에서 변혁적인 힘이다. 영성은 우리의 강점을 강화시키는 본질적인 요소이다. 영성은 또한 우리의 약점과 어두움도 극복하게 하는 힘이다.

신약에서 아름답게 쓰임 받은 사도 바울의 왜곡된 삶을 이기게 한 것은 그의 약점이 아니라 강점이었다. 바울의 강점은 그에게 임한 하나님의 은혜였다. 바울은 "내가 나 된 것은 다 하나님의 은혜로 된 것이니 내게 주신 그의 은혜가 헛되지 아니하여 내가 모든 사도보다 더 많이 수고하였으나 내가 한 것이 아니요 오직 나와 함께 하신 하나님의 은혜로라"(고전 15:9-10)"라고 고백하였다. 바울의 강점은 그의 가슴에 새겨진 하나님의 은혜였다. 하나님의 은혜가 그를 성장시켰다. 그의 마음에 새겨진 하나님의 은혜가 그로 하여금 로마를 바라보게 하였다. 바울이 하나님의 은혜를 은혜 되게 한 것은 그가 다메섹에서 예수님을 통해 회복한 영성 때문이었다.

영성은 하나님의 은혜를 보게 하는 거울이다. 은혜와 영성은 유기체적인 한 쌍이다. 이 둘은 동의어다. 바울의 강점을 강화시킨 본질적인 요소는 영성이다.

칭찬은 영성을 자극한다

우리의 인성은 신성과 죄성 또는 영성과 죄성을 더한 것이다. 신성은 우리에게 희망을 주는 밝은 면이다. 죄성은 위험하고 어두운 면이다. 만일 죄성을 자극하면 스스로 혹은 다른 사람에게 좋지 않은 결과를 가져오게 될 것이다. 반대로 만일 영성을 자극하면 인성 가운데 적극적이고 밝은 측면이 일어난다. 그러므로 칭찬은 우리의 영성을 자극한다. 사람을 성장시키기 위해서는 충고와 비판보다는 칭찬이 중요한 이유가 여기에 있다.

인간은 이상하리만큼 어떤 자극을 받느냐에 따라 많은 영향을 받는다. 자기가 싫어하는 것이라 할지라도 부정적인 것과 관련되어 자주 자극 받게 되면 싫어하는 것의 영향을 받는다. 예를 들면, 자극받는 것과 동일시되어 버리는 현상이 일어난다. 특별히 인간은 부정적인 것과의 동일시되는 현상에 취약하다. 우리 주위에서 쉽게 볼 수 있는 현상이다. 우리에게는 자신이 싫어하는 사람을 닮는 묘한 심리적 특성이 있다. 심리학자들은 이러한 특성을 '적대자와의 동일시 현상'이라고 하였다. 우리가 어떤 사람에게 '저 놈은 죽일 놈이지'라고 계속 그 사람을 미워하고 주야로 그 사람을 생각하면, 우리는 그 사람과 비슷하게 되어 버린다. 시어머니에게 학대받은 며느리가 "내가 시어머니가 되면, 나는 절대로 우리 시어머니처럼 하지 않겠다"고 다짐한다. 하지만 자기가 시어머니가 되면 옛날 시어머니와 똑같이 행동하게 된다. 바로 '적대자와 동일시 현상'이다.

우리가 어떤 부정적인 것을 비판할 때, 부정적인 것을 피하기 위한 것이 목적이지만 우리의 의지와는 다르게 부정적인 것에 영향을 받게 된다. 또한 우리의 부정적인 것이 비판을 받으면 부정적인 현상이 약화되는 것이 아니라 오히려 강화된다. 왜냐하면 우리는 자극 받는 것이 강화되는 특성이 있기 때문이다. 중요한 것은 우리의 부정적인 것의 변화의 방법은 그 부정적인 면을 긍정적인 언어로 터치하는 것에 있기 보다는 긍정적인 면의 칭찬을 통해 강화시킬 때이다.

무슨 의미인가? 우리의 인성의 밝은 요소인 영성을 넓게 하고 어두운 요소인 죄성은 좁혀야 한다. 우리의 인성을 100퍼센트라고 할 때, 죄성의 자리를 좁히고 영성의 자리를 넓히려면 부정적인 어두운 면을 자극해서는 안 된다. 밝은 면인 영성을 자극해야 한다. 왜냐하면 죄성을 자극하는 방법이 긍정적이든 부정적이든 죄성이 강화되기 때문이다. 죄성을 약화시키는 방법은 죄성의 터치가 아니라 영성의 터치이다.

성경도 이와 비슷한 원리를 제시한다. 우리의 근심을 쫓아내는 것은 근심에 대한 자기비판이나 회개가 아니라 믿음이다. "너희는 마음에 근심하지 말라 하나님을 믿으니 또 나를 믿으라." 근심의 자리를 약화시키는 길은 근심에 대한 초점이 아니라 믿음에 두는 것이다. 우리는 소록도에 있는 그리스도인들을 통해서도 이 원리를 알 수 있다. 소록도에 가면 손가락 없는 나환자들이 감격의 찬양을 하는 모습을 볼 수 있다. 기쁨으로 찬양하는 그들에게 믿지 않는 사람들이 이런 질문을 자주 한다고 한다. "도대체 당신에게 그런 기쁨과 감격을 갖게 해 주는 비결이 무엇이냐?" 그럴 때 그들은 이렇게 답한다고 한다. "예수 그리스도에 대한 믿음 때문입니다." 소록도에 있는 그리스도인들을 아름답게 하는 것은 그들의 어두운 면을 자극하는 것이 아니라 밝은 면을 자극하는 데 있다. 그 자극의 주인공은 유리하며 방황하는 사람들을 민망히 여기셨던 예수님이다.

사람의 변화와 성장을 위해 어떻게 하면 그의 밝은 면을 자극할 수 있는가? 그것은 바로 우리의 엄지손가락을 위로 드는 것과 같다. 다시 서술하면, 다른 사람의 강점과 잘하는 일을 항상 발견하여 지속적으로 칭찬해 주는 것이다. 지속적으로 그리하면 그 사람의 가장 큰 밝은 면과 잠재력이 자극되어 나오기 때문이다. 우리에게는 영성과 죄성이 공존하고 있다. 멘토가 멘티의 영성을 자극하느냐 아니면 죄성을 자극하느냐에 따라 멘티의 삶은 달라질 수 있다. 멘토는 죄성을 자극하는 하는 사람이 아니라 영성을 자극하는 사람이다. 영성을 자극하기 위해서는 하나님께서 멘티에게 주신 은사와 그가 가진 강점을 보고 칭찬해 주어야 한다. 칭찬은 영성을 자극하기 때문이다. 멘토는 칭찬의 아버지여야 한다.

비판은 죄성을 자극한다

인간의 지혜는 인성을 통찰하는 데에서 온다. 어떤 일을 하더라도 반드시 다른 사람의 심리를 헤아려야 한다. 특히 멘토는 멘티가 어떻게 생각하는지 더욱 헤아려야 한다. 멘토링의 성공을 위한 기초는 멘토와 멘티의 관계에 있다. 관계가 실패하게 되는 중요한 이유 중의 하나는 멘티의 마음을 헤아리지 못할 때이다. 각 사람마다 꺼리는 것이 있고, 다른 사람에게 보이고 싶지 않은 것이 있다. 그 가운데 가장 꺼리는 부분이 주로 인성의 가장 어두운 부분이다. 멘토는 인간의 이 특성을 유념해야 한다. 인간은 자기의 가장 꺼리는 부분이 비판을 받을 때 가장 공격적이고 파괴적이 된다.

우리는 너무도 쉽게 상대방의 약점을 고쳐 주려는 유혹에 사로잡힌다. 이런 특성이 강한 사람은 멘토로서 심각하게 자기 자신을 살펴보아야 한다. 멘토는 멘티의 약점을 보는 데 탁월한 사람이 아니라 강점을 보는 데 탁월한 사람이어야 한다. 비판이나 충고는 종종 다른 사람의 기분을 더 상하게 할 수 있다. 특별히 그 비판이나 충고를 따를 수 없거나 따를 준비가 되어 있지 않을 때는 더욱 그러하다. 이때 비판이나 충고는 큰 죄책감만을 심어줄 수 있다. 예를 들어, 욥이 고통 받을 때 친구들의 충고는 오히려 욥을 더 비참하게 만들었다.

비판은 악을 다루는 가장 흔한 방법이다. 하지만 악을 슬퍼하고 회개하는 것은 경건한 행위이다. 그러나 비판이나 충고는 나쁜 것이나 약점을 다루는 세상적인 방법이다. 가룟 유다와 베드로의 경우가 그 차이를 잘 보여 준다. 유다는 자신을 정죄하고 스스로 목숨을 끊었다. 하지만 베드로는 예수님을 배반한 것을 후회하였지만 그의 눈물은 회개로 바뀌었다. 비판은 아무것도 치유할 수 없다.

우리는 종종 사랑이 넘치는 사람일 때가 많다. 예를 들면, 자녀의 좋은 면들을 보고 칭찬해 주고 어떤 귀한 일을 성취하면 자랑스럽게 여기며 격려해 준다. 하지만 자녀들이 뭔가를 잘못하거나 그들의 약점이 보이거나 자신이 원하는 것과 다른 방법으로 하면 화를 내고 심한 말을 한다. 우리는 종종 자녀들의 잘하는 면과 부족한 면을 모두 부정하지 않지만, 부족함이나 실수에는 혹독하게 대한다. 자녀들에게 은혜 없는 진리를 주고 있는 것이다.

성경은 사람의 강점은 칭찬하고 실수나 약점을 비판하라고 말하지 않는다. 오히려 성경은 "너희는 모든 악독과 노함과 분냄과 떠드는 것과 비방하는 것을 모든 악의와 함께 버리고 서로 친절하게 하며 불쌍히 여기며 서로 용서하기를 하나님이 그리스도 안에서 너희를 용서하심과 같이 하라"(엡 4:32)고 말한다. 뿐만 아니라 "그러므로 너희는 하나님이 택하사 거룩하고 사랑 받는 자처럼 긍휼과 자비와 겸손과 온유와 오래 참음을 옷 입고 누가 누구에게 불만이 있거든 서로 용납하여 피차 용서하되 주께서 너희를 용서하신 것 같이 너희도 그리하고 이 모든 것 위에 사랑을 더하라 이는 온전하게 매는 띠니라"(골 3:12-14)고 하였다.

인간의 부족하고 연약한 면은 비판의 대상이 아니라 오히려 사랑의 대상임을 성경은 분명히 하고 있다. 비판은 오히려 우리의 죄성을 자극한다는 것을 기억해야 한다. 우리의 죄성은 파괴적인 에너지이다. 때문에 비판은 파괴적인 결과를 부르게 된다. 선과 악에 대한 모든 문제의 해답은 비판이 아니라 사랑이다. 사막의 영성을 연구한 베네딕타 와이는 "마음을 깨뜨리기 위해 필요한 것은 죄에 대한 판단이나 토론, 또는 상황을 해결코자 하는 핑계나 이해도 아니다. 마음을 깨뜨리는 것은 긍휼과 사랑이다"라고 하였다.[13]

멘토링

영혼 돌봄을 위한

미주

Mentoring for Care of Soul

저자 서문

1 필자는 영혼을 인간이란 용어와 같은 개념으로 사용하고 있음을 밝힌다. "성경에서 영혼이란 본질적으로 인간을 의미한다…. 그렇다면 왜 인간을 인간이라고 칭하지 않고 영혼이라고 하는가? 이유는 인간을 영혼이라고 말할 때는 영적인 존재로서 인간을 강조할 때이다. 즉 인간은 하나님과의 관계 속에서 살아야 하는 피조물이라는 성경적 인간관이 표출되고 있다고 할 수 있다. 또한 전적인 지지를 받을 수 있는 견해는 아니지만 인간을 영혼(네페쉬)으로 칭하는 것은 다른 사람과 관계를 맺고 살아가는 정신적인 국면을 지니고 있는 인간을 강조할 때 사용되기도 한다." 최창국, 『영혼 돌봄을 위한 기독교 영성』(서울: CLC, 2013), 31.

제 1 장

1 R. Stodgill, (1960's) in Chapman, M. (1998) 'Into the Breach', *People Management*. 10 December 1998, online at http://www.cipd.co.uk

2 D. Levinson, *The Season's of a Man's Life* (New York: Ballantine Books, 1991) 참조.

3 J. Hay, *Transformational Mentoring: Creating Developmental*

Alliances for Changing Organizational Cultures (Maidenhead: McGraw-Hill, 1995) 참조.

4 R. Hamilton, *Mentoring* (London: The Industrial Society, 1993); D. Clutterbuck, *Everyone Needs a Mentor* (London: CIPD, 2001) 참조.

5 Howard & William Hendricks, *As Iron Sharpens Iron: Building Leaders in a Mentoring Relationship* (Chicago: Moody Press, 1995), 158.

6 Tim Elmore, *Mentoring: How to Invest Your Life in Others*, 김낙환 옮김, 『멘토링』(서울: 진흥, 2004), 66.

7 Ted Engston, *The Fine Art of Mentoring* (Brentwood, Tenn: Wolgemuth & Hyatt, 1989), xi-x에서 인용.

제 2 장

1 Gary Collins, *Christian Coaching*, 양형주 이규창 옮김, 『코칭 바이블』, (서울: IVP, 2011), 32.

2 Margaret Zipse Kornfeld, *Cultivating Wholeness: A Guide to Care and Counseling in Faith Community*, 정은심 최창국 옮김, 『공동체 돌봄과 상담』(서울: CLC, 2013), 327.

3 Gary Collins, 『코칭 바이블』, 29.

4　Gary Collins, 『코칭 바이블』, 29–30.

5　Gary Collins, 『코칭 바이블』, 25.

6　Institute for Life Coaching Training, www.lifecoaching.com에서 인용.

7　Gary Collins, 『코칭 바이블』, 34.

제 3 장

1　John of the Cross, "The Living Flame of Love," in *The Collected Works of St. John of the Cross*, Translated by K. Kavanaugh & O Rodrigiez (Washington, DC: ICS Publications, 1991), 685.

2　David G. Benner, *Sacred Companions*, 노문종 옮김, 『거룩한 사귐에 눈트다』(서울: IVP, 2007), 202–3.

3　Richard R. Dunn and Jana L. Sundene, *Sharing the Journey of Emerging Adults*, 정은심 옮김 『이머징 세대를 위한 영적 멘토링』(서울: CLC, 2013), 100–1.

4　Richard R. Dunn and Jana L. Sundene, 『이머징 세대를 위한 영적 멘토링』, 116.

5　Richard Foster, James Bryan Smith and Lynda Graybeal, *A Spiritual Formation Workbook* (San Francisco: HarperSanFrancisco, 1999), 9.

6 Thomas Moore, *Care of the Soul: A Guide for Cultivating Depth and Sacredness in Everyday Life* (New York: Harper Collins, 1992), 416.

7 Jay E. Adams, *A Theology of Christian Counseling* (Grand Rapids: Zondervan, 1979), 116.

8 John Cassian, *Conferences*, I.20 in *The Classics of Western Spirituality* (New York: Paulist, 1985), 55.

9 Jeannette A. Bakke, *Holy Invitations: Exploring Spiritual Direction*, 최승기 옮김, 『거룩한 초대: 영성지도』(서울: 은성, 2007), 422-23.

10 St. Ignatius of Loyola, *The Spiritual Exercises*, Translated by A. Mottola (New York: Bantam Doubleday Dell, 1988), 58-63.

11 St. Ignatius of Loyola, *The Spiritual Exercises*, 175.

12 St. Ignatius of Loyola, *The Spiritual Exercises*, 179-183.

13 St. Ignatius of Loyola, *The Spiritual Exercises*, 316.

14 St. Ignatius of Loyola, *The Spiritual Exercises*, 316.

15 St. Ignatius of Loyola, *The Spiritual Exercises*, 316.

16 Kenneth Leech, *Soul Friend: A Study of Spirituality* (London: Sheldon Press, 1985), 208.

17 Keith R. Anderson and Randy D. Reese, *Spiritual Mentoring: A Guide for Seeking and Giving Direction* (Downers Grove, Ill: IVP, 1999), 92.

18 Jeannette A. Bakke, 『거룩한 초대: 영성지도』, 420.

19 Geral G. May, *Care of Mind Care of Spirit: Psychiatric Dimensions of Spiritual Direction* (New York: Harper & Row, 1982), 189.

20 Richard R. Dunn and Jana L. Sundene, 『이머징 세대를 위한 영적 멘토링』, 135-39.

21 Erna Van De Winckel, *De l'inconscient a Dieu*, 김성민 옮김, 『융의 심리학과 기독교 영성』(서울: 다산글방, 1997), 71.

22 Erna Van De Winckel, 『융의 심리학과 기독교 영성』, 71.

23 Margaret Zipse Kornfeld, 『공동체 돌봄과 상담』, 138-47 참조.

24 Robert Clinton, *The Making of a Leader* (Carol Stream, IL: NavPress, 2012), 62에서 인용.

25 Ernest Kurtz and Katherine Ketcham, *The Spirituality of Imperfection: Storytelling and the Journey to Wholeness* (New York: Bantam Books, 1994), 17-8에서 인용.

26 Bruce Damarest, *Satisfy Your Soul*, 김석원 옮김, 『영혼을 생기 나게 하는 영성』(파주: 쉼만한물가, 2004), 268에서 인용.

27 Anthony de Mello, *Taking Flight* (New York: Bantam Books, 1998), 164-65.

28 라포르(rapport)는 사람과 사람사이에 생기는 상호신뢰관계를 말하는 심리학용어이다.

29 Les and Leslie Parrott, *Complete Guide to Marriage Mentoring*, 유정희 옮김, 『결혼생활 멘토링』(서울: 디모데, 2009), 130-31에서 인용.

제 4 장

1 Leonard Sweet, *Out of the Question…Into the Mystery* (Colorado: WaterBrook Press, 2004), 115.
2 Leonard Sweet, *Out of the Question…Into the Mystery*, 92.
3 Leonard Sweet, *Out of the Question…Into the Mystery*, 91.
4 Leonard Sweet, *Out of the Question…Into the Mystery*, 94.
5 Leonard Sweet, *Out of the Question…Into the Mystery*, 94.
6 Margaret Kornfeld가 Brian Cade and William Hudson O'Hanlon, *A Brief Guide to Brief Therapy*. Copyright ⓒ 1993 by Brian Cade and William Hudson O'Hanlon. W. W. Norton & Company, Inc.의 허락을 받아 그의 책, *Cultivating Wholeness: A Guide to Care and Counseling in Faith Communities* (New York: Continuum, 1998), 323-24에 정리하여 소개한 내용임.

제 5 장

1 Bill Thrall and Bruce McNicol, "은혜의 공동체", Alan Andrews, ed., *The Kingdom Life*, 홍병룡 옮김, 『제자도와 영성형성』, (서울: 국제제자훈련원, 2012), 84.
2 Bill Thrall and Bruce McNicol, "은혜의 공동체," 86.

3 Louis I. Newman, *The Hasidic Anthology: Tales and Teachings of the Hasidim* (London: Scribner, 1934), 344.

4 Ernest Kurtz and Katherine Ketcham, *The Spirituality of Imperfection*, 77.

5 Kurtz, Katherine Ketcham, *The Spirituality of Imperfection*, 62.

6 Kurtz, Katherine Ketcham, *The Spirituality of Imperfection*, 62.

7 Stanton Peele with Archie Brodski, *Love and Addiction* (New York: Signet, 1975), 237.

8 Kurtz, Katherine Ketcham, *The Spirituality of Imperfection*, 193-94.

9 *The Denver Post*, 1998년 2월 21일자.

10 J. B. Phillips, *Your God is Too Small* (New York: Macmillan, 1961), p. 32.

11 Thomas Merton, *Life and Holiness* (New York: Doubleday, 1964), p. 65.

12 Shelley E. Taylor & Jonathan D. Brown, "Illusion and Well-Being: A Social Psychological Perspective on Mental Health," *Psychological Bulletin* 103 (1988): 193.

13 G. R. Goethals, "Fabricating and Ignoring Social Reality: Sef-Serving Estimates of Consensus," James M. Olson, C. Peter Herman, & Mark P. Zanna, eds., *Relative Deprivation and Social Comparison: The Ontario Symposium* (New Jersey: Erlbaum,

1986), 4: 135-57.

14 David G. Myers, *Social Psychology*, (New York: McGraw-Hill, 1966), 80.

15 G. S. Zucker & B. Weiner, "Conservatism and Perceptions of Poverty: An Attributional Analysis," *Journal of Applied Social Psychology* 23 (1993): 925-43.

16 Leslie Zebrowitz-McArthur, "Person Perception in Cross-Cultural Perspective," Michael Harris Bond, ed., *The Cross-Cultural Challenge to Social Psychology*, (Newbury Park, CA: Sage, 1988), 254.

17 M. L. Snyder, W. G. Stephan, & D. Rosenfield, "Attributional Egotism," William John Ickes, & Robert F. Kidd, eds., *New Directions in Attribution Research*, John H. Harvey, (Hillsdale, NJ: Erlbaum, 1978), 2: 113.

18 B. Headey, & A. Wearing, "The Sense of Relative Superiority-Central to Well-Being," *Social Indicators Research* 20 (1988): 503.

19 Headey & Wearing, "The Sense of Relative Superiority-Central to Well-Being," 497, 499.

20 J. V. Wood, & K. L. Taylor, "Serving Self-Relevant Goals Through Social Comparison," J. Suls, & T. Wills, eds., *Social Comparison: Contemporary Theory and Research* (New Jersey:

Erlbaum, 1991), 31.

21 R. Rosenblatt, "The 11th Commandment," *Family Circle*, December 21 (1993): 30.

22 R. Rosenblatt, "The 11th Commandment," 30.

23 D. Dunning et al., "The Overconfidence Effect in Social Prediction," *Journal of Personality and Social Psychology* 58 (1990): 572–76.

제 6 장

1 Douglas J. Hall, *Imaging God: Dominion as Stewardship* (Grand Rapids: Eermans, 1986), 210.

2 Douglas J. Hall, *The Steward: A Biblical Symbol Come of Age* (New York: Friendship Press, 1990), 211.

3 Douglas J. Hall, *The Steward* 240.

4 Douglas J. Hall, *Imaging God*, 184–5.

5 Leonard Sweet, *Out of the Question…Into the Mystery*, 31.

6 Leonard Sweet, *Out of the Question…Into the Mystery*, 26–8.

7 Leonard Sweet, *Out of the Question…Into the Mystery*, 31.

8 Kolakowski, *Religion* (New York: HarperCollins Publishers, 1982) 218–9.

9　Leonard Sweet, *Out of the Question…Into the Mystery*, 31.

10　L. Robert Keck, *Sacred Quest: The Evolution and Future of the Human Soul* (West Chester, PA: Swedenborg Foundation, 2006), 128.

11　Leonard Sweet, *Out of the Question…Into the Mystery*, 50.

12　Leonard Sweet, *Out of the Question…Into the Mystery*, 50-2.

13　Leonard Sweet, *Out of the Question…Into the Mystery* 195.

14　Leonard Sweet, *Out of the Question…Into the Mystery*, 195-96.

15　Harold G. Koening, Michael E. McCullough, David B. Larson, *Handbook of Religion and Health* (New York: Oxford University Press, 2001), 278.

16　Harold G. Koening, Michael E. McCullough, David B. Larson, *Handbook of Religion and Health*, 48.

17　Paul Vitz, *Faith of Fatherless: The Psychology of Atheism* (Dallas: Spence Publishing, 1999), 16.

18　Paul Vitz, *Faith of Fatherless*, 16.

19　Paul Vitz, *Faith of Fatherless*, 141.

20　Paul Vitz, *Faith of Fatherless*, 144.

21　Henri Nouwen, *Spiritual Direction*, 윤종석 옮김,『영성수업』(서울: 두란노, 2007), 48.

22　요한이 요단강에서 사람들에게 세례를 줄 때에 예수님도 세례를 받으러 오셨다. "예수도 세례를 받으시고 기도하실 때에 하늘이

열리며 성령이 형체로 비둘기 같이 그의 위에 강림하시더니 하늘로서 소리가 나기를 '너는 내 사랑하는 아들이라. 내가 너를 기뻐하노라' 하시니라"(눅 3: 21-22).

23 Henri Nouwen, 『영성수업』, 51.

24 Henri Nouwen, 『영성수업』, 52.

25 Henri Nouwen, 『영성수업』, 52.

26 Jay E. Adams, *The Christian Counselor's Manual: The Sequel and Companion Volume to Competent to Counsel* (Grand Rapids, MI: Baker Book House,1981), 145-147.

27 Immanuel Y. Lartey, *In Living Colour: An Intercultural Approach to Pastoral Care and Counselling* (London: Cassel, 1997),118.

28 John Calvin, *Institutes of the Christian Religion*, Translated and Annotated by Ford Lewis Battles (Grand Rapids: Eerdmans, 1995), III, vii, 6; III, vii, 7.

29 Wilkie Au, *By Way of the Heart: Toward a Holistic Christian Spirituality* (New York: Paulist Press, 1989), 32.

30 Immanuel Y. Lartey, *In Living Colour*, 118.

31 Leonard Sweet, *Out of the Question…Into the Mystery*, 119.

32 Leonard Sweet, *Out of the Question…Into the Mystery*, 158에서 인용.

33 Douglas Burton-Christie, "Nature," in Arthur Holder ed., *The Blackwell Companion to Christian Spirituality* (New Jersey: John Wiley & Sons, 2010), 478-95.

34　Leonard Sweet, *Out of the Question…Into the Mystery*, 154.

35　Saint Bonaventura, "Commentarius in Distinctionem," sent. xvi, 1.1. in his Opera Omnia Commentaria in Quatuor Libros, Leonard Sweet, *Out of the Question…Into the Mystery*, 154에서 인용.

36　Sallie McFague, *Super, Natural Christianity* (Minneapolis: Fortress Press, 2000), 67–90.

37　Sallie McFague, *Super, Natural Christianity*, 91–117.

38　Ray S. Anderson, *The Soul of Ministry: Forming Leaders for God's People* (Louisville, KY: Westminster John Knox Press, 1997), 56.

39　Alejandro Garcia-Rivera, "Aesthetics," in Arthur Holder, ed., *The Blackwell Companion to Christian Spirituality* (New Jersey: John Wiley and Sons, 2010), 345.

40　Alejandro Garcia-Rivera, "Aesthetics," 345–46.

41　Alejandro Garcia-Rivera, "Aesthetics," 346.

42　Alejandro Garcia-Rivera, "Aesthetics," 347.

43　Alejandro Garcia-Rivera, "Aesthetics," 348.

44　Alejandro Garcia-Rivera, "Aesthetics," 348.

45　Othmar Keel, *The Symbolism of the Biblical World: Ancient Near Eastern Iconography and the Book of Psalms* (New York: Seabury Press, 1978). 178.

46　유발의 악기인 수금과 퉁소는 창세기 4장 21절에 등장 한다: "그

의 아우의 이름은 유발이니 그는 수금과 퉁소를 잡는 모든 자의 조상이 되었으니."

47 Alejandro Garcia-Rivera, "Aesthetics," 354.
48 Alejandro Garcia-Rivera, "Aesthetics," 357.
49 Thomas Moore, *Care of the Soul*, 392.
50 Alejandro Garcia-Rivera, "Aesthetics," 360.

제 7 장

1 Lise Bourbeau, *Listen to Your Body Your Best Friend on Earth*, 이현경 옮김, 『몸의 지능』 (고양: 아시아코치센터, 2009), 23.
2 Erna van de Winckel, 『융의 심리학과 기독교 영성』, 32.
3 모든 인간은 꿈을 꾼다. 현대 뇌신경학자들에 따르면, 사람은 하루에 잠속에서 보통 작게는 15분에서 길게는 90분 가량 꿈을 꾼다고 한다. 하룻밤 사이에 5-7번 가량의 꿈을 꾸게 된다고 한다. 우리가 꿈을 꾸지 않았다고 생각하는 것은 꿈을 기억하지 못하기 때문이다. 꿈은 우리의 의식이 쉬고 있을 때 무의식 속에서 발생한다. 인간은 꿈을 피할 수 없는 존재다. 인간은 자기 꿈을 조정할 수 있는 존재가 아니다. 대부분의 꿈은 무의식에서 발생하기 때문이다. 뇌신경학자들은 가장 길고 중요한 꿈은 보통 잠에서 깨어나기 직전에 가장 많이 발생하는데 이때 눈동자가 가장 빠르게 움직이는 것

이 포착된다고 한다. 어떤 경우는 꿈꾸는 사람이 막 깨어나려고 하는 단계에서 마비 혹은 무력감을 느끼게 되어 그 꿈을 기억하지 못하게 되는 경우도 있다고 한다. 한 가지 흥미 있는 것은 만일 꿈을 꾸게 되는 시간에 잠을 깨게 하여 꿈을 꿀 수 없게 되면 정신적으로 혼란을 일으키게 된다는 연구 결과도 있다. 뇌신경학자들은 꿈이 인간의 정신적 육체적 건강에도 중요한 역할을 하는 것으로 보고하고 있다. 인간은 꿈을 피할 수 없는 존재다. 꿈은 인간의 삶 속에서 항상 자리하고 있다. 꿈은 우리 인간에게 다양한 의미로 이해되고 있다. 때로는 인간의 욕구의 현상으로, 때로는 심리적인 현상으로, 때로는 영적인 현상으로, 때로는 삶의 의미를 해석하는 자료로 이해되기도 한다.

4 Morton Kelsey, *Dreams: A Way to Listen to God* (New Jersey: Paulist Press, 1977), 60.

5 http://www.divinecaroline.com/self/dreams/six-reasons-we-have-bad-dreams에서 인용. 2015년 1월 10일.

6 꿈 해석 연구에서 젊은 사람과 나이든 사람들을 구별하였다. 융은 사람들이 보편적으로 35세를 전후로 하여 인생의 문제에 대한 관심의 변화가 일어난다고 보았다. 대략 35세 전인 인생의 전반기에는 주로 외적인 환경에 적응하는 시기로 보았다. 이 시기에는 직업, 성공, 성, 집, 지식, 사람들의 평판 등에 마음이 사로잡힌다. 대략 35세 후인 인생의 후반기부터는 주로 내적인 것에 관심을 갖기 시작한다고 보았다. 이 시기의 사람들은 내적인 것들을 살펴보기 시작

하고, 자신의 삶이 올바른 방향으로 가고 있는지, 자신이 가지고 있는 가치들이 올바른 것인지 고민하게 된다. 생의 후반기에 속한 사람들은 죽음을 더욱 진지하게 생각하고 생의 의미와 목적에 대해 깊이 생각하게 된다고 하였다.

7   Alfred Korzybski, *Science and Sanity* (Lakeville, Conn: Institute of General Semantics, 1948), 417.

8   Francis Brown, S. R. Driver, and Charles A. Briggs, *A Hebrew and English Lexicon of the Old Testament* (Oxford: Clarendon Press), 139.

9   Gary Smalley & John Trent, *The Gift of the Blessing* (Nashville: Thomas Nelson Publishing, 1993), 39.

10 *UCLA Monthly*, Alumni Association News, March-April 1981, 1.

11 *Current Health*, vol. no. 2, 1986, 13.

12 Wayne E. Oates, *The Psychology of Religion* (Waco, Texas: Word Books, 1973), 142-43.

13 Henry Cloud, *Change That Heal*, 전병철 옮김, 『크리스천을 위한 마음 코칭』 (서울: 생명의말씀사, 2011), 76-77.

14 "'질병'(disease)이란 말은 "팔꿈치가 긴장을 풀고 편히 쉴 수 있는 위치에 놓이지 않았다"는 것을 의미한다. '편안'(ease)은 라틴어 ansatus에서 왔는데, "손잡이가 있다" 또는 "양손을 허리에 댄 채 팔꿈치를 펴고 있다"는 것처럼 긴장을 풀고 편안한 자세이든가 적어도 일을 하고 있지 않는 상태를 뜻한다. 편찮음(dis-ease)이

란 팔꿈치가 없거나 팔꿈치를 놓은 자리가 없음을 뜻한다. 편안은 즐거움의 상태요, 편찮음은 즐거움의 상실이다"(Thomas Moore, *Care of the Soul*, 243). 우리 몸은 쉼과 안식이 없을 때 편찮음(disease)으로 자기 언어를 발산한다.

15 Daniel Goleman, Richard E. Boyatzis, and McKee, *Primal Leadership* (Watertown, MA: Harvard Business School Press, 2004), 16.

16 Daniel Goleman, Richard E. Boyatzis, and McKee, *Primal Leadership*, 6.

제 8 장

1 John M. Gottman, *The Relationship Cure: A 5 Step Guide for Building Better Connections with Family, Friends and Lovers* (Carmarthen: Crown Publications, 2002) 참조.

2 Albert Mehrabian, *Silent Messages: Implicit Communication of Emotions and Attitudes* (Belmont, California: Wadsworth Publishing, 1972), chapter 3.

3 이비인후과 의사인 모튼 쿠퍼(Morton Cooper)는 그의 책, 『목소리를 깨워라 삶을 바꿔라』(*Change Your Voice Change Your Life*)에서 목소리의 중요성을 언급하면서 "목소리가 좋으면 사회적으로 성공

할 가능성이 높고 건강에도 좋다"고 하였다. 그는 "인구의 절반 이상이 잘못된 목소리로 말하고 있다"고 지적하면서 자신의 타고난 음성 찾는 방법을 제안하였다. 먼저 입을 다물고 끝을 약간 올리는 억양으로 '음ㅁ-흠ㅁㅁ'을 발음하는 방법을 익힌다. '음ㅁ-흠ㅁㅁ' 하고 소리 낼 때의 음이 타고난 음조이다. 이때 코와 입술 주위에서 가벼운 떨림을 느껴야 한다. 음조가 지나치게 낮으면 떨림이 아주 약하거나 느껴지지 않는다. 반면 너무 높으면 코만 울린다. 다음은 '인스턴트 버튼 법'을 이용하면 더 정확한 음조를 낼 수 있다. 한 손을 가슴, 다른 손은 배에 얹고 배가 자연스럽게 오르내리는 것을 느낀 다음 집게손가락을 명치에 대고 가볍고 빠르게 누르면서 '음ㅁ-흠ㅁㅁ'을 발음한다. 다음으로 짧은 문장들을 소리 내서 읽고 끝에 '음ㅁ-흠ㅁㅁ'을 붙인다. 즉 '나는 너를 사랑한다, 음ㅁ-흠ㅁㅁ'식으로 문장마다 '음ㅁ-흠ㅁㅁ'을 붙여 말한다. 또 '음ㅁ-흠ㅁㅁ 하나, 음ㅁ-흠ㅁㅁ 둘, 음ㅁ-흠ㅁㅁ 셋'식으로 열까지 소리 내어 말한다. 아침에 일어나서 화장실에서 이를 연습하면 하루를 활기차게 시작할 수 있다. Morton Cooper, *Change Your Voice Change Your Life*, (New York: Barnes & Noble, 1985).

4 어떻게 음성을 잘 관리 할 수 있을까? 사람의 목소리도 피부와 마찬가지로 늙는다. 흡연과 음주를 많이 하거나 수다와 고함을 치거나 탄산음료와 기름진 음식을 많이 섭취하면 음성의 노화를 촉진한다고 한다. 대신 물을 자주 마시고 복식호흡을 하면 목소리가 보호된다.

제 9 장

1 Walter C. Wright, *Mentoring The Promise of Relational Leadership*, 정문옥 옮김, (고양: 스텝스톤, 2008), 144.

2 A. J. van den Blink, "Empathy Amid Diversity: Problems and Possibilities," *Journal of Pastoral Theology*, (Summer 1993): 10.

3 Gerard Egan, *The Skilled Helper: Model Skills and Methods for Effective Helping* (Monterey: Brooks, 1986), 76-7을 응용함.

제 10 장

1 24) Les and Leslie Parrott, *The Complete Guide to Marriage Mentoring*, 유정희 옮김, 『결혼생활 멘토링』, (서울: 디모데, 2009), 171-72.

2 Walter C. Wright, *Mentoring*, 정문옥 옮김, 『사랑의 멘토링』, (서울: 스텝스톤, 2008), 144-45.

3 Peter Block, *The Answer to How? Is Yes* (San Francisco: Berrett Koehler, 2001), 2.

4 Steve de Shazer, *Putting Difference to Work*, (New York: W. W. Norton & Co, 1991), 118.

5 Insoo Kim Berg and Scott D. Miller, *Working with the Problem*

Drinker, 94.

제 11 장

1 J. D. Douglas, "Lion of Judah", *New Bible Dictionary* (Grand Rapids: Eerdmans Publishing, 1971), 742.
2 Gary Smalley & John Trent, *The Gift of the Blessing* (Nashville: Thomas Nelson Publishing, 1993), 72.
3 Gary Smalley & John Trent, *The Gift of the Blessing*, 72-81.
4 Gary Smalley & John Trent, *The Gift of the Blessing*, 80.

제 12 장

1 Marsh Cassidy, *Storytelling Step by Step* (San Jose, CA: Resource, 1990), 5.
2 Susan M. Shaw, *Storytelling in Religious Education* (Birmingham: Religious Education Press, 1999), 37-51.
3 Paul Scott Wilson, *Imagination of the Heart* (Nashville: Abingdon Press, 1988), 155-7.
4 William J. Bausch, *Storytelling: Imagination and Faith*

(Connecticut: Twenty-third Publications, 1993), 81-104.

5 Hans W. Frei, *The Eclipse of Biblical Narrative: A Study in Eighteenth and Nineteenth Century Hermeneutics* (New Haven, Conn: Yale University, 1974), 17-8. 부르거만(W. Brueggemann)은 역사 비평(historical criticism)이 과도하게 여겨지는 교회에서의 성경해석은 지식의 군림적인 양식을 수용하기 위하여 그리고 힘의 지배적인 양식을 고양하기 위하여 본문을 잘라 내거나 순응화시키는 경향이 있었음을 지적하였다. Walter Brueggemann, *Test Under Negotiation: The Bible and Postmodern Imagination* (Minneapolis: Fortress Press, 1993), vii-viii.

6 William J. Bausch, *Storytelling*, 21ff.

7 Paul Scott Wilson, *Imagination of the Heart*, 158.

8 Michael Goldberg, *Theology and Narrative: A Critical Introduction* (Norcross, GA: Trinity Press International, 1991), 69.

9 Mary E. M. Moore, *Teaching From The Hear: Theology and Educational Method* (Minneapolis: Fortress Press, 1993), 131-163.

10 Sallie McFague, *Metaphorical Theology: Models of God in Religious Language* (Philadelphia: Fortress, 1982), 154.

11 Alfred N. Whitehead, *Adventures of Ideas* (New York: The MacMillan Company, 1933), 278-9.

12 Mary E. M. Moore, *Teaching From The Hear*, 157. 바우쉬는 폭

넓은 의미에서 이야기의 특징을 제시하였다. 첫째, 이야기는 호기심을 유발하게 하며 반복해서 말하고 싶어 한다. 둘째, 이야기는 인간과 자연을 전인적인 방법으로 하나로 묶어 준다. 셋째, 이야기는 자신의 문화와 뿌리를 연결하여 준다. 넷째, 이야기는 인간을 인류와 우주와 결합하여 주기 때문에 인류 가족의식을 갖게 한다. 다섯째, 이야기는 우리로 하여금 기억하는 것을 도와준다. 여섯째, 이야기는 특별한 언어를 사용하게 한다. 일곱째, 이야기는 단어의 원래적인 힘을 회복하게 한다. 여덟째, 이야기는 피함을 돕는다. 아홉째, 이야기는 상상력을 불러일으키며 자극한다. 열째, 이야기는 치유를 일으킨다. 열한째, 이야기는 모든 이야기는 우리의 이야기다. 열두째, 이야기는 희망과 도덕을 위한 기본을 제공하는 것 등이다. William J. Bausch, *Storytelling*, 30-80.

13 James Michael Lee, *The Content of Religious Instruction: A Social Science Approach* (Birmingham: Religious Education Press, 1985), 55.

14 Walter Brueggemann, *The Creative Word: Canon as a Model for Biblical Education* (Philadelphia: Fortress Press, 1989), 17-27.

제 13 장

1 쇠렌 키에르케고르 (Søren Kierkegaard)는 아버지 미카엘 키에르케고르와 어머니 안네의 7남매 중 막내로 1813년 5월 5일 덴마크 코펜하겐에서 태어나 1855년 11월 11일 43세의 나이로 숨졌다. 그의 실존 사상은 헤겔의 관념론에 대한 반발과 소크라테스의 "너 자신을 알라"(그노티 세 아우톤, Gnothi se auton)로부터 출발한다. 헤겔은 세계이성(절대정신, 로고스)이라는 우주 일체를 보편화하는 본질적 이념을 기본으로 하여, 모든 것을 통일해 버리는 방대한 객관적 진리의 체계를 수립하였다. 그러나 키에르케고르는 그 객관적인 진리의 가부가 아니라 그 속에서 나 자신이 존재하느냐에 더욱 관심을 가졌다. 즉, 자신의 '주체적 진리'에 중점을 둔 것이다. 또한 헤겔의 세계이성의 관념론적 철학에 의하면 신과 인간은 그 본질에 있어서 궁극적으로는 동일시된다. 키에르케고르는 이러한 헤겔의 사상에 대하여 소크라테스의 "너 자신을 알라"와 연결시켜 사상을 전개하였다. 고대 희랍인들이 자신들의 뛰어난 지혜와 문화에 의해 오만(hybris)에 빠져 있자, 인간의 위치를 넘어서 신의 자리에까지 올라가려 하는 희랍인들의 오만에 대해 소크라테스가 "너 자신을 알라"고 말함으로써 인간이 자기 자신을 아는 것, 즉 인간의 자각의 의미로 쓴 것으로 받아들였다. 더 나아가 키에르케고르는 그것을 기독교적인 뜻으로 받아들여 인간이 하나님 앞에 서 있는 자기 자신을 자각하는 것이라고 생각하였다.

2 O. Hobart Mowrer, *Learning Theory and Dynamics* (New York: Ronald Press, 1980), 541.

3 George Connell, *To Be One Thing: Personal Unity in Kierkegaard's Thought* (Maccon, GA: Mercer University, 1985), 9에서 인용.

4 Arnold B. Come, *Kierkegaard as Theologian: Recovering My Self* (Montreal and Kingston: McGill-Queens University Press, 1997), 16.

5 Søren Kierkegaard, *Fear and Trembling and Sickness unto Death*, Translated by Walter Lowrie (Princeton, NJ: Princeton University Press, 1974), 30.

6 Søren Kierkegaard, *Fear and Trembling and Sickness unto Death*, 14.

7 Søren Kierkegaard, *Attack upon Christendom*, Translated by Walter Lowrie (Princeton, NJ: Princeton University Press, 1968), 159.

8 Søren Kierkegaard, *Journals and Papers*, vol. 1 (New Jersey: John Wiley & Sons, 1976), 349.

9 Arnold B. Come, *Kierkegaard as Theologian*, 157에서 인용.

10 키에르케고르의 강화 개념은 그의 저서들 속에 많이 나타난다. 특별히 그의 저서 *Concluding Unscientific Postscript*에 잘 나타나 있다. 이 저서를 통해 그는 강화 여정을 절망의 상황이 점점 더 깊어져서 마침내는 신-인 예수 그리스도와 직면할 수밖에 없는 과정을 설명해 주고 있다.

11 James E. Loder and W. Jim Neidhardt, *The Knight's Move: The Relational Logic of the Spirit in Theology and Science*, 이규민 옮김, 『성령의 관계적 논리와 기독교교육 인식론』, (서울: 대한기독교성회, 2009), 422.

12 James E. Loder and W. Jim Neidhardt, 『성령의 관계적 논리와 기독교교육 인식론』, 422-3.

13 Arnold B. Come, *Kierkegaard as Humanist: Discovering My Self* (Montreal and Kingston: McGill-Queens University Press, 1995), 49.

14 Søren Kierkegaard, *Either/Or*, Translated by Walter Lowrie, (Princeton, NJ: Princeton University Press, 1987),193.

15 Søren Kierkegaard, *Fear and Trembling and Sickness unto Death*, 96.

16 James E. Loder and W. Jim Neidhardt, 『성령의 관계적 논리와 기독교교육 인식론』, 423.

17 이 이야기는 James E. Loder and W. Jim Neidhardt, 『성령의 관계적 논리와 기독교교육 인식론』, 423-5에 있는 실제 상담 사례의 내용을 요약 편집한 것이다.

18 James E. Loder and W. Jim Neidhardt, 『성령의 관계적 논리와 기독교교육 인식론』, 426.

19 James E. Loder and W. Jim Neidhardt, 『성령의 관계적 논리와 기독교교육 인식론』, 427.

20 James E. Loder and W. Jim Neidhardt, 『성령의 관계적 논리와 기독교교육 인식론』, 427.

21 James E. Loder and W. Jim Neidhardt, 『성령의 관계적 논리와 기독교교육 인식론』, 428.

22 James E. Loder and W. Jim Neidhardt, 『성령의 관계적 논리와 기독교교육 인식론』, 428.

23 C. S. Lewis, *The Letters of C. S. Lewis*, Edited with a Memoir by W. H. Lewis (New York: Harcourt, Brace, 1966), 128.

제 14 장

1 제임스 파울러(James Fowler)는 신앙의 6단계를 통하여 신앙의 단계별 유형과 특징을 기술하였다. 그는 신앙의 6단계 이전의 단계로 신앙발달에 토대가 되는 신뢰, 사랑, 경험, 희망을 경험하는 신앙의 이전단계(pre-stage)를 설명하였다. 이러한 영아기의 신뢰와 관계성을 기반으로 인간의 신앙은 1단계를 직관적이고 투사적 신앙이라고 하였다. 이 단계에 해당하는 7세까지의 아동들은 부모들의 신앙을 반영한다. 신앙의 2단계는 신화적이고 문자적 신앙이다. 이 단계에 해당하는 후기 아동기의 아동들은 부모 이외의 다른 사람들의 신앙을 흉내 낸다. 일부의 성인들은 2단계에 머물러 있다. 신앙의 3단계는 관습적 신앙이다. 이 단계와 관계된 초기 청소년기의 어린

이들은 자신들의 동료를 따르게 된다. 신앙은 삶 속에서 증가하는 복잡성을 통합하기 위하여 시작된다. 동료들에 의해 강하게 영향을 받는 많은 성인들은 3단계에 머물러 있다. 신앙의 4단계는 개별적이고 반성적 신앙이다. 이 단계는 후기 청소년기와 초기 성년기에 나타나는 단계로써 전통적인 신앙의 개념들에 대한 질문, 의문, 거부 등과 같은 신앙적인 면과 본인 자신의 헌신에 대한 성인의 책임성에 집중된다. 이 단계는 실존적 신앙 확립의 단계로 개인의 가치관이 발달되는 시기이다. 신앙의 5단계는 결합적 신앙이다. 이는 성숙한 신앙의 단계로써 30세 이전에는 극히 드물게 나타나는 단계이다. 자기 자신의 입장보다는 다른 사람들의 입장을 종합하여 협동하는 단계로써 인종, 사회계급, 관념적 범위를 뛰어넘어 인식하고 반응한다. 이 단계는 신앙의 결실의 단계다. 신앙의 6단계는 신앙이 보편화되는 단계다. 이 단계에 속하는 사람은 극히 드물고 신앙은 개인이 느끼지는 실재로서 하나님과 함께 자아를 초월하는 단계이다. 이 단계의 신앙은 보다 보편적인 인권과 사회정의를 구현하고, 사랑을 실천하기 위해 기존 질서의 불완전한 정의를 변혁시키는 데 열정을 가지고 희생적으로 헌신한다는 측면에서 성숙한 신앙이라고 평가하였다. 물론 파울러가 이해한 신앙은 기독교 공동체 속에서 살아 계시고 역사하시는 하나님과 인간과의 관계성 대신에 인간의 정신적 구조에 중점을 두고 있다는 것을 고려해야 한다.

2 융은 인간의 인격 체계를 하나의 발전되어 가는 메트릭스(matrix)로 설명한다. 그는 이 인격 체계를 설명하면서 자기(the self), 자아

(ego), 페르조나(persona), 그림자(the shadow), 아니마(anima)와 아니무스(animus) 등 다양한 개념을 소개한다. Anthony Stevens, *Jung: A Very Short Introduction* (Oxford: Oxford University Press, 1994), 61-71.

3   Calvin S. Hall and Vernon J. Nordby, A Primer of Jungian Psychology, 김형섭 옮김,『융 심리학 입문』(서울: 문예출판사, 2004), 132.

4   Calvin S. Hall and Vernon J. Nordby,『융 심리학 입문』, 138.

5   James Fowler, *Stages of Faith: The Psychology of Human Development and the Quest for Meaning* (New York: Harper & SanFrancisco, 1995), 151-73.

6   Murray Stein, *Jung's Map of the Soul* (Chicago: Open Court, 1998), 108-20.

7   최창국,『영성과 상담』(서울: CLC, 2012), 22에서 재인용.

8   James Fowler, *Stages of Faith*, 174-83.

9   Murray Stein, *Jung's Map of the Soul*, 13-30.

10 David Tracy, "Can Virtue Be Taught?: Education, Character and the Soul," in Jeff Astley and others, eds. *Christian Formation: A Reader on Theology and Christian Education*, (Grand Rapids: Eerdmans, 1996), 381.

11 John M. Hull, *What Prevents Christian Adults from Learning* (Philadelphia: Trinity Press International, 1991), 10.

12 Vinoth Ramachandra, *Gods That Fail* (Downers Grove: Inter-Varsity Press, 1997), 107.

13 Gerald G. May, *The Dark Night of The Soul: A Psychiatrist Explores the Connection Between Darkness and Spiritual Growth* (New York: HarperCollins Publishers, 2005), 130.

14 James Fowler, *Stages of Faith*, 184-98.

15 John A. Sanford, *Evil: The Shadow Side of Reality* (New York: Crossroad, 1981), 49-66.

16 Calvin S. Hall and Vernon J. Nordby,『융 심리학 입문』, 83.

17 John A. Sanford, *Dreams: God's Forgotten Language* (New York: Crossroad,1982), 120-53.

18 Erna van de Winckel,『융의 심리학과 기독교 영성』, 18.

19 James Fowler, *Stages of Faith*, 199-211.

20 Murray Stein, *Jung's Map of the Soul*, 151-69.

21 융은 집단 무의식의 원형과 본능을 우리 내부에 있는 선조들의 경험으로 정의하였다. 집단 무의식은 한 개인의 정신을 구성하는 정신적 요소이면서 동시에 그의 개인적인 정신 영역을 무한히 초월하는 개관적인 정신이다. 한 개인의 정신과 독립적으로 존재하는 요소이다.

22 Rudolf Otto, *The Idea of the Holy*, Translated by John W. Harvey (Oxford: Oxford University Press, 1968), 9.

23 Rudolf Otto, *The Idea of the Holy*, 23.

24 Rudolf Otto, *The Idea of the Holy*, 1–40.

제 15 장

1 Laurie Beth Jones, *The Path: Creating Your Mission Statement for Work and for Life* (New York: Hyperion, 1998), 3.
2 Howard & William Hendricks, *As Iron Sharpens Iron*, 224에서 인용.

제 16 장

1 구약성경에서 헤세드(hesed)는 247회 사용되고 있는 용어로써 인간을 긍휼히 여기시는 하나님의 성품을 드러내주는 용어이다. 헤세드는 일반적으로 자비 또는 사랑을 의미한다. 구약의 헤세드를 헬라어로 번역할 때에 아가페라고 하지 않고 '엘레오스'라고 번역하고 있다. 엘레오스는는 긍휼, 자비를 의미한다.
2 Albert L. Winseman, Donald O. Clifton, and Curt Liesveld, *Living Your Strengths* (New York: Galllup, 2004), x.
3 John M. Gottman, Nan Silver, *The Seven Principles for Making Marriage Work* (London: The Orion Publishing, 2007)을 참조
4 Robyn Pearce and La Vonn Steiner, *Getting A Grip on Leadership*,

박정환 옮김, 『리더십의 정석』 (서울: 이파로스, 2009), 52.

5 Stephen Arterburn & Jack Felton, *Toxic Faith: Experiencing Helping from Painful Spiritual Abuse* (WaterBook Press, 2001), 233.

6 Marcus Buckingham, *Go Put Your Strengths to Work* (London: Simon and Schuster, 2007), 135–51.

7 James E. Loder and W. Jim Neidhardt, 『성령의 관계적 논리와 기독교교육 인식론』, 212에서 인용.

8 Dorothee Solle, *The Silent Cry: Mysticism and Resistance* (Minneapolis: Fortress Press, 2001), 294에서 인용.

9 Dorothee Solle, *The Silent Cry*, 294에서 인용.

10 Sigmund Freud, *The Standard Edition of the Complete Psychological Works of Sigmund Freud*, Vol 21 (Vintage Classics, 2001), 169.

11 Armand M. Nicholi, "A New Dimension of the Youth Culture," *American Journal of Psychiatry*, 131 (1974): 396–401.

12 Armand M. Nicholi, *The Question of God: C. S. Lewis and Sigmund Freud Debate God, Love, Sex and the Meaning of Life*, 홍승기 옮김, 『루이스 VS. 프로이드』 (서울: 홍성사, 2014), 106.

13 Kurtz, Katherine Ketcham, *The Spirituality of Imperfection*, 242에서 인용.

멘토링

영혼 돌봄을 위한

이머징 세대를 위한 영적 멘토링 Shaping the Journey of Emerging Adults
리차드 R. 던 · 야나 L. 선딘 지음 / 정은심 옮김 / 신국판 / 445면

20대에서 30대 초반 무렵의 청소년기와 성인기 사이의 단계를 이머징 세대라 정의하고 이러한 이머징 세대에게 멘토링이 필요하다고 본다. 분별과 의도성과 성찰이라는 관계적 리듬을 통한 돌봄을 제안한다.

영성과 설교 *Spirituality & Preaching*

최창국 지음 / 신국판 / 256면

"생명력 있는 삶의 형태를 제시하는 설교자가 되기 위해서는 사회에 대한 바른 조망뿐만 아니라 영적인 차원까지 깊이 있게 품어 낼 수 있어야 한다"고 주장하는 저자가 10여 년 동안의 설교학 강의와 설교 경험 속에서 고민하며 설교의 이론과 실천을 바탕으로 집대성한 기독교 영성 및 설교 개론서이다.

기독교 가족치료 *Family Therapies*

마크 A. 야하우스 · 제임스 N. 셀스 지음 / 전요섭 외 옮김 / 신국판 양장 / 632면

가족에 관한 전 영역의 문제들과 상황들을 학문적, 체계적, 종합적으로 다룬다. 상담가, 심리학자, 가족치료사, 사회사업가, 목회자는 물론 전문적인 정신건강 지식을 위한 책이다.

★ 2010 한국기독출판문화상(KCPA) 목회자료 – 국외부문
   우수상 수상작

영혼 돌봄을 위한 멘토링
Mentoring for Care of Soul

2015년 2월 28일 초판 발행

지은이 | 최창국

편 집 | 전희정, 이찬호
디자인 | 김소혜
펴낸곳 | 사) 기독교문서선교회
등 록 | 제16-25호(1980. 1. 18)
주 소 | 서울시 서초구 방배로 68
전 화 | 02) 586-8761~3(본사) 031) 942-8761(영업부)
팩 스 | 02) 523-0131(본사) 031) 942-8763(영업부)
홈페이지 | www.clcbook.com
이메일 | clckor@gmail.com
온라인 | 기업은행 073-000308-04-020, 국민은행 043-01-0379-646
　　　　　예금주: 사)기독교문서선교회

ISBN 978-89-341-1442-0(93230)

* 낙장·파본은 교환해 드립니다.

이 도서의 국립중앙도서관 출판시 도서목록(CIP)은
서지정보유통지원시스템 홈페이지(http://seoji.nl.go.kr)와
국가자료공동목록시스템(http://www.nl.go.kr/kolisnet)에서
이용하실 수 있습니다.
(CIP제어번호: CIP2015006865)